Herrn Herbort
mit Dank für die
hervorragende Zusammenarbeit
und herzlicher Widmung
Ihr
Hans [illegible]

RADIUS BÜCHER

Hans Lenk

Prometheisches Philosophieren

zwischen Praxis
und Paradox

Die Deutsche Bibliothek – CIP-Einheitsaufnahme

Lenk, Hans:
Prometheisches Philosophieren zwischen Praxis und Paradox:
zur Verantwortung aktuellen Denkens / Hans Lenk. – Stuttgart:
Radius-Verl., 1991
(Radius-Bücher)
ISBN 3-87173-839-5

ISBN 3-87173-839-5

Umschlag: André Baumeister
Gesamtherstellung: Clausen & Bosse, Leck
Printed in Germany

Inhalt

Denken zwischen Tradition und Konnektionismus

Am Anfang ist nicht das Zitat, sondern die Tat, die *Denk*tat.

Und hier doch ein Zitat: »... Und mancher unserer sehr mittelmäßigen Gelehrten hätte ein größerer Mann werden können, wenn er nicht so viel gelesen hätte« – Lichtenberg hat recht, jedenfalls kann ich, muß ich das Wort auf mich beziehen: Lenk liest zu viel und denkt zu wenig.

Mindestens zwei Stunden Eigendenken am Tag ist nötig, macht kreativ. Das ewige intellektuelle Einverleiben, Wiederkäuen macht eher depressiv, so sehr es als Be-mächtigung im Sinne Nietzsches motiviert ist: Alles Kennen, alles Verstehen heißt alles Beherrschen! Ist das nicht das oberste Leitprinzip, geheime Order und πρῶτον ψεῦδος des abendländischen experimentalistischen Geistes? Denken als virtuelle Pseudoform des Beherrschens, des symbolischen Herrschens über Welt, Gesetze, Prinzipien. Der präpotente Denkerphilosoph der Tradition mit seinem symbolischen Allmachtstreben – ein Schreibtischdenker, Schreibtischtäter, der sich durch Symbolbeherrschung selber täuscht, sich und allen etwas vormacht. Sollte er sein Denken nicht lieber auf das Denken selber wenden, Eigenhandeln in diesem Sinne – als Ausloten, Ausforschen, Ausleuchtungsversuch zur Analyse des eigenen Denkens und Selbst? Eigendenken als selbstreflexive Eigenleistung – wenn ich lange zuvor über Eigenleistung gedacht und geschrieben habe, so ist es nur folgerichtig, gerade das Eigendenken im doppelten Sinne des Eigenleistens zu verstehen und zu üben, mehr oder weniger regelmäßig zu exerzieren, durch Denk- und Schreibexerzitien. Und es macht auch wieder Spaß, nachdem m. E. die Eigenverstaubtheit, in die ich mich wie ein Kokonbücherwurm eingepuppt, versteckt habe, mir selber ausgewichen war, »abgewedelt« worden ist. Doch ist diese Selbstkonzentration, dieses In-sich-selber-Verspinnen und -Verweben des Denkens nicht ein zu traditioneller, ein steril gewordener geisteswissenschaftlicher, geistesphilosophischer Ansatz: selbstversponnene intellektuelle Selbstbefriedigung gleichsam – und nicht mehr?

Vielleicht ist es doch mehr, da lebendige Motivation, Eigenidentifikation und Selbstveränderung als Folge mit dieser Selbst»behandlung« einhergehen. Die Autopoiese des denkenden Lebens als Handlung ist nicht nur Selbststilisierung oder eitle Wichtigtuerei, sondern der wirkliche Versuch echter Selbstentwicklung, Selbstfindung. Man findet den, zu dem man sich entwikkelt: Nicht »werde, der du bist!«, sondern »sei wirklich, wer du wirst«. Die Autopoiese als spiralig eskalierender Rückkoppelungsvorgang.

Doch vielleicht ist alles dieses Räsonieren in der Tat solange eine intellektuelle Masturbationsanstrengung, als keine neuen, äußeren, nicht-traditionell-philosophisch-erkenntnistheoretischen Inputs hinzukommen: Scheint es nicht sinnvoll, sich bei den Neurobiologen, Neurologen, Neurophysiologen umzutun, sich den Neurophilosophen und Konnektionisten anzuschließen, um neuartigen Aufschluß über Geist und Denken zu gewinnen? Patricia Churchland und andere philosophisch gesinnte KI-Forscher (KI = »Künstliche Intelligenz«) sehen es so. Und warum sollte man nicht einen Versuch in dieser und in manch anderer Richtung unternehmen? Variation macht kreativ, vielfältige Möglichkeiten regen an, geben neue Deutungsperspektiven, erlauben eigene Ergebnisse, Kombinationen, Durchsichten und vielleicht auch einen Durchbruch. Wenn es, wie der konnektionistische Kognitionspsychologe David Rumelhart betont, »nunmehr erwiesen« ist, daß der Mensch kein rationales Wesen ist, sein Denken und Erkennen, sein Vorstellen und Erleben, sein Handeln und Begründen keineswegs nach dem klassischen Muster des Logikmodells, des folgerichtigen quasisyllogistischen oder aussagenlogischen Schließens ablaufen, dann kann es nur darum gehen, die neue Freiheit des Variierens, Assoziierens, Kombinierens und ständigen Ausprobierens zu nutzen. Auf denn: ans Denkwerk! Goethes »Ich hab es klug gemacht: hab nie über das Denken gedacht« ist überholt, altmodisch wie der Alte Meister selbst in seiner denkmalhaften Selbststilisierung zu Lebzeiten. Er baute zu sehr, zu offensichtlich an seinem eigenen Denkmal. Diese Art der egozentrischen Selbstverliebtheit, Selbststilisierung, Selbstmonumentalisierung – schon während seines Lebensganges – nimmt vieles von seiner zweifellos beeindruckenden Größe. Wer sich selber so erhöht, ist kein Gigant – allenfalls ein künstlich selbstgewirkter.

Leider muß man sagen, daß im Reiche der Geistesgrößen viele »Giganten« derart selbststilisierte, selbstproduzierte, selbstfalsifizierte sind: Besonders bei den gewaltig, allzu gewaltig sich aufspielenden, aufblasenden Philosophen – ich denke an meine Vorlesungserlebnisse in der Aula-Aura des sich selbst mit allem metaphysischem Ernst in der sog. »Seinsmesse« in Szene setzenden, des ontologisch-dröhnend sich seiner Gewichtigkeit durch stete monoton-rituelle Wiederholungen beschwörenden Heideggers. Der zaghafte, junge Student im ersten Semester des Sommers 1955 war mit den anderen, über zweitausend zählenden Seinsmessepilgern des Freitagabends tief beeindruckt von der Präpotenz der Seinspräsentation.

Und er schien in der Tat eindrücklich, »imponierend« im wahrsten Sinne des Wortes – obwohl von eigentlich allzu bürgerlich-bäuerlicher Gestalt, wie eine Kreuzung zwischen einer Schwarzwaldbäuerin und einem Bankprokuristen. So mußte er Bedeutsamkeit durch Ton, gewichtige, langgezogene emphatische Stimmführung, durch einen eher schnarrenden Basso continuo des Ontischen, des Urgründenden erzeugen, sich selber und seiner Rede verleihen. »Nihil fit sine ratione...« Die akustische Beschwörung der Bedeutsamkeit bleibt mir noch nachdröhnend im Ohr. Alles war Pose doch – so scheint es mir heut. Und auch die Lektüre anderer ebenso beschwörend verfaßter, durch rituelle Selbstwiederholungen stilisierte Vorlesungen aus früherer Zeit – die Beschwörung des Denkens in der »Einführung in die Philosophie« vom WS 1928/29 – scheint mir diesen Eindruck nicht zu ändern. Allenfalls die Permanenz, Beharrlichkeit des Denkversuches, des ständigen Kreisens um die Herausforderung des Problems, die Rolle des Denkens in der Philosophie, des ewigen Versuches zum Transzendieren: »Philosophieren ist Transzendieren«, dieses Anrennens gegen die Wand des anscheinend Unmöglichen, nämlich durch Denken, denkerische Selbstvergegenwärtigung, Selbstvergewisserung das Denken in allen seinen Untergründen aufzuschließen – das eigentlich Unsagbare sagbar zu machen: Diese kreisende Ausdaueranstrengung ist imponierend, aber auch egomanisch, schreibtischtäterhaft, selbstversponnen – denkpräpotent, weil zu sehr von den Möglichkeiten des eigenen Denkens überzeugt. Die Denkerpose überzeugt nicht mehr. Die Dürftigkeit und Desorientierung des Denkens, die Heidegger und mit ihm Karl Löwith den philosophischen Bemühungen ihrer

Gegenwart attestierten, läßt sich nicht durch bloße Denkbemühung des »denkerischen Denkens«, also gleichsam durch einen Münchhausen-Akt des reinen Denkens selber überwinden. Das Denken kann sich nicht allein durch Selbstbespiegelung, Selbstreflexion, Selbstbezüglichkeit, durch bloße Rückbeugung oder ebenso artifizielle wie selbstbeschworene Autopoise aus dem Sumpf der Unergründlichkeit, der Unergründbarkeit herausziehen. Münchhausen-Trick oder indischer Seiltrick des Denkens? Beides verschlägt nicht. (Es sind ja nur Metaphern: Doch was – außer den Metaphern – haben, manipulieren wir? Metaphern sind alles, und sie sind Schall und Rauch.) Die denkerische Selbstbefriedigung und scheinbare Autopoiese darf, kann nicht das letzte Wort über die denkerische Freiheit sein. Aristoteles' »Noesis noeseos« – als göttlich gekennzeichnet, als gottgegeben, gottgewirkt verstanden – kann keine intellektuell-onanistische Selbstvergötzung meinen. Autopoiese der Noesis ist nur ein einziger, ein Teilaspekt – kann nicht der einzige sein. Das traditionelle denkerische Kreisen des Denkens um sich selbst war Onanie der Intellektualität. Und es spritzte auch nicht sehr viel Geist(reiches), kaum ein logos spermatikos, hervor. Die überkommenen und auch heute noch von gar manchen deutschen Philosophen (etwa von Dieter Henrich und auch meinem geschätzten Freunde Hans-Michael Baumgartner, aber auch generell von der ›Krings-Möchtegern-Schule‹) gehätschelten Deutungen der Vernunft als quasiontischer Materie oder Potenz zeigt diese selbstbeschränkte Selbstversponnenheit immer noch. Wir sind wohl über Descartes und einen mißverstandenen Kant noch nicht hinausgekommen. Kants modern sich dünkende Adepten interpretieren die Vernunft immer noch als eigenaktives Vermögen, trotz und nach Husserls Psychologiekritik ebenso psychologisiert wie »aktionistisch« argumentierend. Die Vernunft »verbindet« angeblich Vorstellungen, ist »spontan«, »synthetisiert«. In der Tat ist die Terminologie aktionistisch bei Kant, aber doch nur die Terminologie – nicht der Sinn des ganzen Entwurfs im Rahmen der transzendentalen erkenntnistheoretischen Fragestellung, der Frage nach den notwendigen (methodologischen und funktionalen) Vorbedingungen der Möglichkeit des objektiven Erkennens, des Urteilens über Gegenstände – und, so muß man wohl erweitern, des Sprechens, des

Meinens, des Referierens, des Denkens überhaupt. Friedrich Kaulbachs – eines führenden Kantexperten – Interpretationen der Kantschen Erkenntnisphilosophie fallen auf diese aktionistisch-psychologischen Fehlschüsse herein: »Die Vernunft« wurde substantiviert, versubjektiviert, zu einem Akteur, Handlungsträger umstilisiert.

»Ich wurde ein Subjekt – ein mieses Subjekt«, so heißt es in Nestroys Komödiengroteske »Der Talisman« (der rothaarige Außenseiter, der intellektuelle Philosophierende in dem Boulevardstück sagt dies – wie vieles andere: »Viel gelernt / gehört / gelesen – und nichts solide – das ist das Genie!«). Vernunft – ein »mieses Subjekt«? In der Tat – ein mieses Handlungssubjekt. Nur eine falsch gestellte, irreführende Metapher vermag die Vernunft als Subjekt *in* der Person, als Motor im Gehirn, als »skeleton in the cupboard« (so ein altes Jazzstück Lionel Hamptons), als »Gespenst in der Maschine« aufzufassen. Husserl und Ryle hatten insoweit recht – aber wohl nur soweit und in dieser Hinsicht. Der Logifizierung des Geistes, dem klassischen logokratischen Denkmodell unterlagen transzendentale Phänomenologien wie alltagslingualistischer Behaviorismus irgendwie immer noch. Ob Logik oder Grammatik das Denken stilisieren, verführen – das bleibt sich letztlich gleich, wenn man auf die Verzerrungen des klassischen abendländischen Modells des Geistes und des Denkens aufmerksam geworden ist. Ob Logik oder Grammatik das Denken untergründig strukturieren, ob die digitale unterstellte Verrechnungsmaschine im Kopf oder die (Regeln der) Sprachgemeinschaft es sind, die die Vernunft, den Geist, die Denkprozesse lenken sollen – das ist einerlei: Die Verführung durch die rationalistisch-operationale Metapher der Deduzierbarkeit, Regelfolgerung oder Regelbefolgung ist gleich oder in der Wirkung ähnlich: Geist, Vernunft und Denken als subjektiver, subjektartiger Handlungsautor stilisiert. Das »Gespenst in der Maschine« menetekelt weiter an der Wand.

Geist, Vernunft und Denken handeln nicht; es handeln nur Personen, es denken nur Menschen – und selbst diese Zuschreibungen sind wie die irreführenden Metaphern von der »denkenden Vernunft« nur abstrahierende global(isierend)e Interpretationen. Der Geist ein Interpretationskonstrukt funktionalistischer Emergenz, ein (re)konstruktives Epiphänomen, eine Systemeigenschaft auf nur chaostheoretisch zu verstehender neuralnetzartiger Basis mit ihrer unübersichtlichen Verschaltung, An- und Abschaltungssummation von Milliarden miteinander im Neuronennetzwerk interagierender On-Off-Elemente?

Der Konnektionismus hat viel für sich, die ganze Neurophysiologie, die Unergründlichkeit der Denkprozesse durch Introspektion und Psycho-Analysen (i. w. S.), die Erratizität der Erinnerungsfetzen, die ungebeten, lange nach Retrieval- und Triggerungsversuchen, »auftauchen«, die Rumelhartsche Einsicht, die Freud und (untergründig-abwehrend, ja, unterdrückend unter das Logistikon) schon Platon kannten: daß der Mensch, sein Denken kein logisch-rationales Handlungssubjekt im Sinne einer einzigen Denkautorinstanz nach dem klassischen Logizismusmodell ist. Alle Zuspitzungen auf eine Denk-, Handlungs-, Verantwortungsinstanz *des* Subjekts, *der* Person, *des* Ich, *des* Selbst, sind abstraktive Interpretationen, Ergebnisse eines pauschalisierenden, globalisierenden, hochstilisierenden Konstruktionsvorganges, der nichts als eine überaus simplifizierende, weil im wahrsten Sinne »oberflächliche«, »äußerliche« und äußerste Systemsummation über das dynamische chaotische innere Supergeflecht der Myriaden und Abermyriaden von Interaktionsknoten und Neuronenvernetzungen ist.

Es dürfte freilich ein Fehler sein, die Summationseffekte ähnlich makroskopierend zu deuten wie die Makrowirkungen von quantenphysikalischen Mikrophänomenen. Es geht hier nicht nur um eine statistische Erfassung von nur wahrscheinlichkeitstheoretisch zu beschreibenden Größen, die nur in gleichartig präparierten Ensembles zu beobachten, zu manipulieren sind. Sondern hier ist die Vielartigkeit, Vielfaltigkeit der Verschaltung und Vernetzung endemisch und zentral. Dynamische Vernetzungssysteme von Abermilliarden Elementen sind zwar nur hinsichtlich statistisch erfaßbarer Summeneffekte »erkennbar«, doch ist die interne Vernetzungsstruktur in all ihrer chaotischen Flexibilität und Dynamik »entscheidend«: Die Dynamik der Komplexsysteme ist nicht nur statistisches Artefakt, sondern intern charakteristisch – auch wenn sie sich in ihrer Übervariierbarkeit nur in statistisch-summativ zu erfassenden Artefaktphänomenen, Summationsinterpretationskonstrukten beschreiben (und nur zum geringsten

Teil erfassen) läßt. Herrmann Schmitz' Idee des »Chaotisch-Mannigfaltigen, das sich von sich selbst her individuiert«, gewinnt hier einen Aspekt, an den der ideenoriginelle Autor kaum gedacht haben dürfte. Komplexes Chaos ist alles im, am Grunde des Denkens. Ordnung, Logik, Folgerichtigkeiten sind übersummative, geradezu »getürkte« Abstraktionen, Interpretationseffekte, in ihrer Simplifizierung und Konstruktivität (Konstrukt- wie Abstraktionsimprägniertheit) der Superzeichenbildung in der Semiotik vergleichbar.

Zeichenverwendung, Zeichendeutung, Zeichenerkennung und -interpretation – das sind sehr künstliche, sekundär »geregelte«, »gemachte« Prozesse und Produktionen des auf Zeichenbenutzung angewiesenen, des globalisierenden und interpretierenden Wesens.

Das Interpretieren verführt geradezu zu nachcartesianischen, postrationalistischen Revokationen und Rekonstruktionen: »Ich bin als Interpretierender«, »Interpreto, ergo sum« – oder besser: »Sum interpretans«. Das Ich ist Interpretationskonstrukt – auf untergründig chaotischer Grundlage, ein Systemphänomen als emergente Eigenschaft, ein Epi-Subjekt (wenn dieser graeco-latinisierte unschöne Ausdruck erlaubt ist), das sich im System-Epiphänomen des Selbstbewußtseins »äußert« – besser: »identifiziert«!

Bewußtheit ist nicht angeboren, sondern nur angelegt. Bewußtsein und zumal – a fortiori schwieriger – Selbstbewußtsein ist auf biologischer Angelegtheitsgrundlage erst im sozialen und kulturellen Kontext auszubilden – ein durch die chaotische Vielfalt der Systemvernetzung der Neuronenmyriaden erst ermöglichtes Vernetzungsprodukt, das freilich »entwickelt«, angeregt, geregelt, gezähmt, gesteuert, gelenkt werden muß durch sprachliche Sozialisierung und zuvor schon durch reaktive Handlungserfahrung und Kontrolle. Das handelnde Wesen erst denkt und interpretiert. Die pragmatische, die Handlungsgrundlage des Denkens (des virtuellen Probehandelns nach George Herbert Mead) ist heute unbezweifelbar, so wenig letztlich eine behavioristische Deutung des Handelns oder eine total pragmatische Reduktion der Bedeutungen im Sinne des traditionellen amerikanischen Pragmatismus überzeugen mögen.

Die Autopoiesemetapher Maturanas und Varelas stimmt insoweit, als höher entwickelte Interpretationsergebnisse und -konstrukte von bisherigen Entwicklungsstadien vorbedingt, vorgeformt sind. Auch Kultur und Wissenschaften wuchsen exponentiell. Und ein Effekt der Bereichsmutation, des Überspringens und Übertragens bestimmter Perspektiven, Lösungsansätze, Modellkonstrukte aus einem Gebiet in ein anderes Problemfeld kommt hinzu. Gottl-Ottlilienfeld hat für die Geschichte der Technik-, Wissenschafts- und Zivilisationsentwicklung (»Wirtschaft und Technik« von 1923) schon diesen Selbstverstärkungsaktionismus betont. Ähnlich dürfte es mit der autopoietischen Selbstverstärkung in symbolischen Systemvernetzungen stehen – und vielleicht auch bei Bahnungsprozessen der Synapsenüberbrückung und Neuronenverbindungsstärkung im Grundbereich der neuralen Vernetzungen.

Vernetzungsvielfalt und -verstärkung in grundsätzlich dynamisch-chaotischen Komplexsystemen erst scheinen autopoietische Entwicklungen, »frei« wirkende Variationen, kreative Emergenzen und Kombinationsaspekte, Wechselbefruchtungen – kurz: schöpferische System- und Selbstentwicklungen, also Autopoiese – zu ermöglichen. Die entsprechenden Interpretationen, Globalstrukturbildungen wie Handlungssubjekte, Bewußtseinsphänomene, Sprachregeln, Ich- und Geist/Vernunft-Strukturen sind nur als Episystemeffekte auf dynamisch-chaotischer Basis und milliardenfacher Innenvernetzung möglich. Doch auch diese Deutung ist – unter bestimmtem Aspekt – Ergebnis einer Interpretation. Dem Interpretieren kann ich nicht entgehen. Selbst Vernunft und »Ich« sind Interpretationen...

Kognitionen und Neuronetze

Das klassische logizistisch-logokratische Modell des Denkens scheint nicht für eine adäquate Beschreibung der wirklichen Denkabläufe im Gehirn geeignet zu sein, sondern ein utopisches Modell darzustellen – jedoch kein Idealmodell derart, daß sich das Denken in realen Situationen schrittweise der logiformen Idealstruktur nähert, sondern eine Utopie der falschen Grundrichtung:

Schon die sozialpsychologischen Versuche solcher Forscher wie Kahnemann und Tversky hatten das in bezug auf Wahrscheinlichkeits- und Nutzen(ver)schätzungen in realistischen Entscheidungssituationen vielfach ergeben: Entscheidungen werden in Abhängigkeit von Färbungen (negativer und positiver Nutzen), Situationsumständen und Kontexten ganz anders gefällt, als die Nutzentheorie der Ökonomen und Entscheidungstheoretiker es insinuieren. Wahrscheinlichkeiten und Nutzenwerte wurden systematisch falsch eingeschätzt, je nachdem, ob sie in einer positiven oder negativen Ausdrucksweise das Risiko der Entscheidungsfolgen darstellen. Gleiche Risiken werden in unterschiedlicher Version anders gesehen und bewertet. Der Geist der Entscheidung scheint der Logik weniger zu folgen, als er und man glaubt(e). Man hält sich für rational – insbesondere, wenn man sich zu schon systematischen Wahrscheinlichkeits- und Risikoabschätzungen subjektiv bequemt –, doch ist der Mensch nicht so rational, wie die überkommene philosophische Auffassung des Aristoteles es unterstellte und nahelegte. Der bekannte Erkenntnispsychologe David Rumelhart (Stanford), der die Schemaforschung der Kategorisierung und damit den interpretationistischen Ansatz in der Kognitionspsychologie sehr gefördert hat, bevor er sich ganz dem Parallelverarbeitungsmodell des Erkennens, Denkens und des Gehirns widmete, also dem neuen konnektionistischen Ansatz der sog. kognitiven Wissenschaft, stellte unmißverständlich fest: »Alle experimentellen Befunde deuten darauf hin, daß Menschen keine rationalen Wesen sind«. Das sei »eine schlichte Tatsache, die anzuerkennen sich die Rationalisten weigern« (zit. n. Allman, 245) – immer noch weigern, obwohl man all das schon spätestens seit Freud, im Grunde seit Platon und Paulus (»Der Geist ist willig, ...'«; »ich tue das, was ich nicht will«) vertraute Einsichten sind. Bei Platon freilich herrschte noch die sokratische Überzeugung vor, daß das »Logistikon«, die Vernunft, der vernünftige Teil der Seele, ausreichen würde, das Epithymetikon, den Elan des Antriebs und der Mutmotive und des Thymoeides, des Trieblebens, zu zügeln und zu lenken. War die Hoffnung der rationalen Lenkung, der Logikherrschaft, gar: der Vernunftregelung und -selbstbeherrschung – war das ganze rationalistische Modell des vernünftigen Menschen eine Utopie ohne jede reale Grundlage –

allenfalls ein normatives Idealmodell, das manche plakativen Forderungen und Lippenbekenntnisse, manche eher anthropomegalomanen Selbstverständnisse und Geistdeutungen der intellektuellen Krone der Schöpfung widerspiegelte, ähnlich utopisch-irreal-normativ wie das christliche Gebot der Feindesliebe bei wirklichen emotionalen und aktionalen Reaktionen von Personen in Konkurrenzsituationen? Sind wir auch in der Rationalitätskonzeption ähnlich wie im zwischenmenschlichen Handeln zum größeren Teil noch »Steinzeitjäger im Spätkapitalismus« (wie ein Buch von Tiger/Fox, zweier amerikanischer Verhaltensforscher, betitelt ist)? Atavistische Assoziierer oder aspektvoreingenommene Überlebensegoisten im nunmehr schon so häufig eingeläuteten Postmodernismus, daß man geneigt ist, nach Anzeichen eines heraufkommenden Post-Postmodernismus zu suchen? (Die Postismen nämlich überschlagen sich immer schneller: Posthistorie, Postmoralismus, Postindustrialismus – der wahre Postepigonalist muß nunmehr schnellstens zum Postpostismus übergehen!)

Zurück zum postlogozentrischen Erkenntnismodell und dessen philosophischen Implikationen. Ist es wahr – und vieles spricht dafür, gerade auch experimentelle psychologische Befunde und neurophysiologische Ergebnisse sowie tiefenpsychologische Erfahrung und plausible Alltagseinsichten –, daß das rationalistische Modell des Denkens, Erkennens, Handelns und des ach-so-rationalen Selbst/Subjekts ein eher chaotisches ist und nur das dynamische Zusammenspiel vieler innerer neuronaler Zentren, äußerer Konventionalisierung und Kontrollen, sprachlicher Traditionsmuster, erblicher Verhaltensdispositionen und auf Überleben bzw. Erhaltung des eigenen Genpools angelegter Funktionen spiegelt, so sind drastische Veränderungen auch in Bereichen der philosophischen Zentraldisziplinen wie der Erkenntnistheorie und der Subjektphilosophie zu erwarten und auszuarbeiten. (In der Erkenntnistheorie und der Ethik müßten diese Wandlungen weit über die von vielen schon als recht radikal empfundenen evolutionstheoretischen Ansätze der sog. Evolutionären Erkenntnistheorie und der sog. Evolutionären Ethik hinausgehen.) Das Zusammendenken der Handlungstheorie-Perspektive und des wissenschaftlichen Realismus in Gestalt des Experimentalismus und Manipulationismus à la Ian Hacking sowie der chaostheoretischen Ansätze der Theorie dynamischer Systeme würde sich in ganz neuen, noch kaum im einzelnen zu überschauenden interdisziplinären Verwicklungen und Wechselbeeinflussungen auf nahezu alle philosophischen Zentraldisziplinen auswirken – speziell auf die anthropologischen und erkenntnistheoretischen.

Auf Folgerungen für das Subjektverständnis wurde oben bereits hingewiesen. Konnektionistische Ansätze differenzierter Art (mit Einbau und Zwischenschaltung sog. »hidden units« [versteckter Einheiten]), welche die Gewichtungen der Schwellenwerte bei Neuronenknoten rückgekoppelt als Soll-Ist-Differenzen zwischen Inputs und Outputs selbständig abändern können, haben bereits Erfolge bei der Simulation des Sprachwortschatz- und des Grammatikregellernens sowie auch beim Kategorisierungslernen im Sinne der Prototypenmethode nach Eleanor Rosch, jener Kulturpsychologin, welche die traditionellen Kategorisierungsvorstellungen der Philosophen (nach der Methode der Definition *per genus et differentiam specificam* und der Kombination von abstrakten Allgemeinbegriffen) kritisierte, indem sie in wirklich interkulturellen Studien zeigte, daß sprachliche Differenzierungen und Abstraktionen beim Farben- und Formenunterscheiden keine so wesentliche Rolle spielen, wie man in der traditionalistischen Philosophie bislang geglaubt hatte: Selbst die Dani in Westirian, die nur zwei Farbwörter, ›mola‹ (für ›hell/warm‹) und ›muli‹ (›dunkel/kalt‹) haben, können praktisch ähnlich gut Farben diskriminieren und wiedererkennen bzw. erinnern wie englisch sprechende Versuchspersonen (obwohl ein generelles Nichtgewohntsein von Testsituationen zu berücksichtigen war). (Ähnliches gilt für die Diskriminierung von geometrischen Grundformen, für die in der Danisprache überhaupt keine Ausdrücke vorhanden sind.) Schließlich zeigte Rosch, daß allgemeine Kategorisierungen nicht dem logiformen traditionellen Modell der Kombination von abstrakten und spezifischer werdenden Merkmalen entsprechen (die allgemeine Art zuerst, spezifischere Unterarten danach!), sondern daß bestimmte vertraute Prototypen als Orientierungsmuster erlernt und benutzt werden und man Abweichungen von ihnen, also Distanzen und Differenzen zur Einordnung nicht prototypkonformer oder neuartiger Fälle nimmt. Und die größte *gemeinsame* Merkmalsvielfalt bzw.

Handlungsmöglichkeit steckt den Bereich der Grundschichtgegenstände (»basic level objects«) ab, die als Orientierungsprototypen erlernt und verwendet werden: Man setzt sich nicht auf ein »Möbelstück«, sondern auf einen »Stuhl«, der dementsprechend den prototypischen Gegenstand darstellt (aber nicht etwa der viel speziellere Chippendale-Stuhl!). Kein Wunder, daß Schemabildungsprozesse und Kategorisierungen generell einem prototypischen Interpretationsmuster folgen und nicht etwa dem noch von Stephan Körner in seinem einflußreichen Buch *Categorical Frameworks* entwickelten Vorbild der *logischen* Kategorienbildung.

Rumelhart hat diese Schemaforschung mit dem Konnektionismus verbunden: Neur(on)alnetzwerke erlauben ein kontrolliertes Rückmeldungslernen (mit rückgekoppelter Bewertungsgewichteänderung) und auch ein prototypisches – man könnte sagen: Roschsches Lernen, Lernen von Regeln, Kategorisieren von Gegenständen, falls sie nicht nur auf einer Schichtebene operieren, also bloß Inputs und Outputs verbinden, sondern mit Hilfe der »versteckten Einheiten« Gewichte für Kategorisierungsbewertungen ändern können. Mehrschichtmodelle des konnektionistischen Ansatzes können Kategori(sierung)en und Regeln lernen, die den Neur(on)alnetzwerken nicht selbst eingegeben worden sind. Dies haben Versuche von James Anderson mit solchen Netzwerken auch empirisch schon gezeigt. Sein Netzwerk »lernte« am schnellsten das »kategoriale« Muster eines »Prototyps« von Punktmustern, selbst wenn es eine Darstellung des Prototyps selber gar nicht präsentiert bekommen hatte, sondern nur die mehr oder minder abweichenden Varianten. John Hopfield, der theoretische Physiker, der das mathematische Netzwerkmodell vereinfachter Zellautomaten für die Lösung von nur durch parallele Verarbeitung zu erreichenden Optimierungen (durch lokale Energieminimierungen in »Senken«) entwickelte – in einer berühmt gewordenen Akademie-Arbeit von 1982 –, baute zusammen mit einem Mitarbeiter (David Tank) ein Neur(on)alnetzwerk, welches das bekannte Operations-Research-Problem des Handlungsreisenden (der Reiseweg- oder Pfadoptimierung) eintausendmal schneller löste als ein gewöhnlicher linear optimierender Computer! Das Netzwerk findet durch die Gesamtabsenkung der »Energie«flußfunktion sozusagen fast instantan das lokale Minimum, also die optimale, am wenigsten zeitaufwendige Route, während der Linear-Computer der v.-Neumann-Architektur erst alle, u. U. nahezu astronomisch viele Kombinationen durchrechnen muß. Ähnliche Erfolge des Regellernens wie bei den Kategorisierungsversuchen zeichneten sich bereits beim Spracheerlernen bzw. bei der Erlernung von Grammatikregeln durch Neur(on)alnetzwerke ab. So erlernte das Netzwerk »NETalk« des Biophysikers Terry Sejnowski das laute Lesen sozusagen »regelmäßig«, ohne Regeln einprogrammiert zu erhalten: »Dies ist ein System, das Regeln *befolgt*, aber nicht auf Regeln *basiert*. Es macht sich die Regelmäßigkeiten der englischen Sprache zu eigen, doch ohne daß wir ihm Regeln eingeben müssen« (n. Allman, 236). Beim Beispielslernen organisieren sich die »versteckten Einheiten«, die Gewichtungen, die internen Verbindungsmuster und die inneren Repräsentationen der Regeln selbst: »Wir spezifizieren keine der inneren Repräsentationen. Aber wir brauchen sie auch gar nicht von Hand einzugeben, weil sie *erschaffen* werden. NETalk entdeckt die Repräsentationen, die es für die Lösung eines Problems benötigt.« Dieses Neur(on)alnetzwerk wies trotz seiner recht einfachen Struktur (von 80 »versteckten Einheiten«, 203 Input- sowie 26 Output-»Neuronen« und 18320 Verbindungsmöglichkeiten zwischen den »Neuronen«) nach, daß Neur(on)alnetzwerke bestimmte regelhafte Umweltvarianten, -merkmale und -strukturen »entdecken« können: Sie entwickeln aufgrund der präsentierten Lernbeispiele Kategorisierungen, Regeln, »Hypothesen« (Wenn-So-Verbindungen von »Fakten«) und Kombinationen, ohne daß ihnen die entsprechenden Kategorien oder Regeln generell oder als Programm eingegeben werden. Durch Gewichteanpassung der Gewichtung von »Neuronen«verbindungen aufgrund von Häufigkeiten der Vorkommensverbindungen ergeben sich Kategorisierungs- und Verbindungsregeln intern: Die Repräsentationen werden durch rückgekoppelte Anpassungs- und Umbewertungsvorgänge quasi-automatisch entwickelt. Sejnowski möchte auch Expertensysteme nach diesem Lernmuster mit »Wissen« versorgen, ohne daß die jeweiligen Experten nun explizit alle Regeln ihres Wissens vollständig darlegen müßten (was weder prinzipiell noch praktisch möglich wäre!).

Liefert das Mehrschichten-Neur(on)alwerk ein neues interessantes Modell der Informationsverarbeitung und Entscheidungsfundierung im Gehirn? Es scheint so. Das Gehirn kann manche Entscheidungs- und Kategorisierungsprobleme komplexer Struktur viel besser und schneller lösen als der traditionelle Digitalcomputer. Es muß irgendwie größtenteils parallel arbeiten – und analog dazu! Der Konnektionismus ist ein solcher Grundansatz, welcher diese komplexen Vorgänge zumindest illustrieren oder plausibel machen, als Möglichkeit im Sinne der Frage »wie ist möglich...?« skizzenhaft erklären kann. Begründet er das neue philosophische Modell des Gehirns und des Geistes, das jenes Digitalcomputermodell, dem viele Psychologen heute noch anhängen, ersetzen kann? (Ein führender deutscher Psychologe, Spezialist für Problemlösungsprozesse und Komplexitätsbewältigung, sagte vor einigen Jahren bei einem Workshop über »Philosophie des Psychischen«: »Psychologie ist die Wissenschaft von den Informationsübertragungs- und -verarbeitungsprozessen im Organismus – und sonst nichts!«) Zu beachten ist freilich, daß ebenso wie das Digitalcomputermodell auch diese Neur(on)alnetzwerk-Konzeption eine Metapher ist, bestenfalls ein stark simplifiziertes Modellkonstrukt zur Bildung von Erklärungsskizzen idealtypischer Art. Man sollte es von vorneherein vermeiden, wieder einer neuen Variante der L'homme-machine-Ideologie nach der notorischen Computermetapher (die im übrigen in beide Richtungen wirkt – in die Psychologie wie in die Computer Science: Computer »lernen«, »erkennen«, »wissen«, »entscheiden«, »implizieren«, »folgern« usw.) zum Opfer zu fallen: der Neur(on)almaschinenmetapher. Je realitätsnäher, ja, differenzierter, je erfolgreicher das Modell, desto gefährlicher, näherliegend und u. U. unvermeidlicher die (ideologischen oder metaphorischen) Fehlschlüsse, Einseitigkeiten oder Übertreibungen.

Löst sich der Geist im Neur(on)alnetzwerkzauber auf? Die Frage ist zu grob und grob falsch gestellt. Alle Modellbildungen und -verwendungen sind, auf komplexe dynamische Phänomene von schichtenübergreifendem Emergenzcharakter angewandt, interpretatorische, perspektivische Konstrukte, die per se z. T. Metapherncharakter haben, wenn sie über Emergenzgrenzen oder/und unterschiedliche Systemebenen hinweg angewendet werden. (Systeme und Systemschichten selber werden nur interpretationskonstruktionistisch ausgegrenzt, abgehoben voneinander.) Aus der grundlegenden Interpretationsgebundenheit, der Interpretativität aller theoretischen (und auch aller erkenntnistheoretischen) Konstrukte kommt man auch auf diese Weise nicht heraus.

Immerhin mag die neue Modellvorstellung für das komplexe Denken (Kategorisieren, Entscheiden, Optimieren, Handlungsleiten) viele bisher (besonders nach dem traditionellen logiformen und linearcomputerorientierten Modell) unverständliche Phänomene mit Erklärungsskizzen versehen: War nicht auch das Aktivierungsmodell der sozialpsychologischen Motivations- und Handlungstheorie nach Atkinson und Birch ein Schwellenwert- und Handlungsdispositionen- bzw. Potentialmodell, das sich geradezu für eine neur(on)alnetzwerkanaloge Behandlung empfiehlt? Probleme der prototypischen Kategorisierung und des adaptiven exemplarischen Regellernens wurden schon erwähnt. Bestimmte schwierige Fragen der Semantik, Sprachphilosophie und Bedeutungstheorie können auch unter neuen Aspekten erscheinen: Goschke und Koppelberg (ZiF-Paper Mind & Brain, 36/1990) haben gerade betont, daß eine Kombination der externalistischen und der internalistischen Repräsentations- und Bedeutungstheorie durch Aufweisung des Bedeutungsbegriffs auf konnektionistischer Basis erfolgen könnte: Der externalistische Repräsentationismus erklärt interne Repräsentationen ausschließlich aufgrund gesetzesartiger Abhängigkeiten innerer repräsentierender Vorgänge von externen Ereignissen (in der Außenwelt); der Internalismus sieht hier nur interne dynamische Funktionsbeziehungen zwischen den (inneren) Elementen/Vorgängen des Repräsentationssystems. Wenn man (innere) Repräsentationen mit Dretske (1981, 1987) als Indikator- oder Bedeutungs*funktion* der Elemente versteht, kann man auch Falschrepräsentationen durch diese Zwischenschaltung einer Funktionsbewertung erklären (was bisher in rein internrepräsentationalistischen und einfachen konnektionistischen Systemen nicht der Fall war).

Führt man eine Trennung zwischen der intern-funktionalen Bedeutung (i. S. der sog. »conceptual role semantics«) und einer mit Außenweltmerkmalen korrelierenden Indikator- oder Korrelationsbedeutung (»correlational semantics«) ein – zunächst nur als analytische Unterscheidung, die in vielen Fällen durchbrochen wird, weil beide Bedeutungsarten hineinspielen –, so kann man nach Goschke und Koppelberg sowohl den Externalisten wie auch den Internalisten unter den Repräsentations- und Bedeutungstheoretikern gerecht werden: Sowohl Außenweltadäquanz der (korrelationalen) Repräsentation als auch interne funktionale Wechselbeziehungen beeinflussen den semantischen Bedeutungs-»gehalt«. Kontextsensitivität der Bedeutung kann je nach Repräsentationskomponente mit einer wenn auch »abgeschwächten« Kombinierbarkeit von Teilrepräsentationen zu Gesamtrepräsentationen vereint werden (was im »strengen« Sinne bislang von einfachen konnektionistischen Modellen nicht geleistet werden konnte, wie Fodor und Pylyshyn [1988] gezeigt hatten). Ein mehrschichtiges, mit »versteckten Einheiten« arbeitendes konnektionistisches Optimierungsmodell eines Neur(on)alnetzwerks kann bei Berücksichtigung der internen Anpassung, der Konnektivitäten und Gewichtungen und der externen Repräsentationserfordernisse eine interne Repräsentation äußerer Konstellationen ermöglichen, ohne eine innere Symbolsprache in Gestalt von (etwa »mentalesischen«) Zeichen (i. S. v. Pribram, Fodor oder Putnam) zu erfordern. Die intern gestalteten und grundsätzlich variierbaren Wechselbeziehungen (die »Konnektivität«) »kodieren« sozusagen die Muster, die den Kategorisierungs- und Symbolisierungsprozessen beim Gebrauch externer Zeichen und Symbole zugrunde liegen. Relativ stabil bleiben dabei u. U. kontextfreie Symbol-Token (etwa eine Wortform) und die »Konnektivität« zwischen diesen und dem Netzwerk selbst. Der Bedeutung liegt sozusagen diese »Konnektivität« zwischen relativ stabiler (äußerer) Wortform und dem begrifflichen (conceptual) Netzwerk zugrunde, keine innere Menge von Elementarzeichen eines mentalesischen Alphabets o. ä. Der Konnektivität sind bestimmte innere und/oder äußere Einschränkungen der Erfüllung (constraints of satisfaction) auferlegt (die Abgrenzung zwischen diesen ist von sekundärer Bedeutung, da variabel). Aufgrund der Aufspaltung der Repräsentations- und Bedeutungskomponenten und der variablen Beziehung bzw. notwendigen Miteinbeziehung beider – der intern-funktionalen wie der extern-korrelativen – stützt der Konnektionismus nach Goschke und Koppelberg (wie auch nach Føllesdal 1990) einen gewissen Holismus der Bedeutungstheorien bezüglich des semantischen Gehalts. Das ist sicherlich richtig und plausibel. Zu beachten ist freilich, daß jede Rede von »*der* Bedeutung« selbst interpretationskonstruktionistisch geprägt ist. Warum muß und sollte notwendig ein *einziger* Gesamtbedeutungsbegriff derart unterstellt werden, daß man dennoch allzu leicht einen vom Ausdruck ›Bedeutung‹ selbst bezeichneten Referenten, also gleichsam durch automatische Unterstellung *ein* inneres symboltragendes Element unterstellt, hypostasiert? Die Rede von »*der* Bedeutung« verführt zu einer Art innerer Verdinglichung oder »Symbol«- oder »Träger«-Projektion – im Sinne etwa einer Repräsentanz durch innere, mentalesische »token«. Warum ersetzt man nicht die allzu leicht irreführende Redeweise von *der* Bedeutung durch einen theoretischen Entwurf über die verschiedenen Funktionen der Zuordnungsoperationen, -mechanismen und Beziehungen der »conceptual role«-Operanten oder -Regelungen einerseits und der extern-korrelationalen Repräsentanten und deren Beziehungen zum Netzwerk andererseits? *Die* Bedeutung ist ein gemachtes, artifizielles entstelltes / unterstelltes Interpretationskonstrukt, das als solches Einweg-Konzept im Grunde weder möglich noch nötig ist. Bedeutungsunterschiede der verschiedenen Komponenten, der funktionalen Teilrepräsentanz und der korrelationalen Wechselbeziehungen sind wichtiger – und lassen sich auch unterscheiden. Der Holismus steckt nun sozusagen in der gesamten Repräsentationstheorie und differenziert in den Wechselbeziehungen der Komponenten untereinander. Das Zusammenwerfen der Teilkonstrukte zu der einen umfassenden »Bedeutung« und zum Over-all-Bedeutungstypbegriff ist eher künstlich, irreführend – und angesichts der differenzierten Unterteilung in funktionale und korrelationale Repräsentationskomponenten unnötig. Allenfalls als grobe Umschreibung der holistisch-konnektionistischen Theorie selbst, als façon de parler, mag man dann noch von *dem* umfassenden Bedeutungsbegriff reden. Bedeutungen sind keine – seien es platonische oder mentalesische – Entitäten mehr. Man fühlt sich hier an Wittgensteins Gebrauchstheorie (oder besser: Gebrauchsmaxime für das Bedeutungslernen) erinnert – nur auf einer tieferen, systemtheoretisch-komplexen Ebene: Teilbedeutungen und Repräsentation(sfunktion)en *zeigen* sich im Zusammenwirken von unterschiedlichen funktionalen Elementen der inneren Wechselabhängigkeiten (connectivity via conceptual role) und der externen Korrelationsadäquanz (correlational input- output mapping). Interne »versteckte« Einheiten und deren Konnektivität sowie Konnektivitätsänderungen einerseits und externe Inputvarianten sowie eine relativ stabile Abbildung zwischen Input und Output der sensorisch-motorischen Innen-Außen-Wirkungen sind beide für das konnektionistische Modell der Kognitions-, zumal der Wahrnehmungs- und Repräsentationsprozesse nötig. Konnektivität und Korrelationalität (Korrelativität) ergänzen sich und sind aufeinander angewiesen. Auch Variationen und die Variierbarkeit beider sind gekoppelt über die miteinander verknüpften Funktionen der externen Adäquanz und der internen Konnektivitätsabstimmung. Deutet man die erwähnten Modelle – insbesondere das konnektionistische als ein Kognitionsmodell – selber im Sinne der interpretationskonstruktionistischen Philosophie oder Methodologie, so wird deutlich, daß essentialistisch verstandene Gesamtdeutungen im Sinne des Brain-Materialismus (sei er nun reduktiv oder eliminativ) oder der Geist-Gehirn-Identität oder dualistischer oder phänomenalistischer Ansätze sich letztlich als unterschiedliche Interpretationskonstrukte erweisen, die perspektivisch von besonderen Modellbildungsrichtungen abhängig sind. Sie sind nach dem interpretationistischen Ansatz nicht als einander notwendig ausschließende *absolute* metaphysische Positionen zu betrachten, sondern eher als *relativ* miteinander konkurrierende Interpretationsansätze hypothetischen Charakters, unter denen vielleicht der eine Vorteile in bezug auf manche Probleme und Perspektiven hat – und entsprechende Nachteile. Hinsichtlich anderer Problemperspektiven hat vielleicht ein anderer Ansatz größere Vorteile. Wie jeder Modellansatz sind auch die Interpretationskonstrukte beim Gehirn-Geist-Problem hinsichtlich ihrer Leistungsfähigkeit begrenzt – auch der konnektionistische, der freilich eine vielversprechende Alternativmetapher bietet und deshalb philosophisch und erkenntnistheoretisch von höchstem Interesse ist.

Der Mann ohne Eigenschaften – philosophisch: Fixierungsfragen

Ich schreibe in einem alten Ausstellungsblindband von *Der Mann ohne Eigenschaften*. Die Versuche, diesen Band zu nützen, die Blindseiten gerade dieses Projekts mit Reflexionen zu füllen, ist größer als die Reizwirkung der Blindbände meiner eigenen noch vorhandenen Buchausstellungsstücke wie *Philosophie im technologischen Zeitalter* oder *Eigenleistung*. Obwohl das Format zum Schreiben unhandlich klein ist, entschied ich mich für den »Mann ohne Eigenschaften«, dessen Autor – ein promovierter Philosoph, dessen Aufnahme, laut Biograph Corino, die Preußische Akademie der Künste, Abteilung für Dichtung, 1932 mit der Begründung ablehnte, er sei zu intelligent für einen Dichter! Musil war ein begeisterter und recht vielseitiger Sportler, der das Hantel- und Körpertraining, Gymnastik auch im mittleren Alter weiterbetrieb, ein »Mystik(er) der Muskeln«, wie er selber schrieb.

In Kapitel 50, aus dem nunmehr publizierten Nachlaß von *Der Mann ohne Eigenschaften* unter dem Titel »Genialität als Frage« als »Fragment« angeordnet, schließt Musil seine Beschreibung des neuen »Erfahrungsmenschen«, »des empirischen Menschen …«, »der aus hundert gemachten Erfahrungen tausend neue zu machen weiß, die doch immer nur im gleichen Erfahrungskreis verbleiben, und der damit das gewinnreich erscheinende riesenhafte Einerlei des technischen Zeitalters erzeugt hat« – mit dem Satz: »Der Empirismus als Philosophie könnte als die philosophische Kinderkrankheit dieser Art des Menschen gelten …« Inzwischen ist der übertriebene, der zur dogmatischen Totalität aufgeblasene Empirismus erledigt: Man erfährt nur, was man fragend, schematisierend, interpretierend vorstrukturiert, vorbereitet, sich vor-»gestellt« hat (vielleicht sogar im Heideggerschen Verständnis des »Stellens«, des »Gestells«): Die Quantenphysik ist keine empiristische, sondern eine interpretationskonstruktivistische Disziplin.

Dennoch sollte die pragmatische Herausforderung, der Zwang zur Auseinandersetzung mit der experimentellen Erfahrung unverändert ein Stachel im Körper, im Gedankenflusse der Philosophie sein und bleiben. Man kann und darf nicht mehr völlig am Leben, an den Wissenschaften, am Realismus und den sich aufdrängenden sogenannten »Realitäten« vorbeiphilosophieren. Philosophieren – das bleibt die immer neue Aufgabe, sich den Realitäten »begreifend« zu stellen und sie zugleich interpretierend zu integrieren, zu transzendieren im methodologischen Sinne. Dies gilt auch für die philosophischen Erfassungsversuche des Denkens – unter Einbeziehung der sog. »kognitiven Wissenschaften«, der empirischen Kognitionsdisziplinen. Man forscht, denkt über das Denken nicht nur mit dem Geiste gut – was immer dieser sei.

»Eine bestimmte Menge Ideen gruppiert sich zu wahrscheinlichsten Mittelwerten wie in der kinetischen Gastheorie. Es ist ganz gleich, was man tut und propagiert, es kommt doch der Mittelwert heraus!« Ist diese Beschreibung des sozial flüssigen, undeterminierbaren Atmosphärischen, des Immer-Vorläufigen, der ewigen Anfänge und Uminterpretationen – so statistisch als Summationseffekt aus chaotisch-mannigfaltigen Zufällen und Wechselspielen in einem überkomplexen System verstanden – nicht die Vorahnung auch eines nicht mehr subjektzentrierten konnektionistischen Modells des Denkens? Das Ich, das Individuum, das Subjekt – sowohl im historischen und sozialen fließend variierenden Geflecht als auch als Konstrukt der vernetzten Innenvorgänge aus dem flimmernden Netzwerkspiel von Millionen, ja, Milliarden feuernder oder inhibierter Neuronenkomplexe – verflüssigen sich zu flexiblen dynamischen Zeitgrößen, zu Durchgangsstadien, die einem stets gefährdeten Fließgleichgewicht der dynamischen Energieaustausch- und Abarbeitungsvorgänge wie der Informationssignalmyriaden ein Muster, ein Kombinationskonstrukt abgewinnen, das scheinbar zeitlich sich konsolidiert, den Eindruck des Überdauerns erzeugt – vielleicht, ja, wahrscheinlich fälschlich. So scheint die Welt von »Eigenschaften ohne Mann« (ohne Mensch, ohne Personhaftigkeit), von »Erlebnissen ohne den, der sie erlebt«, geprägt – das Ich ist selber sekundär, ein Interpretationsprodukt aus dem dynamischen Zusammenspiel unendlich komplex erscheinender Myriadenkollektive des neuronalen wie des sozialen Netzwerkes, in die man sich als einzelner eingetaucht findet, aus deren Kombinationswirkungen sich erst die Ichhaftigkeit, die Ichbildung konstituiert. Eine chaostheoretische Philosophie, die der Selbsttheorie David Humes, der Bündelkonzeption des Ich, ähnelt, aber deren sensualistisch-empiristische

Verengungen nicht teilt. Das Ich als Erscheinung und Kollektivkonstrukt aus dem Zusammenspiel von dynamischen Netzwerkmyriaden: Das eigentümlich Unfaßbare, Mehrdeutige, unendliche Vieldeutige, das Schwebende, das ewig rätselhaft Bleibende des Ich, des Ichverstehens bei Musil wird so auch philosophisch deutlich – nicht nur aus der historischen Atmosphärik des seine phantastischen Erregbarkeiten und hypertrophierenden Abenteuerpläne narzißtisch kultivierenden Kakaniers, der sich in unbestimmten Erwartungen und deren Herausforderungen, in Eindrücken »einer nicht endenden Steigerung«, im ewigen Wiederanfangen, in endlosen erfolglosen Selbstfindungsversuchen spiegelt, ja, wenn überhaupt etwas, diese Selbstfindungserfolglosigkeit im ständigen Prozeß der Selbstfindungsversuche *ist*. Personalität, Individualität wird unendlicher Entwurfsversuch, nicht endende Interpretation ihrer selbst. Personalität, Individuum – ewiger Entwurf eines Endes, dessen Findungsvorgang, dessen Konzeption zu Anfang das Unfaßbare, weil nur in Zirkeln zu umkreisende, fiktiv hypostasierte Ende schon voraussetzt. Der quasi »hermeneutische« Zirkel der Selbstfindung ist konstitutiv. Person – die ständige Interpretation, deren unerfaßbares Endkonstrukt sie antizipatorisch schon voraussetzt. Ein unendliches Unterfangen, eine unendliche Geschichte des Selbstinterpretationskreisels, der stets nur wieder an die Anfänge zurückführt. Verwirrend und verwirrt, könnte man ironisch paraphrasieren: »... still confused, but on a much higher level!« Das Kreismodell als Selbstfindungsversuch kann auch in unbefriedigter Selbstumkreisungsneurose enden. Auch eine intellektuelle Selbstbefriedigung – ein Gefangensein im ewigen Kreisen um sich selber, im endlosen Anfangen, Neubeginnen? Zwanghaftigkeiten, die im Orbit des Ritualisierens kreisen, aber keinen Durchbruch erzielen können? Das Unzulängliche erkannt, das Unzugängliche nicht lassen können – ist das die Tragik des »Mannes ohne Eigenschaften«, dessen Autor kurz vor seinem Tode immer noch notiert: »Ich will zuviel auf einmal! ... Und ich weiß zu selten, was ich will!« Der Mann ohne Eigenschaften – ein Mensch ohne Ziele, ohne Handlungskraft, weil er feinfühlig alle Ziele, zu viele Fähigkeiten verwirklichen will. In der Tat: Torsohaftigkeit – die Tragik unvollendeter Genialität, unverdauter Ungewöhnlichkeit.

Nur Musils tragisches Geschick? M. E. – hoffentlich – nicht auch meines...

Heute beginnen die Hochschulwochen in Alpbach/Tirol, an denen ich eigentlich als »Research person« teilnehmen sollte. Doch ich hätte mich für ganze zehn Tage verpflichten müssen, und daher habe ich abgesagt, um ungestörter dem philosophischen Eigendenken, den erwarteten Intuitionen nachgehen, nachspüren zu können. Der »Selbstdenker« muß ja nicht nach Nietzsches bissigem Wort zum »Selbsthenker« werden – sollte ich es nicht lieber und Lenk-gemäßer mit »Selbstlenker« assoziieren? »Selbstdenker« – Selbstlenker! Oder: Lenk als Selbstlenker und Selbstdenker. Selbstlenken setzt Selbstdenken voraus. Selbstlenker in praxi aber ist mehr: Es umfaßt das Handeln und Entscheiden, das freilich auch durch Denken gelenkt sein sollte, meint jedenfalls die traditionelle Intuition. Doch kann dies auch eine Täuschung, eine der rationalistischen Selbsttäuschungen der Selbstinterpretationen nach dem klassischen Denkmodell des über allem schwebenden, des über alles frei und autonom entscheidenden Subjekts sein. Nach dem skizzierten chaostheoretischen Konzept des Denkens und des Geistes ist dies so selbstverständlich nicht mehr. Das Ich als oberste und gar einzige Instanz ist fragwürdig geworden, evaporiert gleichsam zu einer artifiziellen Fiktion zweiter Hand – zu einem Abstrakt-Konstruktum, das erst aus den vielfältigen, untergründig ablaufenden Netzwerkprozessen als Kollektivergebnis unfaßbar vieler Neuronenzusammenschaltungen konstituiert wird – als eine Instanz interpretiert und somit behandelt, gleichsam interpretations(re)konstruiert wird. Dennoch kann dies, wird diese »Instantiierung« in aller Normalität – auch schon durch die soziale Konstruktion der Ich-Wirklichkeit, der Personalität, der Rollenzuschreibungen und Erwartungen – habitualisiert, zur von außen beobachteten und zur verinnerlichten Regelfiktion. Dieser Vorgang darf nicht darüber hinwegtäuschen, daß es sich um Interpretationsvorgänge und deren Ergebnisse, um Habitualisierungen und Konstrukte, um prozessuale Phänomene und deren nachträgliche Fixierungen handelt. Auch Musils *Mann ohne Eigenschaften* betonte schon gerade diese verzerrende Fixierung, diese Diskrepanz zwischen Denkvorgang und Intuition einerseits und dem Gedachten, dem in gefestigte

Gestalt Gebrachten andererseits, als er über das Erwarten, Erarbeiten, eventuelle Erzwingen von Intuitionen reflektierte:

»Darum ist das Denken, solange es nicht fertig ist, eigentlich ein ganz jämmerlicher Zustand, ähnlich einer Kolik sämtlicher Gehirnwindungen, und wenn es fertig ist, hat es schon nicht mehr die Form des Gedankens, in der man es erlebt, sondern bereits die des Gedachten, und das ist leider eine unpersönliche, denn der Gedanke ist dann nach außen gewandt und für die Mitteilungen an die Welt hergerichtet. Man kann sozusagen, wenn der Mensch denkt, nicht den Moment zwischen dem Persönlichen und dem Unpersönlichen erwischen, und darum ist offenbar das Denken eine solche Verlegenheit für die Schriftsteller, daß sie es gern vermeiden.« (MoE, 115)

Nicht nur für die Schriftsteller!

Auch für viele andere Praktiker und »Fachvertreter« gilt dies, selbst in Fächern, die das Denken als Aufgabe pflegen sollen – die Wissenschaftler, Geisteswissenschaftler, selbst manche Philosophen halten es mit Goethes Abneigung gegen das Denken über das Denken. Habe nicht auch ich zu lange, zu oft das Eigendenken gescheut – und, scheinbar hoch befriedigend, durch Viellesen ersetzt: Lesen als Vorwand und Ausflucht, nicht selber denken zu müssen. »Es gibt wirklich sehr viele Menschen, die bloß lesen, damit sie nicht denken dürfen«, meinte mit untrüglichem Spürsinn der zu Beginn schon zitierte Lichtenberg. Zu diesem Wort paßt auch die kalte Variante des K.u.K.-Altkritikers Karl Kraus: »Wo nehme ich nur all die Zeit her, so viel nicht zu lesen!« Sollte man die ironische Wortstellung als einen Kunst-Chiasmus verstehen und die zweite Satzhälfte zu »nicht so viel zu lesen« abschwächen? Das Wort verlöre viel vom Überraschungseffekt, etwas von seinem Schein des Paradoxen, der auf den tieferen Sinn, nämlich auf jenen der unterlegten, unterstellten Ablenkungsstrategie aufmerksam macht. Der ironische Hintersinn enthüllt sich im paradoxen Effekt, in der unerwarteten Zuspitzung. Man liest so gern um den heißen Brei des Selberdenkens herum. Gefahr erkannt, Gefahr gebannt?

Prekärer noch wird die Frage, ob es mit dem Schreiben ähnlich sei. Lenk schreibt zu viel und denkt zu wenig – ist das eine ähnliche Struktur? Führt eine solche Konkurrenz der Zeiten, Tätigkeiten zu einer verwandten Paradoxie: »Wo nehme ich nur all die Zeit her, so viel nicht zu schreiben!«?

Fließt das Schreiben gleichsam denk-los, fast gedankenentbunden aus der Hand – frei nach dem ironischen Motto des Joseph Beuys, eines Selbstironikers von hohen Graden auch, der in Rodinscher Denkerpose über sein Knie geneigt, sinniert: »Ich denke sowieso mit dem Knie«. (Ich habe dieses Wort und Bild – zusammen mit Rodins Denker, der übrigens im Pariser Musée d'Orsay in der Mitte über dem *Höllentor* – La porte de l'enfer – thront, auf der Umschlagrückseite meiner *Kritik der kleinen Vernunft* veröffentlicht.)

Die andere Deutung der Konkurrenz von philosophischem Denken, Intuieren, fließendem Erwägen einerseits und der schriftlichen Ficierung andererseits war schon Platon (im 7. Brief, im *Phaidros* u. a.) aufgefallen: Er mißtraute der schriftlichen Philosophiefixierung. Eigentliches Philosophieren geschieht im Gespräch, in der Partnersituation, ist sozusagen der Gnade des Augenblicks, der Einsicht und Eingebung im Dialog verhaftet, im Suchen, Fragen, im Umwandern der Probleme verortet, ist fließend, flüchtig, schwebend – eine stets gefährdete Blüte, die nur zu ihrer Zeit, zu *einer* Zeit erblüht – vielleicht wie das Blühen des »Königin der Nacht«, einer nur in einer Nacht grandios weiß aufblühenden, sonst, ohne Blüte, eher häßlich verschlungenen Kaktuspflanze.

Verliert die schriftlich fixierte, die gelehrte Philosophie, die Bücherphilosophie nicht notwendig die schöpferische Offenheit, Variationsleichtigkeit, Flexibilität, die das Prozeßdenken und das suchende Umkreisen im Gespräch charakterisiert? Haben wir nicht die Philosophie zu sehr auf ihre schriftlichen Kondensate reduziert? Ist das echte, »wahre« Philosophieren nicht allzusehr den Bücherwürmern überantwortet worden – und wurde die Philosophie nicht dementsprechend so trocken, fad, gelehrsam eben, wie ein intellektuell drapierter Geistesbuchhalterkurs? Stirbt lebendiges Philosophieren unter der Buchhalterattitüde nicht ab? Stirbt Denken unter »dem kalten Anhauch der Philosophie« (Keats)? Buchhaltermentalität und die Trockenheit des Geistes notwendige Folge der schriftlichen Fixierung? Gibt es keine Möglichkeit, die Lebendigkeit, Flexibilität und Offenheit auch im

Schreiben, im Geschriebenen zu erhalten? Vielleicht kann das – zwar doch nur monologische – Aufzeichnen des Denkens in tagebuchartigen Denkprotokollen etwas von der kreativen Stimmung, der lebhaften Motivation, der Offenheitsmentalität, dem unverwandten Fragen und Suchen bewahren, wie es mein Freund, der Metaphysiker und Peirce-Herausgeber Paul Weiss, in seinem bisher auf über ein Dutzend Bände angewachsenen Tagebuch-Denkwerk *Philosophy in Process* versucht.

Doch ändert dies etwas am Grundproblem der Fixierung? Schon die schriftliche Fassung, die »Gefaßtheit« im und als Wort – so würde man am liebsten heideggerisch sagen – verändert, verzerrt das Denken. Das Gedachte als fixiertes Abgehobenes, auf Dauer Gestelltes ist dem lebendigen Denken schon entfremdet. Wir können wohl das Denken selber nicht mitvollziehen, nicht vollständig mitteilen – die Denkfreude nicht unmittelbar auf Gesprächs- oder Lesepartner übertragen. Das Prozessuale entgeht der Fixierung essentiell – das war schon Platons Problem zwischen der statisch-begrifflichen Seinsphilosophie der Eleaten und dem heraklitischen Ansatz einer philosophischen Erfassung des ewigen Werdens und Fließens. Nicht nur die geschriebene Fassung, sondern schon die begriffliche Form, die Kategorisierung überhaupt ist diesem Problem der fixierenden Verzerrung ausgesetzt. Prozesse, Werdensvorgänge lassen sich nicht unverstellt, unverzerrt in statische Formen pressen. Kategorien, Begriffe sind Prokrustesbetten, auf die wir die lebendige Phänomenvielfalt zwängen – mit allen Zerrungen und Verzerrungen, Dislokationen, die Prokrustespressungen generell mit sich bringen. Das Problem ist also nicht nur eines der schriftlichen Formen, sondern ein allgemeines aller Interpretationen. Interpretationskonstrukte – so unausweichlich sie sind – weisen auch diese Verfestigungsgefahren auf, die alles lebendige Philosophieren bedrohen, wenigstens bedrängen. Interpretationen sind Fixierungen, prokrustesartige Pressungen wie alle Fixierungs- und Erfassungsversuche, die zu einem Endergebnis, zu dokumentierbaren, wiederaufgreifbaren, identifizierbaren Erzeugnissen führen.

Interpretation als Macht?

Die Einsicht, daß Interpretationen verzerrende Aktionen, sozusagen intellektuelle Bewältigungen, Überwältigungen, manchmal gar geistige Vergewaltigungen sind, ist eine Folgerung aus Nietzsches Gleichsetzung jedes Interpretationsgeschehens mit (eventuell auch symbolischen) Prozessen der Ausdehnung des Willens zur Macht, den jegliche interpretierende Instanz als Aktionszentrum, als Willen-zur-Macht-Zentrum vollführt. (Günter Abel hat das in seiner Habilitationsschrift *Nietzsche: Die Dynamik, der Willen zur Macht und die ewige Wiederkehr* [1984] eindringlich ausgeführt.) Für Nietzsche ist Interpretation stets nur Bemächtigung. Selbst die symbolische Erfassung des interpretierenden Verstehens ist eine Überwältigung unter dem Alldrang der Machterweiterung – und sei es einer bloß symbolischen. In der Tat hat ja das Verstehen, schon das benennende Erfassen, Kategorisieren, Einordnen, Integrieren etwas von einer aktiven Weltordnung, einer symbolischen Weltbeherrschung in Gestalt ordnender Strukturierung. Mythische, magische Verfahren der urtümlichen Namenbeherrschung – wer den Namen kennt, (er)kennt die Sache, hat Macht über das Benannte – scheinen hier nachzuklingen. Hat die Forschung allzu lange die Welt »und, was die Welt im Innersten zusammenhält«, als Rumpelstilzchenphänomen behandelt – in der vergeblichen Hoffnung, sie werde dereinst ihren geheimen Namen verraten? Nietzsches Einsicht kann gebrochen werden, kann anders, als er dachte, stimmen: Die Welt wird uns nicht ihren Rumpelstilzchennamen verraten, sondern was wir auf unsere Such- und Prokrustesmaßnahmen hin finden werden, ist stets die Reflexion unserer eigenen Interpretationsimplikationen: Die Mächte, die wir »entdecken«, »entfesseln«, sind Macht von unserer eigenen Machtfaszination der Weltbeherrschung, der Totalerfassung, der Weltvereinheitlichung und der Ausdehnung der technischen Manipulierbarkeit. Verstehen, Erklärenkönnen, interpretierende Erfassung ist nicht per se schon Übermächtigung – wie Nietzsche meinte, indem er die bloß symbolische Interpretation mit der physischen Bemächtigung fehlerhaft in einen Topf warf –, doch ist Interpretation die unerläßliche Voraussetzung jedes Strebens im Sinne des Willens zur Macht – jedenfalls, wenn es sich um ein systematisch erfolgversprechendes Bemächtigungsstreben handelt. Interpretation an sich ist noch nicht Machtausübung, Interpretation als solche verleiht noch keine Macht, aber Interpretationserfolg ist eine notwendige Teilvoraussetzung der Macht. Nur insoweit hat Nietzsche recht, der wohl versteckt auch der alten Magiesequenz aufsaß, wenn er skandierte: Interpretation ist Macht.

Unabhängig davon habe ich in meiner Vorlesung über »Realität und Interpretation« die einzigkeitsversessene Machtwillensobsession Nietzsches kritisiert: Nicht alle Liebe, alles Verstehen, alles Sicheinfügen in Regelordnungen beispielsweise sind als Machtprozesse des Überwältigens, des Sicheinverleibens, der Machtsphärenausdehnung (und seien es auch symbolische, also semantisch höherstufige »Sublimierungen« des »Willens zur Macht«) zu verstehen. Das Mitspielen im Reigen eines Welttanzes, das Sicheinfühlen, Sicheinfügen, Mitschwingen im Rhythmus eines lebendigen Spiels ist nicht notwendig Ausfluß eines Überwältigungswillens. Der Genuß des Mitschwingens, der Resonanz im Partnerspiel, im Tanz der Teilnehmer oder Aktionselemente eines Spiels ist nicht die Befriedigung des Machtinstinkts. Echte Liebe ist nicht Macht. Leben kann auch als Spiel, Mitleben als Mitspielen, als Mitschwingen im Lebensspiel gedeutet werden – jedenfalls in einer phänomenologisch ebenso überzeugenden Interpretation wie jener der Machtwillensdeutung. Manchmal mögen beide Interpretationen auf ein und dasselbe Geschehen passen. Nicht immer aber tun sie dies. Und beide Deutungen sind möglich und erlaubt. Auf der tiefsten und der höchsten Ebene, jener der Elementarteilchen, ja, auch auf der des Hüllenbereichs der Atome, wie auf jener des geistigen Erfassens von ethischen Einordnungen oder ästhetischen Urteilen (»Tanz«, »Spiel«, »Rhythmus« des Lebens) dürfte die Machtinterpretation ihre Grenzen finden.
Östliche Philosophie wie die des Zen-Buddhismus, des Taoismus oder auch mancher Hindulebensphilosophien über das »Tam tvat asi« (»Das bist du«) sind der rhythmischen Interpretation vom Lebensziel, vom »Tanz«-zusammenhang aller Weltelemente und Lebens»geister« eher verwandt als der westlichen Übermächtigungsinterpretation. Vielleicht rührt daher der Reiz dieser zum abendländischen Entwurf alternativen Weltsichten. Denn daß der

technisch-manipulative Weltentwurf des Abendlandes im Sinne des Willens zur Macht an Grenzen stößt – an innere, selbstverursachte, wie an äußere –, das dürfte uns immer klarer werden. Das abendländische Experiment mit der Welt – so »erfolgreich«, so machtbringend, so unwiderstehlich für ökonomisch aufstrebende Länder der sog. Dritten Welt es auch sein mag – ist nicht das A und O der Weltverständnisse. »Ich manipuliere dich, also verstehe ich dich« – ist als experimentalistische Ideologie entlarvt – als ein quasibehavioristischer Überdehnungsfehlschluß.

Das Abendland ist nicht die Welt, nicht das Humanum schlechthin oder nur par excellence! Wir müssen intellektuelle Bescheidung im Westen erst wieder lernen. Das ist angesichts der unglaublichen Erfolgsbilanz unserer experimentalistischen Manipulationsgeschichte schwer, fast unmöglich zu verlangen. Es muß dennoch versucht, gewagt werden.

Werden uns erst die sich jetzt ankündigenden ökologischen Katastrophen oder regional, kontinental, ja, sogar schon global drohenden katastrophalen Rückwirkungen der unbeherrschten Ausbeutungsfolgen, also gleichsam (metaphorisch) die Rückschläge der gebeutelten Natur eines Besseren belehren können, daß Macht und Manipulation nicht alles ist, nicht unbeschränkt erweitert oder gar totalisiert werden darf und kann?

»Macht korrumpiert – und unkontrollierte Macht korrumpiert unkontrolliert«, soll sinngemäß Lord Acton gesagt haben. Gilt das auch im Ökologischen und generell im ideologischen Reich der Weltbilder und ihrer Interpretationen? Es scheint, daß hier Parallelitäten existieren. Die abendländische Machtobsession ist auch im Theoretischen nicht zu verabsolutieren. Nietzsche war insofern ein typisch abendländischer Philosoph, ein großer Ideologe des Abendlandes, auch wenn er dessen Ende mit dem Aufkommen, dem unaufhaltsamen Aufstieg des europäischen Nihilismus prophezeite. Die Prophetie des Nihilismus und des Wertumsturzes – oder eher: der pluralistischen Werteentwertung, also des modischen Postmodernismus im Nihilismus war richtig – die Voraussage des Endes der abendländischen Welt war es nicht. Selbst die Heraufkunft der nunmehr angekündigten »Pazifischen Welt« wird zutiefst vom abendländisch-technischen Geist geprägt sein. Der ursprüngliche Geist des Ostens dringt eher auf skurrilen

Umwegen und Untergrundwegen in die jungen Generationen der Alten und der so alt gewordenen Neuen Welt ein. »Über Nietzsche hinaus« – das wird schwer und doch als Antrieb und Versuch unerläßlich sein. »Über das Abendland, über den abendländischen technischen Weltentwurf hinaus« – dieses Schlagwort wird zu verfolgen sein, zu befolgen, soweit die Hypertrophierungen und Grenzenlosigkeiten der experimentalisch-manipulatorischen Macherideologien gemeint sind. Natürlich können, sollten, dürfen wir die besseren, die humanistischen, individualistischen, ethischen Traditionen des Abendlandes nicht verleugnen (wie Nietzsche es, mit Ausnahme des Individualismus, tat).

Wird Nietzsche den großen intellektuellen Gegenspieler finden? Welcher Philosoph der Gegenwart könnte diesen Erwartungen genügen? Vielleicht niemand. Jedenfalls kaum Heidegger mit seinem pervertierten, selbst pseudonietzscheschen Ontoheroismus. Auch der zum Jahrhundertphilosophen hochstilisierte Sprachanalytiker und ethisch-mystische Agnostiker Ludwig Wittgenstein nicht. Ebenfalls kaum die Relativisten und Pragmatiker, die internen und externen Realisten unter den neueren Analytikern und Wissenschaftstheoretikern. (Vielleicht aber Russell, der Praxisnächste und der Größte unter ihnen – aber der war zu faul zum zwingenden Gesamtentwurf.)

Von Nietzsche zu Schweitzer: Ethik vor Macht

Gestern kamen die Autorenbände von meinem Lambarene-Tagebuch – ein Festtag, lang erwartet, doch plötzlich eingetreten, also doch eine Überraschung. Dunkles, sattes Grün der Einband – solides, einfaches Äußeres – ohne Bilder: Der Außentitel trägt nicht viel Information: »Tagebuch einer Rückreise«. Immerhin behält der Innentitel (auch der bibliographisch relevante der Titelaufnahme für die Deutsche Bibliothek) die treffendere, wenn auch barock klingende Bezeichnung und die eingebaute Paradoxie: »Tagebuch einer *Rück*reise an einen *nie* zuvor *besuchten Ort*: Lambarene: Mit einem Anhang über Albert Schweitzers unveröffentlichten Nachlaß zur Ethik der Ehrfurcht vor dem Leben: Zwischen Rationalismus und Erleben.«

»Vertraute Fremde« – so wollte ich das gerade veröffentlichte Lambarene-Tagebuch nennen, das jetzt als »Tagebuch einer Rückreise an einen nie zuvor besuchten Ort: Lambarene« erschienen ist, weil der Titel »Vertraute Fremde« schon in Österreich vergeben und rechtlich vorbeansprucht ist – für welches Buch wohl? »Vertraute Fremde« – das heißt unmöglich, widersprüchlich, *paradox*. Merkmale des Paradoxen werden später (s. u. S. 117ff.) diskutiert.

Am Festtag hatte das Erleben Vorrang.

Abends mit Günzlers, die wir eingeladen hatten, um das Veröffentlichungsereignis zu feiern – hatte ich doch die Reise nach Lambarene zusammen mit Claus Günzler, dem Vorsitzenden des Deutschen Hilfsvereins für das Albert Schweitzer Spital im Rahmen einer deutschen Delegation unternommen – nach zwei Semestern gemeinsamer Seminare zu Schweitzers Ethik. Man wunderte sich, warum ich das Büchlein der »Ewigen Eva« gewidmet habe; weil der Abschied vom alten Adam in dem Büchlein behandelt wird, meinte ich, schlagfertig genug, um eine neue intensivere Nachfrage nach anderen Erlebnissen, die m. E. auch an jenem Festtag dominierten, nicht aufkommen zu lassen.

In der Tat: der Abschied vom alten Adam in mir und vom Leistungsdenken äußerer Erfolgsorientierung wird in dem Büchlein eingehend erörtert – zwischen Karl Adam und Albert Schweitzer, meinen Vaterfiguren – allzu mächtigen, übermächtig vorherrschenden gar in langen Lebensphasen – hin- und herschwankend, fand ich keinen wirklich eigenen Weg zu mir selbst. M. E. ist das jetzt anders geworden: Über den alten Adam hinaus! Die Rückkehr zu Schweitzer nach Lambarene, wo ich zwar schon so lange, so oft im Geiste / idealiter geweilt hatte, obwohl ich nie dort gewesen war – dieser Weg zur Menschlichkeit muß weiterführen. Auch über Schweitzer hinaus (s. o.)!

Karl Adam war sozusagen der Vertreter Nietzsches in meinem Leben – und er hatte ja auch viel vom harten, geradezu »übermenschlichen« Erfolgsdrang, Leistungszwanghaften, auch vom biologistischen Konkurrenzdenken Nietzsches an sich.

Über Nietzsche, über Adam hinaus!

Vom ethischen Anspruch, von der bioethischen Aktualität und von der Selbstinterpretation als ein Gegenspieler Nietzsches aus gesehen, kann vielleicht am ehesten Schweitzer, neben Gandhi der größte Praktiker und Humanist, das Vorbild unter den ethischen Menschen aus der ersten Hälfte des Jahrhunderts, gelten. Er hat seine Ethik der »Ehrfurcht vor dem Leben« während des Ersten Weltkrieges im Gabun konzipiert, im September 1915 auf einer Pirogen-Fahrt den Ogowe hinauf abends bei der Insel Igendja, 80 Kilometer unterhalb Lambarenes, sein Visionserlebnis über das Grundprinzip des Ethischen, jenes der stets zu beachtenden Ehrfurcht vor (dem Willen) zum Leben in aller Kreatur, gehabt und 1923 in seinem Werk *Kultur und Ethik* (einschließlich des kulturkritischen, schon zuvor veröffentlichten ersten Teils *Verfall und Wiederaufbau der Kultur*) veröffentlicht. Jahrzehntelang – bis gegen Ende des Zweiten Weltkrieges – hat er sich, in unermüdlichen Neuansätzen die Tropennächte hindurch Blätter um Blätter beschreibend, darum bemüht, diese ethische Vision auszubauen, widerspruchsfrei die »grenzenlose Verantwortung gegen alles, was lebt«, und die ethische Kluft zwischen der Naturphilosophie (»Zwiespalt der Natur«, Grausamkeit, Konflikte, Fressen und Gefressenwerden), sozusagen dem vorfindlichen Gesetz des Dschungels in der Natur, und den Forderungen der Moral, die wir in der Natur nicht finden können, in ein rationalistisches Gesamtkonzept zu bringen, die Ethik aus einem obersten Prinzip herzuleiten und dieses Prinzip vernünftig aus der Natureinordnung zu begründen. (Die Erkenntnis und unmittelbare Respektierung des Willens zum Leben in mir nötigt mir aus Gleichberechtigungsüberlegungen auf, auch allen anderen Lebewesen und dem in ihnen wirksamen Willen zum Leben die gleiche Achtung und Ehrfurcht entgegenzubringen und allen in meinen Handlungsbereich kommenden Wesen diese Ehrfurcht auch in der praktischen Tat zu erweisen.) Doch Schweitzers Vorhaben scheiterte – aus äußeren wie aus inneren Gründen. Äußere Gründe waren, daß Schweitzer sich nach den Bombenabwürfen von Hiroshima und Nagasaki einem intellektuellen öffentlichen Feldzug gegen die Atomwaffen und die atmosphärischen Nuklearversuche widmete und daß, da er sich erst intensiv über atomwissenschaftliche Grundlagen und Effekte sowie Feldwirkungen kundig machen mußte, keine Zeit für die ethische Theorie mehr vorhanden war. (Ohnehin waren seine Ethiknotizen, die sich zu über 2000 Seiten philosophischer und über 1000 theologischer Kommentare und Entwürfe aufhäuften, in einer kaum glaublichen Energie-Ausdauer-Leistung dem mörderischen Klima, dem enervierenden und alles fordernden Gesamttageswerk des praktischen Urwaldarztes, ständigen Baumeisters, Aufsehers, Geldeinwerbers usw. sowie dem Schreibkrampf seiner Hand abgetrotzt!)

Innere Gründe waren wohl die entscheidenden: Schweitzer wollte sich nicht zu Rangordnungen der Lebenswerte verstehen: Jedes Leben war ihm theoretisch – wenn auch nicht praktisch! – gleich heilig. So empfand er sich als »Mörder von Millionen Bakterien«, um einen Menschen zu retten – und er rettete als Arzt Tausende vor tödlichen Krankheiten der Tropen... Er verabreichte dem Pelikan mit tiefen Gewissensbissen die täglichen Fische – unter Verletzung der grundlegenden Gleichberechtigung allen Lebens... Nicht einmal eine Eins-zu-eins-Beziehung ließ sich aufrechterhalten: Viele Lebewesen mußten geopfert werden für die Fütterung eines einzelnen. Doch dieser urprotestantische Schuldkomplex ließ sich durch die Unterscheidung von unnötigem und lebenspraktisch notwendigem Töten, z. T. wenigstens, bewältigen. Nur *unnötiges* Töten ist unethisch. Doch sollte das Gewissen sehr wachsam auf die Grenzen der Unnötigkeit achten. (»Das gute Gewissen ist eine Erfindung des Teufels«, schrieb er gegen jede, zumal jede schnelle Selbstberuhigung.) Doch wo sind die Grenzen? Sollen wir, müßten wir nicht alle Vegetarier werden? Wir Menschen könnten es durchaus: Die Jainas und Buddhisten (mancher Denominationen) exerzieren es uns seit Jahrtausenden vor. Und auch die Welternährung wäre auf pflanzlicher Basis derzeit und künftig besser zu sichern: Tierische Eiweißproduktion ist viel zu aufwendig, was die pflanzliche Grundlage der Aufzucht betrifft.

»Leben fördern ist gut«, ebenso Leben vermehren? Unnötig Leben behindern, schädigen, vernichten ist böse für Schweitzer. Noch in ethischen Predigten (veröffentlicht um 1920 unter dem Titel *Was sollen wir tun?*) forderte Schweitzer dazu auf, möglichst viele Menschen, möglichst viel Leben auf der Erde zu erzeugen – konsequent nach seinem Prinzip. Doch die Widersprüche, Dilemmata und Fernfolgen einer konsequenten Überbevölkerungs- und Lebensvermehrungsstrategie sah und diskutierte der erste Bioethiker dieses Jahrhunderts nicht. Der Bioethiker war nur begrenzt schon Ökoethiker. Die Dramatik der Überbevölkerungs- und Ernährungsprobleme drängte sich zu jener Zeit dem denkenden Ethiker noch nicht so deutlich auf wie heute. Was aber sollte sein Ehrfurchtsprinzip für eine notwendige Beschränkung der Bevölkerungslawine leisten können? Drastische Einschränkungen oder Abänderungen wären nötig, aber vielleicht auch möglich.

Auch einzelne Begriffe sind zu kritisieren, z. B. der Schopenhauer-Nietzsche-Begriff des »Willens zum Leben«, den Schweitzer aus der lebensphilosophischen Tradition übernahm, die ihn mehr, als er sich eingestand, beeinflußte. Der Willensbegriff ist eine »anthropomorphe« Konstruktion, ein humananaloges Interpretationskonstrukt, das undefiniert, unverändert wohl nicht auf andere Naturwesen angewendet werden kann. »Wille« setzt z. B. Bewußtheit und Zielorientiertheit voraus. (Die von Schweitzer konstatierte »Selbstentzweiung des Willens zum Leben« in der Natur, die für ihn das schockierende, entrüstende, ethikprovozierende Erlebnis bedeutet, würde zudem, wörtlich verstanden, eine vorgängige oder gar ursprüngliche Einheit dieses Willens – gar in ethischem oder ethikanalogen Sinne? – voraussetzen; diese Einheit dürfte es nie gegeben haben, wäre allenfalls mythisch in religiöser Deutung zu unterstellen, kann jedenfalls von der Philosophie weder hypostasiert noch begründet werden.)

Die von Schweitzer theoretisch geforderte Erweiterung der Verantwortung gegenüber allem Leben ist undurchführbar, geradezu methodologisch absurd: Wer grenzenlos gegenüber allem verantwortlich ist, ist niemandem gegenüber wirklich spezifisch verantwortlich. Unbegrenzte Verantwortlichkeit, nach Grad und Adressatenkreis uneingeschränkt, ist nicht greifbar zu machen, ist unpraktikabel, nicht wirklich handlungsbindend, nicht wirklich verpflichtend. Wer leicht, allzu leicht wie der Verbaltrick eines Politikers »die volle Verantwortlichkeit« für alles deklarativ übernimmt, besser: zu übernehmen behauptet, übernimmt keine kontrollierbare, keine abgrenzbare, keine »definierbare« Verantwortung, oder er »übernimmt« sich total in verbaler Kraftmeierei, plakativer Verantwortlichkeitsmeierei. Schweitzer kann das so nicht gemeint haben – und deshalb wohl schränkte er später, besonders in seinen unveröffentlichten Ethiknotizen die Herausforderung, die Aktivierung der Verantwortung jeweils auf das Leben ein, das je in »meinen Handlungsbereich« tritt. Dies ist eine sinnvolle Einschränkung.

Manchmal formuliert Schweitzer so, als soll der ethische Geist der Natur angesichts deren »Selbstentzweiung« Ethik lehren. Aber ebensowenig wie man die sozialistische Großutopie der Menschenverbesserung à la Herbert Marcuse auf die Vertreibung des Ausbeutungswillens, des »Kapitalismus«, aus der Natur erweitern kann (damit der »große nicht mehr den kleinen Fisch« fresse!), so wenig läßt sich der Natur Ethik beibringen oder predigen, so sehr Schweitzers Ansatz zu einer rationalen Begründung einer franziskanischen Naturverehrung tendieren mag. (Und beiden Ethikern war die mystische Identifikation mit dem anderen Leben das höchste Erlebnisziel, das für Schweitzer freilich nur in der Hingabeethik des *Handelns* wirklich werden konnte.) Selbst wenn wir in der Natur sozusagen symbolhaft und exemplarisch Ethik erweitern (unser ethisches Handeln) und beachten, ein Beispiel setzen, geschieht das allein in menschlicher, »humaner« Interpretation. Jegliche Projektion einer Ethik in die Natur ist unerlaubt, bliebe unerhört. Ethik ist Ethik des Menschen, ist Menschenwerk, ist unaufgebbar anthropozentrisch als Produkt und Konzeption. Dies gilt selbst dann, wenn wir die Gegenstände der ethischen Rücksichtnahme und die Adressaten der Verantwortlichkeit (die stets *unsere* Verantwortung nur umfaßt) auf andere Wesen – Naturwesen wie höhere Tiere, leidensfähige Kreaturen, ja, auf gefährdete Arten – besonders aktuell! – und gar auf Ökosysteme ausdehnen wollen, wenn wir diesen – und nicht nur den Haustieren und Zuchttieren – verantwortlich Fürsorge, Leidensabwendung oder -minderung, Zuwendung und vielleicht gar einen moralischen Rechts- oder Quasirechtsstatus zuerkennen. Diese moralischen Quasirechte, wie ich sie in »Verantwortung für die Natur« (1983) und neuerdings in dem Buche *MitterNachtssonnenEnde* (1991) genannt habe, sind natürlich nur stellvertretend durch andere, durch Fürsprecher, Ombudspersönlichkeiten, Naturschutzbeauftragte einzufordern: Ähnlich, wie man einen Schutzbeauftragten für künftige (Human-)Generationen einrichten könnte – etwa wie Naturschutzbeauftragte beim Parlament –, könnte auch der Tierschutzbeauftragte im Sinne einer nötigen ethischen Erweiterung des Tierschutzgesetzes (dessen Neufassung immerhin die Tiere nicht mehr als bloße »Sachen« ansieht, aber dennoch weiterhin so behandelt!) tätig werden. (In der Frage der Genehmigungspflicht für Tierexperimente geschieht freilich gegenwärtig schon einiges. Bei der Massentierhaltung und dem Problem des Artensterbens ist noch viel zu leisten – und zwar mit einer gewissen zeitlichen Dringlichkeit!)

Albert Schweitzers Tierethik als Teil seiner Bioethik, die u. a. auch umweltethische Ansätze umfaßt, wie Claus Günzler nachgewiesen hat, enthält solche Forderungen bereits. Schweitzer war Bioethiker, Tierethiker, z. T. Ökoethiker avant la lettre, ohne die zentrale Humanität vernachlässigt zu haben.

Der Mensch ist das (ethische) Verantwortung tragende, das einzige bewußt der Verantwortlichkeit fähige Wesen. Das zeichnet ihn auch dann ethisch einzigartig aus, wenn wir die herkömmliche, auch bei Kant noch ausdrücklich vertretene Symmetrie von Pflichten und Rechten aufgeben müssen: Nur wer Verantwortungspflichten ausübe, könne auch Rechtsträger sein. Diese Sequenz ist, wie ich 1983 in dem zuvor erwähnten Aufsatz nachwies, falsch oder überholt. Es mindert die ethische Sonderstellung des Menschen keineswegs, wenn die Gegenstände der Verantwortlichkeit und Fürsorge auf nichtmenschliche Wesen erweitert werden. (Allerdings wäre die totale Pauschalisierung mancher Ökoethiker und neuer selbsternannter Naturfriedensapostel wieder ebenso absurd wie die ins Grenzenlose überdehnte Verantwortlichkeit. Klaus Michael Meyer-Abich möchte weit über die Schweitzersche Ethik der Ehrfurcht vor allem Lebendigen hinausgehen, wenn er in unüberbietbarer Maximalisierung fordert: »Jeder nimmt auf alles Rücksicht!« Das ist ebenso unsinnig und undurchführbar wie die Verantwortlichkeit jedes Menschen für alles auf der Welt – eine Idee, die übrigens auch schon – vom Computerkritiker und einstigen Informatiker Joseph Weizenbaum – ausgesprochen worden ist. Verbalmeiereien, die zu nichts mehr, weil zu allem eben bloß verbal verpflichten würden.)

Übrigens: Wenn Schweitzer in Einzelanalysen und auch bei Besprechungen der eigenen Motivation für seine Entscheidung, die wissenschaftliche, künstlerische und Predigerkarriere zugunsten seines Afrikaeinsatzes aufzugeben, meint, unter dem Signum der

»persönlichen Verantwortung« müsse jeder »etwas von seiner Menschlichkeit opfern«, anderen widmen (KE, 347), so verwendet er implizit noch andere Prinzipien der ethischen Beurteilung als das Ehrfurchtsprinzip allein. So hat beispielsweise der Phänomenologiehistoriker Herbert Spiegelberg bei Schweitzer noch ein weiteres ethisches Grundprinzip, besser: eine Grundnorm, in Gestalt der Weisung »Glück verpflichtet!« aufgespürt. Dies dürfte richtig sein. Schweitzer scheint aber implizit noch weitere Normen, z. T. auch solche, die sein Grundprinzip differenzieren, in Anspruch zu nehmen: z. B. das Prinzip umfassender und auf die Schonung und Behandlung aller Kreaturen erweiterter Humanität. Er versteht »das Humanitätsideal« als »das ethische Grundelement wahrer Kultur« und fordert, daß »der neue Mensch sich nicht als Herr, sondern als Bruder der Geschöpfe anzusehen habe« und »von der Unvollständigkeit zur vollständigen Humanitätsgesinnung fortschreiten« solle (GW 5, 170).

Wenn Schweitzer etwa weiterhin (KE, 353) fordert, man solle das Leben »in jeder Hinsicht auf seinen höchsten Wert zu bringen suchen«, so ist auch hier doch – in Abkehr von seiner Gleichrangigkeitsthese – eine individuen- oder artinterne Wertvergleichung, eine Wertabstufung oder Wertrangfolge unterstellt – jedenfalls eine Wertmaxime in Anspruch genommen. Warum sollte man dann nicht auch Abstufungen, interartliche Wertvergleiche zulassen, und sei es nur, um die erwähnten urprotestantischen Schuldkomplexregungen (»Mörder von Bakterien«) zu vermeiden.

Weshalb sollte man dann nicht doch Wertabstufungen zulassen; nicht etwa – das war ja Schweitzers Sorge! –, um das Gewissen abzustumpfen, eine Art oder ein Ausmaß des »guten Gewissens« (der »Erfindung des Teufels«) zuzugestehen, sondern um die Kluft zwischen der ethischen Abstraktforderung des Ehrfurchtsprinzips und der Praxis etwas einzuengen? Der theoretischen normativen Grundforderung, der Grundnorm, können doch durchaus auch gewisse Praxisregeln (die etwa Dieter Birnbacher für die Zukunftsethik gegenüber künftigen Generationen einführte) zur Seite stehen. Schweitzer weigerte sich – unnötig überkonsequent und somit zugleich unnötig praxisfern –, Regelungen der praktischen Entscheidung vorzusehen. Bringt man aber Praxisregeln ein, macht die Ethik greifbarer, pragmatisch zugänglicher, so bedeutet das keineswegs, daß die Verantwortung beschnitten, die Entscheidung jemandem abgenommen würde. Allenfalls würde sie erleichtert, weil in der Richtungsangabe, Orientierung oder Anleitung vorgelenkt. Die Entscheidung treffen müssen wir stets selbst. Darin besteht unsere Freiheit und auch die Würde, Aufgabe und Größe unserer Verantwortung.

Wenn man bei den Zugeständnissen an Varianten und Zusätzen zur Schweitzer-Ethik soweit gekommen ist, wäre es sinnvoll, auch andere ethische Grundnormen mitzuberücksichtigen und in ein integriertes Ethikkonzept einzubeziehen. Warum, weshalb, wieso soll nur ein einziges oberstes Prinzip herhalten, um alles Ethische daraus abzuleiten oder nur zu rechtfertigen, zu begründen? (Darüber unten mehr.) Man könnte also traditionelle ethische Prinzipien dem Grundsatz der zu beachtenden Ehrfurcht vor dem Leben zur Seite stellen – etwa die Prinzipien der fairen Behandlung und Güteraufteilung, Chancenbeteiligung und Gleichberechtigung, der Gerechtigkeit, der Toleranz, der Leistungsfähigkeit, der negativen wie der positiven Goldenen Regel (»Was du nicht willst, das man dir tu', das füg' auch keinem anderen zu« – als negative Formulierung dieses Prinzips des Austausches von Handelnden und Betroffenen und als eines Kriteriums, genauer: als einer notwendigen formalen Bedingung, ethischen Handelns bzw. der entsprechenden Beurteilung), das Kantische Universalisierbarkeitsprinzip, den Kategorischen Imperativ und vielleicht ein über alle Formalprinzipien und Kriterien hinausgehendes Wohlwollensprinzip bzw. Humanitätsprinzip gegen (zunächst mir nicht gefährliche) Mitlebewesen, ein Solidaritäts- und Mitleidsprinzip, das sich auf alle in meinen Handlungs- und Erfahrungsbereich kommenden mitlebenden und (mit)leidenden Wesen beziehen mag. Schweitzers Ethik ließe sich anreichern, vervollständigen und praxisnäher formieren, wenn man solche Ergänzungen vornähme und Praxisregeln einführte. Sie würde dann freilich von ihrer eindrucksgebietenden Einfachheit, Maximalität und Monumentalität verlieren. Ist aber Monumentalität nicht zu teuer mit Widersprüchlichkeit (innerer und zum persönlichen Handeln), Unvollständigkeit und Praxisferne (im Sinne einer praktikablen Handlungsanleitung) erkauft?

Ethik ist Aufgabe, ist stets erst als Menschenwerk zu verbessern, zu entwerfen, zu entwickeln. Sie ist keine Angelegenheit einer reinen und bloßen Erkenntnis, einer Ableitung gar aus theoretischem Wissen allein, oder gar aus den von Schweitzer so betonten »denknotwendigen« Grundsätzen oder Grundlagen. Die Tradition – bis noch zu Kant – hat die Ethik zu sehr zugleich am Muster der theoretischen Wissenschaft und am Vorbild des Rechts zu begreifen versucht. Bestimmte Fallen halten beide Modelle bereit. Und vom traditionellen Letztbegründungs- und Deduktionsrationalismus waren alle diese Versuche noch geprägt, wenn sie den Allgemeinheitsanspruch als ableitbare generelle Gültigkeit kraft theoretischer Grundlage, als »Objektivität« in Analogie zur kognitiven theoretischen Wissenschaft verstanden. Manche wollten diese Objektivität gar naturalistisch legitimieren: Naturalistische und gar empiristische Ethikbegründungen gab es immer wieder in der Geschichte – bis hin zur Nutzung der Soziobiologie für ethische Begründungszwecke. Ähnliche Fallstricke bieten sich freilich auch den intuitionistischen ethischen Fundierungsversuchen, die ebenso kognitivistisch ethische Werte und Normen aus einer eigenen, nichtnatürlichen Wertintuition, Werterkenntnis, Wertkognition begründen wollen. Andere – wie Schopenhauer – wollten die Ethik auf Emotionen, Gefühle, Erleben stützen – auf deren empirische Gegebenheit oder das mitleidende Mitempfinden in projektiver und eventuell generalisierender Identifikation mit fremdem Leiden oder – positiv – mit Lebensfreude, Lebenslust und deren projizierter Berechtigung. Alle diese Begründungsversuche verfallen zudem einer »normative fallacy« einem dem naturalistischen Fehlschluß nach George Edward Moore entsprechenden Falschargument, das vom Sein wesentlich aufs Sollen, von kognitiv-theoretischen Erkenntnissen auf die Annahme und Verpflichtung einer Norm, einer normativen Forderung schließt. Aus rein kognitiv-theoretischen Voraussetzungen läßt sich aber (außer in den trivialen Fällen bloßer logischer Abschwächung etwa durch Hinzufügung eines beliebigen normativen Satzes mit Hilfe der Oder-Verbindung) kein Sollenssatz, keine Norm herleiten.

Eine Art normativistischen Fehlschlusses weist auch Schweitzers Versuch auf, aus der Feststellung, ein meinem gleicher »Wille zum Leben« sei in anderem Leben gegeben, nun die normative Forderung zu deduzieren, diesem »Willen zum Leben« sei Ehrfurcht, Achtung entgegenzubringen, wie ich sie auch dem »Willen zum Leben« in mir selber entgegenbringe(n soll). Entweder wird ein anderes generelles Prinzip wie das erwähnte Austauschprinzip von Handelnden und Betroffenen von vornherein auf eine normative Generalforderung angewandt, oder das *allgemeine* Ehrfurchtsprinzip wird als Norm bereits in Anspruch genommen (also ein Zirkelargument vollführt), oder man erschließt aus einer Tatsachenfeststellung (oder besser: Tatsachenunterstellung, -interpretation) die normative Forderung (und begeht direkt den normativistischen Fehlschluß), oder der Schluß wird aus einer mystischen Erlebnisidentifikation mit dem fremden oder dem allgemeinen »Willen zum Leben« gezogen – mit ähnlicher Fehlerhaftigkeit. Ethische Forderungen, Normen, Regeln, Prinzipien sind – als universalmoralische verstanden (i. w. Sinne des Ausdrucks »Ethik« als »normative Ethik« – hier nicht als bloße theoretische oder philosophische Disziplin oder gar als auf Sprachgebrauchsanalysen eingeschränkte Metaethik!) – normativ, schreiben vor, werten, beurteilen. Sie sind nicht aus bloß kognitiv beschreibenden Grundlagen zu deduzieren. Normatives ist nicht aus rein Deskriptivem abzuleiten, ist nicht aus deskriptiven Prämissen allein zu begründen, geschweige denn als handlungsleitend zu legitimieren. Ethische Verallgemeinerungen, Objektivierungen sind von uns konzipiert, *geschaffen* vom sinn- und normsetzenden Menschen, sie sind nicht durch Deduktion quasinormativ zu gewinnen!

Verwandt ist dieser fehlverstandene kognitive Legitimationsanspruch durch Deduktion freilich auch der Tradition des Rationalismus der Letztrechtfertigungsansprüche, die aus einem obersten Grundsatz gleichsam axiomatisch alle Folgerungen (hier also Normen) zu beweisen oder zu deduzieren versuchen. Die Suche nach dem obersten, dem sicheren, unbezweifelbaren Prinzip der Ethik war das Leitmotiv von Schweitzers Ethikfundierung. Er war und blieb zugestandenermaßen Aufklärer und Rationalist, der die Ethik »denknotwendig« begründen wollte (was immer dieses jenseits logischer Tautologie bedeuten sollte). Und das, obwohl er letztlich – nach der untergründig von ihm wohl als unmöglich, als erfolglos bewerteten Letzrechtfertigung durch Logik – beim mystischen Erleben einer Solidar- und Emotionseinheit mit allem »Willen zum Leben« endete! Schweitzer war dem traditionellen rationalistischen Denken verhaftet, konnte die theoretischen und methodologischen Schwierigkeiten, die dem Letztbegründungsrationalismus aus den Entwicklungen der analytischen Philosophie und Wissenschaftstheorie dieses Jahrhunderts erwachsen würden, wohl noch nicht vorwegnehmen. Es entbehrt nicht einer gewissen Tragik, daß er auf ein Pferd setzen mußte, das sich als Pegasus, als Fiktion erwies. Hätte er von dem Scheitern des Letztbegründungsrationalismus gewußt, so hätte er nicht unnötigerweise noch der Fiktion des obersten Deduktionsprinzips nachlaufen und dieses als einziges finden, etablieren und deduktiv zu sichern versuchen müssen. Er hätte die erwähnten unabhängigen weiteren Prinzipien hinzunehmen und seine Ethik praxisnäher gestalten können. Er hätte auch nicht dem »Zwang« zur deduktiven Gewinnung von Normen aus deskriptiven Prinzipien oder aus einer »Naturphilosophie« nachgeben müssen, hätte nicht durch Umschreibungen und etwas undurchsichtige Übergänge die Kluft zwischen Natur und Moral, zwischen Natureinsicht und moralischer Einstellung scheinbar überbrücken, den ethischen Grundzwiespalt irgendwie eskamotieren müssen. Schweitzers menschlich so beeindruckender Versuch, die Ethik rationalistisch neu zu begründen, blieb ein Torso. Und er mußte es bleiben. Der Autor selber muß dies untergründig geahnt haben. Vielleicht hoffte er noch darauf, einen plötzlichen intuitiven Durchbruch durch sein geradezu monomanisch wiederholtes ständiges Neubeginnen herbeizuführen, durch immer wieder ansetzendes Neuschreiben die Erleuchtung, die erlösende Idee herbeizwingen zu können, die es ihm gestatten würde, die erahnten, in tiefem Grunde gewußten theoretischen Schwierigkeiten zwischen Naturphilosophie und Moralbegründung, zwischen rationalistischer Deduktion und normativer Allgemeingültigkeit, zwischen Kognitivismus und Normativismus, zwischen Rationalität und »mystischem« Teilhabeerleben zu lösen. Es war ihm nicht vergönnt, konnte schon aus inneren Konsistenzgründen nicht gelingen. Seine Intuition, quasimystisch ausgelöst, schien ihm sicher und leitete ihn sicher im alltäglichen Handeln, bei seiner so bewundernswerten Lebensgestaltung – in bewundernswerter Konsequenz. Überkommene, überzogene rationalistische Ansprüche an materiale Letztbegründungsargumente, ein übertriebenes herkömmliches Vertrauen auf die Erkenntniserzeugungskraft rein logischen Denkens führten ihn – nahezu notwendig – in die Irre, ließen ihn in eine rationalistische Falle übersteigerter Erkenntnisgewinnungs- und -sicherungsansprüche geraten, führten die richtungsweisende und sicher scheinende, wohl auch ethisch zum guten Teil richtige Intuition auf den Pfad des (theoretischen) Scheiterns. Im Handeln, in der ethischen Praxis ließ er sich durch dieses Scheitern, das ihm bewußt gewesen sein, das ihn bedroht haben muß, nicht beirren. Unbeirrbar ging er seinen Weg – das ethische Genie der humanen *Praxis*. Die Theorie vermochte er nicht zu bezwingen. – Und wer überhaupt vermag das schon?

Schweitzer war ein Genie der humanen, der ethischen Praxis. Er mühte sich zwar, seiner eigentlichen Berufung, die er fühlte, zu folgen: Philosoph zu sein – oder besser: sein zu wollen, doch konnte er neben den fast übermenschlichen Ansprüchen seiner ethischen Praxis nicht auch noch einer der größten Theoretiker der Ethik sein. Selbst ein Schweitzer ist ein endliches, ein wie alle auch begrenztes, in Fähigkeiten und Leistungen beschränktes Wesen – so unglaublich, ungeheuerlich, so unbeschreibbar groß seine einzigartig vielfältigen und breiten Leistungen und Talente auf den unterschiedlichsten Gebieten der Praxis, Kunst und Wissenschaft sowie der Inkarnation tätiger Christlichkeit auch waren. Als Theoretiker fand er zu sehr treffsicheren, scharfsichtigen Urteilen über fast alle ethischen Entwürfe aller Hochkulturen, Einschätzungen und Bewertungen, die sich in bemerkenswerter Kondensation auf das Wesentliche konzentrierten. Er konnte und wollte einfach und »tief« zugleich denken, die Grundstrukturen ethischen Engagements und Denkens mit nachtwandlerischer Sicherheit aufspüren und kritisch namhaft machen. Die Fülle widerstreitender Einsichten, Elemente und Prinzipien in eine konsistente Einheit zu bringen, in ein umfassendes Konzept widerspruchsfrei zu integrieren – das vermochte er nicht. Tragisch mutet es an, daß er – irregeleitet durch falsche, überstiegene, überzogene Ansprüche des herkömmlichen Letztbegründungsrationalismus des einen absoluten obersten Grundsatzes – dahin gedrängt wurde, das Unmögliche möglich machen zu wollen. Und diese Unmöglichkeit schien ihm identisch mit der Grundaufgabe der Ethikbegründung. Sie ist es nicht. Hätte er es gewußt oder geahnt, hätte er sich vom Deduktionszwang der rationalistischen Tradition lösen können, dann hätte er wohl sein Hauptziel, eine sinnvolle, widerspruchsfreie und praxisnahe Begründung der Ethik in systematischer Absicht – freilich auf bescheidenerer Ausgangsbasis, was die Begründungsstrenge betrifft – durchaus erreichen können. Jedenfalls hätte er sich nichts eklatant Unmögliches vorgenommen. Er ist und bleibt einer der bedeutendsten Menschen, wie Albert Einstein urteilte. Er ist und bleibt auch ein bedeutender Ethiker, nicht nur der überragende Praktiker der Humanität, sondern auch ein hohes Vorbild ethischer Humanitätsgesinnung, ein Vielseitigkeitsgenie – und auch ein bedeutender Kritiker und Theoretiker der Ethik. Als Theoretiker der Philosophie kann er freilich nicht als der entscheidende Gegenspieler Nietzsches gelten – so, wie er es als Praktiker und ethischer Humanist sein könnte (falls diese Kategorien überhaupt die Gegenspielermetapher zulassen). Als Theoretiker blieb er ebenso wie Nietzsche, wenn auch ganz andersartig – in bezug auf andere Fixierungen –, manchen abendländischen Vorurteilen verhaftet (etwa dem Rationalismus und der historischen Aufklärung). Wir müssen weiter nach dem großen theoretischen Gegenspieler Nietzsches suchen (wenn Kant nicht schon avant la lettre dieser Antipode war – der aber hatte noch mehr abendländische, teils auch überrationalistische Fixierungen).

Wohin wird die echte, die tiefe Philosophia perennis gelangen, weitergehen?

An Kant kann keiner vorbei, ohne sich mit seinen umfassenden kritischen Entwürfen auseinanderzusetzen. An Kant hat jede künftige Philosophie Maß zu nehmen. Platon, Aristoteles und Kant – an ihnen kann (und konnte) niemand im Zauberreich, im Kuriositätenkabinett der Philosophen vorbeigehen. (Marx gehört schon zu den Folgen, sekundären, wenn auch weltwirksamen Figuren.) Werden wir je über Kant in wirklich wesentlichem Sinne – außer in einigen Einzelproblemen wie dem erwähnten ethischen Symmetriekriterium oder der rechtsanalogen Moralinterpretation – hinausgelangen? Über Nietzsche aber müssen wir hinausgelangen. Über Schweitzer auch? Nur zum Teil, im theoretischen Teil seiner Ethik (und zu anderen als ethischen Fragen hat er in der Philosophie kaum fundiert Stellung bezogen – außer in der Religionsphilosophie).

Über Kant hinaus (über Marx sind wir längst hinaus), über Nietzsche hinaus, über Schweitzer hinaus!? (Wohlan denn! »Aber das Beste behaltet!«)

Auch hinaus über die – nach allem Durchgehen durch das radikale, tiefe Denken angesichts der »Zweispaltung« der Natur in sich und in Natur und Ethik und der angestrebten Reidentifikation mit allem Lebendigen und dem »unendlichen Sein« – von Schweitzer letztlich irrational-emotional angenommene Erlebnisphilosophie! Diese wirkt bei Albert Schweitzer wie eine letzte Zuflucht zu einem Strohhalmhalt, nachdem er teils rational, teils intuitiv gesehen hat, daß der rationale Weg zur intellektuellen Rettung nicht trägt. Trotz aller subjektiven Ehrlichkeit des Autors, trotz aller rationalen Begründungsversuche Schweitzers sieht diese Zuflucht, wenn nicht gar nach einem Credo-quia-absurdum, so doch nach einem rationalistischen Verbrämungsversuch der Sicherung des Unmöglichen aus oder nach einem versteckten naturalistischen Fehlschluß aus dem letztlich doch Schopenhauerisch-Nietzschescheschem »Willen zum Leben«. Dieser äußert sich bei Schweitzer freilich nicht als Wille zur Bemächtigung oder Übermächtigung, sondern als ethische Anerkennung des jeweiligen Lebensdranges, Überlebenswillens usw. und als im Grunde wohl *romantische* Identifizierung mit allem Willen zum Leben, einem utopisch-kosmischen Streben zur Vereinigung des Ich mit dem ihn umgebenden »unendlichen Sein«, von dem Schweitzer so viel schreibt – zumal in seinen Nachlaßnotizen zur Ethik.

Ist der Wunsch nach kosmischer Identifizierung oder wenigstens widerspruchslosen Integration in das uns umgebende »Sein« doch so etwas wie ein romantisches Heimatstreben? Der Mensch möchte sich in der ihn umgebenden Natur, in der Welt heimisch fühlen, Haltepunkte finden, sich am anderen Leben orientieren, sich selbst als Teil des Lebensstromes verstehen und einrichten können und den Nietzscheschen Herrsch- und Machtimpuls durch die tiefe Solidarität mit allem Lebendigen ersetzen. Der unterstellte gemeinsame »Lebenswille«, dieses etwas undurchsichtige, zu pauschale Konstrukt der lebensphilosophischen Tradition, soll als Ansatzpunkt einer neuen gesamtheitlichen Einheitsethik auf der Grundlage eines einheitlichen Weltverständnisses herhalten. Albert Schweitzer scheint entgangen zu sein, daß eine solche Begründung der Ethik, wenn man sie ihrer romantischen Identifikationsimpulse entkleidet – und diese sind dem erklärten Rationalisten Schweitzer eigentlich fremd –, doch auch ein biologistischer Fundierungsversuch ist: Schweitzer ist so weit von Nietzsche gar nicht entfernt, was die Ausgangsbasis angeht: Er ersetzt Nietzsches Machtstreben durch den Lebenswillen und dessen ethische Anerkennung nur durch das tiefe Bewußtsein einer den Menschen verpflichtenden Solidarität alles Lebendigen angesichts dieser grundlegenden Gemeinsamkeit, dieser gleichsam »mystisch« erlebten Einheit(sbestrebung). Schweitzer ist sich nicht im klaren – jedenfalls eingestandenermaßen und an der argumentativen Oberfläche nicht –, daß kein Folgerungsschritt vom biologischen Fundament (das ja gar nicht zu leugnen ist) zum normativen Impuls der ethischen Anerkennung führt: kein »naturalistischer« Fehlschluß vom Sein (des Lebenswillens) auf das Soll der Ehrfurcht, auf die Achtungsnorm trägt logisch-rational. Untergründig scheint Schweitzer dies auch zu ahnen – gar zu wissen? Deshalb endet er nach dem Scheitern des rationalen Durchgangs bei seiner »rationalen« (als Endergebnis der Vernunftbemühungen präsentierten) sog. »Mystik«, einer zwar in der Sphäre einer Erlebensidentifikation formulierten Gemeinschaftlichkeit alles Lebendigen, die sich aber – das ist das Wichtige und Charakteristische bei Schweitzers Vernunftmystik – nicht in passiv erlebten und nur innerlich kultivierten Identifizierungen, Stimmungen, Haltungen usw. äußert, sondern in aktiver Verpflichtung, in umfassender, ja, im Rahmen meines Handlungsbereichs unbegrenzter Verantwortlichkeit zur Lebenserhaltung, -erhöhung, -vermehrung (?) – kurz: in aktiver Caritas. Während die traditionelle religiöse Mystik gleichsam erotische Züge trug, ist Schweitzers Vernunftmystik aktiv-caritativ. Sie sollte, um Mißverständnisse zu vermeiden, gar nicht »Mystik« genannt werden. Es handelt sich um eine weltzugewandte, geradezu »weltliche« aktive Hinwendungsethik: Schweitzer spricht ja gegenüber den indischen Entwürfen einer rein innerlichkeitsorientierten Selbstvervollkommnungsethik stets von einer notwendigen »Ethik der aktiven Hingabe«, einer »Hingebungsethik«, die freilich der tieferen Selbstvervollkommnungsethik nichts von ihrem Vorrang nimmt, aber diese doch durch Koppelung bindet: Man könnte geradezu an eine ethische, säkulare Fassung der christlichen Verkoppelung von Gottesliebesgebot und tätiger Nächstenliebe denken (wie sie in Matth. 22,37–40 zum Ausdruck kommt). Nur durch aktive ethische Aufgabenerfüllung, durch *tätige* Hingabe, kann die tiefere Selbstvervollkommnung, die ethische Grundforderung verwirklicht werden. Nicht aber allein durch philisterhafte Listenerfüllung von ethischen Aufgaben – bloß als gleichsam notwendig zu erfüllendes Begleitgebot der Selbstvervollkommnungsethik, als deren »notwendiges Übel« sozusagen. Die Ethik tätiger Hingabe ist ein eigener Pol oder Brennpunkt von Wesentlichkeit: Schweitzer benutzt vielfach Bilder wie die beiden Brennpunkte einer Ellipse, Hingebungsethik und Selbstvervollkommungsethik als gleichberechtigte und gleich notwendige, aufeinander verwiesene und verweisende fokale Drehpunkte. Nicht einer von beiden allein könne verabsolutiert werden. Insbesondere kann man wohl nach Schweitzers Ansicht nicht die Selbstvervollkommnung an sich – ohne tätige Hingabe und ohne deren eigener Antriebskraft – verfolgen. Bloßes Selbstvervollkommnungsstreben ohne ethische Aktivität liefe leer, »entweltlichte«, »verpassivierte« gleichsam den Vervollkommnungsimpuls, ja, entwertete ihn auch in gewissem Sinne als egozentrisch, philisterhaft. Die alleinige instrumentelle Deutung der aktiven Hingabe als eines bloßen Erfüllungsmittels der als überragend angesetzten Selbstvervollkommnungsethik würde ebenfalls als philisterhaft zu verstehen sein.

Dies alles sind sicherlich pragmatisch-ethisch außerordentlich wichtige und weiterführende Einsichten. Sie sind aber schon im normativ-ethischen Bereich zu verorten. Sie sind weder »mystisch« im überkommenen Sinne, noch führen sie aus der zuvor erwähnten Schwierigkeit des verdeckten naturalistischen Fehlschlusses, der fälschlich angestrebten Überbrückung zwischen Seinserkenntnis und Sollensfundierung hinaus, noch können sie dazu dienen, die tiefgründende »Fremdheit« des Ethischen und des ethischen Menschen in der Naturwelt zu überwinden oder gar nur zu überspringen. (Alle soziobiologischen und ethologischen

Thesen über das sog. moralanaloge Verhalten der höheren Primaten sind nicht zu einer ethisch-naturalistischen Moralbegründung geeignet, weil sie letztlich doch an der Erhaltung der eigenen Verhaltensgruppe, der Art oder genauer: eines möglichst großen Anteils am Genpool orientiert bleiben: Wirkliche Universalität der Achtung und Ehrfurcht vor dem Leben im Schweitzerischen Sinne ist der biologischen Moralforschung fremd – trotz aller Anspielungen auf den reziproken Altruismus, auf moralanaloge Selbsthemmung beim intraspezifischen Konkurrenzkampf und Rangstreben usw.)

Was bleibt also angesichts aller dieser traditionellen Rudimente und aller methodologisch-theoretischen Begründungsschwierigkeiten so beeindruckend an der Konsequenz und Radikalität der Ethik Albert Schweitzers? Ist es die Einfachheit des Appells an den sog. »gesunden Menschenverstand«, der Schweitzer immer als Ausgangspunkt, freilich nur als *ein* stets im Auge zu behaltender Orientierungspunkt, nicht als Zugangsweg oder -sattel, als Vorhügel allenfalls zum Hochgebirge einer umfassend-radikalen Moralität galt? Ist es die Radikalität und Eindringlichkeit, die Universalität selbst, die Schweitzers Lehre von der Ehrfurcht vor dem fremden (und eigenen) Lebendigen schlechthin, vor dessen Lebensdrang (»Lebenswillen«), vor dessen Existenzrecht, trägt? Das aber wäre keine tragfähige Begründung – weil sie das zu Begründende in Form der grundlegenden Anerkennung der moralischen Existenzrechte schon voraussetzt...

Von der Bioethik zur Verantwortung für die Natur

Ist die Erweiterung des moralischen Respekts auf alles, besonders alles leidensfähige Leben ein spezifisch menschliches Signum der Humanität(sidee), der Sonderverantwortlichkeit des Menschen, die er angesichts seiner Eingriffs- und Einflußmacht auf anderes Leben übernimmt? Diese Idee scheint eher tragfähig, wenn sie auch noch ausgearbeitet und verfeinert werden muß. Um bloße Selbstermächtigung im Sinne einer stellvertretenden oder erstrebten »Selbstvergöttlichung« des Menschen kann es nicht gehen – das wäre hybrishafte Selbsterhöhung, Selbstvergötzung –, obwohl ein untergründiger mächtiger Trend der abendländischen und nunmehr global gewordenen Entwicklung industrieller Eingriffsmacht in dieser Weise zu deuten wäre: »Der Mensch – das ist die vertikale Anmaßung«, heißt es in einem Schauspiel von de Obaldia über einen herostratisch-hybrishaften Physiker, das ich vor einigen Jahren am Silvesterabend sah.

Die besondere ethische Stellung des Menschen kann sich grundlegend auch nicht aus der ihm geschichtlich zugewachsenen Machtfülle begründen lassen, wiewohl diese die Dringlichkeit und Verantwortlichkeit seiner ethischen Pflichten, gleichsam die Brisanz pragmatischer Ethik in Gestalt erhöhter Verantwortung multipliziert – und gerade heute unüberbietbar dramatisiert, wenn man an die anthropogenen Ökoschäden und das Artensterben denkt.

Haben wir nicht nur einen ursprünglichen (wenn auch nur ideal zu hypostasierenden) Gesellschaftsvertrag, sondern auch einen Naturvertrag als schon immer eingegangenen zu unterstellen, der aus der genetischen und ökologischen »Schicksalsgemeinschaft« des Lebendigen auf diesem verlorenen Planeten im All resultiert? Wie jener in der politischen und Sozialphilosophie immer wieder diskutierte, ja, geradezu strapazierte Sozialvertrag wäre auch ein solcher Naturvertrag ein idealisiertes Konstrukt – und sogar ein nur einseitig zu konzipierendes oder als konzipiert zu sehendes und zu realisierendes Interpretationskonstrukt. Kann es einseitige Verträge überhaupt geben – und gar mit nicht bewußtseins-, denk-, verhandlungsfähigen Partnern, die nicht wenigstens im Prinzip über vertragsermöglichende Fähigkeiten verfügen? Wohl kaum. Doch ist die Zuerkennung quasimoralischer Existenz- und Erhaltungsrechte an nichtmenschliche Naturwesen, ja, gar an Haustiere, an Tierarten und evtl. ökologische Natursysteme in ganz ähnlicher Weise problematisch. Heute scheint sich die allgemeine ökologische Einstellung auf die Anerkennung derartiger Quasirechte einzupendeln, auch wenn diese nur stellvertretend durch den Menschen (und hier etwa durch dazu speziell Beauftragte oder ethisch besonders einfühlsame Personen) konzipiert, »wahrgenommen« (im doppelten Sinne) werden können. Wäre nicht aufgrund der wechselseitigen ökologischen Abhängigkeit von Mensch und lebendiger Natur in deren (sich durchaus auch wandelnden) Biotopen, Ökotopen in ähnlicher Weise die Idee eines Naturvertrages – stellvertretend durch Menschen »wahrgenommen« – zu verfolgen? Die Beachtung gewisser quasirechtlicher Aspekte der Existenz von Naturwesen liegt ja schon im gattungseigenen Interesse des Menschen: Rein utilitaristisch-pragmatisch lassen sich viele Gebote und Werte der Naturerhaltung und des weiter zu entwickelnden Naturschutzes begründen. Es gibt gleichsam eine konsensusermöglichende (»konsensfähige«, wie es heute oft sprachbarbarisch heißt – hier wäre es sogar doppelt unsinnig!) Minimaleinheit der Naturschutz- und Umweltschutzforderungen. Man muß nicht den »Frieden mit der Natur« oder gar einen globalen Friedensabschluß, Friedensvertrag mit der Natur schließen, um Natur- und Umweltschutz sinnvoll begründen und »legitimieren« zu können. Die Personifizierung »der« Natur ist unnötig zur Erweiterung der Ethik auf die Naturwesen. (Diesen Fehler hat der erste Bioethiker dieses Jahrhunderts, eben Albert Schweitzer – im Unterschied zu manchen, ach, so modern sich empfindenden Ökoethikern, Ökotheologen und selbsternannten Ökoheiligen oder Ökofreaks nicht begangen.)

Dennoch mag die Idee einer durch einseitige Quasivertragskonzipierung, durch Erweiterung der Quasirechte und stellvertretend durch den Menschen wahrzunehmende wenigstens partielle Verwirklichung dieser einseitig zuzuerkennenden Quasirechte und Quasi»verabredungen« angesichts der (an)erkannten ökologischen Grundabhängigkeiten und der zunehmend prekären Situation von handlungsleitender Bedeutsamkeit sein – wenngleich nur idealtypisch, idealisierend, projizierend.

Das bedeutet nicht, daß nun etwa »jeder ... auf alles Rücksicht« zu nehmen habe und jedem Naturwesen ein Bewußtsein oder ein formeller Rechtsstatus zuerkannt werden müßte, sondern zunächst nur, daß in provokativer Heraushebung den erwähnten »natürlichen« Grundabhängigkeiten stellvertretend Rechnung getragen wird – gerade auch im eigenen Überlebensinteresse des Menschen als eines von funktionierenden ökologischen Systemen abhängigen Naturwesens. Freilich braucht, vielleicht gar kann diese Perspektive nicht auf eine reine anthropozentrische Sicht eingeschränkt bleiben. Das ist die weitergehende, eigentliche bioethische, schon von Schweitzer (und etwa, weniger reflektiert, von Franciscus von Assisi und schon lange zuvor von den Jainas und den buddhistischen Denkern) aufgeworfene Frage.

Auch Ökosysteme entwickeln sich (weiter). Ein rein natürliches Ökosystem gibt es in manchen Regionen dieses Planeten schon gar nicht mehr. Das heißt für den Menschen und stellvertretend Quasirechte »wahrnehmenden« ökologisch Bewußten, daß zumeist nicht die vom Menschen völlig unbeeinflußte Natur als Schätz- und Bewertungsgrundlage für ökologische Maßnahmen und auch für die ökologische Ethik genommen werden kann, sondern daß ein neues, dynamisch sich weiterentwickelndes Funktionssystem, ein teils anthropogen verändertes, teils natürlich gegebenes oder sich trotz künstlicher Anfangs- oder Eingriffsmaßnahmen herausbildendes Ökosystem als Beurteilungsstandard gelten muß. Die Lüneburger Heide wie auch die Nadelholzmonokultur des Schwarzwaldes sind weitgehend Kunstlandschaften, die dennoch als »Naturlandschaften«, als »natürlich« (ein)geschätzt werden. Im Oberrheintal will man gar auch Baggerseen unter »Naturschutz« / Landschaftsschutz stellen. Dies wirft eine Reihe recht interessanter moralphilosophisch-ökologiephilosophischer Probleme auf. Sollte man dann auch die berüchtigten Plastikbäume an amerikanischen Autobahnen unter »Artenschutz« oder »Landschaftsschutz« stellen?

Dennoch, lächerlich ist die Idee des Schutzes anthropogener Quasinatursysteme keineswegs. Nicht nur »natürliche« Erholung suchende Menschen sind vom »natürlichen« Funktionieren, von der Erhaltung solcher anthropogen beeinflußter oder gar geschaffener Ökosysteme abhängig, sondern die öko-biologischen Funktionsbedingungen gewinnen sozusagen ein biologisches Eigengewicht – trotz ihrer historisch-anthropogenen Entstehung.

Wird dadurch nicht der Mensch gleichsam zum nunmehr verantwortlich gewordenen »Macher« und »Herrscher der Natur« hochstilisiert? Hegt er also doch eine hybrishafte Selbstvergötzung – oder handelt es sich nur um eine Verantwortungsgenese durch den Zwang der Folgeverhältnisse des vielleicht im einzelnen nur teilweise gewollten Machtzuwachses?

Wenn Macht und Wissen Verantwortlichkeit erzeugen, dann ist dies sicherlich der Fall. Der Mensch wird dann für die sich drohend abzeichnende Ökokatastrophe verantwortlich zu zeichnen haben. Es wäre/ist die erste ökokatastrophale Entwicklung auf der Erde, die anthropogen und somit vom Menschen zu verantworten ist. Wem gegenüber? Sich selbst als dem sich ethische Verantwortlichkeit in Abhängigkeit von Macht und Wissen zusprechenden Wesen? Der Natur gegenüber – etwa auch einer vergöttlicht verstandenen oder gar Gott selbst?

Wie dem auch sei – und hier scheinen tiefe Probleme des Verantwortungsverständnisses und der Verantwortungserweiterung zu liegen, die vielleicht gar nicht mit der anthropozentrischen Analogie des Verantwortlichkeitsdenkens erfaßt, geschweige denn gelöst werden können –, die mindestens 14 in geologisch-paläontologischen Zeiträumen schon erschlossenen »Faunenschnitte«, Ökokatastrophen größten Ausmaßes bis hin zum letzten, meistdiskutierten Dinosauriersterben vor etwa 65 Millionen Jahren, sind natürlich nicht unter menschliche Verantwortlichkeit zu stellen. »Die Natur« hat sie überstanden, zwar in ihren Arten verändert, überdauert: Selbst größte Klimakatastrophen führten nicht zur generellen Vernichtung des Lebens, der Arten auf der Erde – auch wenn manchmal gar viele der höherentwickelten Arten ausstarben und ganz neue Entwicklungen sich anbahnten, neue Artenentscheidungsstränge eröffnet wurden – etwa von den ersten Primatenstämmen am Ende der Kreidezeit und im beginnenden Paläozän. Die Säugetiere, welche die Aussterbewelle der Landtiere überlebten, waren wohl alle recht klein, wogen unter zehn Kilogramm. *»Mußte«* eine solche Aussterbekatastrophe stattfinden, mußten beispielsweise die Dinosaurierarten verschwinden (mit denen durchaus wohl die ersten Säuger konkurrierten), um die Evolution zu höheren Säugetierarten und zum Menschen zu ermöglichen? Eine typisch anthropozentrisch gestellte Frage – aber dennoch interessant: Wahrscheinlich wäre es wohl ohne den letzten großen Faunenschnitt des Dinosauriersterbens nicht zur Entwicklung des Menschen in seiner heute bekannten Spezies gekommen. (Vielleicht wäre gerade das *keine* Katastrophe der Natur gewesen ...)

Wieweit ist die Höherentwicklung der Intelligenz an erhöhte vordere Greiffähigkeit, Wendigkeit, beidseitig besetztes Gesichtsfeld mit Parallaxen und Entfernungsschätzungsfähigkeit des Baumlebens der ersten Säuger gebunden, wieweit an die Anpassung an Lebensräume in offeneren Savannen und auf dem Boden, die den aufrechten Gang, Entlassung der Vordergreifextremitäten, Großwildjagd und somit Kooperativität, Planung, bewußte Risikoübernahme und »Arbeitsteilung« erforderten bzw. ermöglichten? Zweifellos war die Entwicklung der höheren Intelligenz innerhalb der des Menschen keineswegs *notwendig* im strengen Sinne; sie ist nicht etwa unabhängig von naturgeschichtlichen Zufällen, Sonderumständen, ja, gar Katastrophen verständlich zu machen – Umbrüchen in der Stammes- und Artenevolution, von denen man nur in anthropozentrisch verzerrter Perspektive behaupten kann, sie »führten« zur Menschenentwicklung.

Und warum sollte die Lage heute gänzlich anders sein? Die biologisch viel älteren Bakterien, Eubakterien und selbst die Insekten werden wohl die Menschheit überleben. Muß diese Wahrscheinlichkeit uns nicht zur ökologischen Nachdenklichkeit mahnen? Die Frage ist, ob zur Bescheidenheit oder gar zum Überschwang des relativ artenverachtenden Aprés-nous-le-déluge-Denkens! »In the long run we are all dead« – sagte der Ökonom John Maynard Keynes – und das gilt auch für die menschliche Art. Hat diese Langfristgewißheit ökoethische Konsequenzen? Kann man dem Menschen eine stellvertretend bioethische Gesamtverantwortung zumessen, wenn er selbst eher ein Zufallsentwicklungsprodukt der Evolutionsgeschichte und in zoologisch-paläontologischen Zeitspannen ein eher kursorisches Zwischenphänomen darstellt? Zwar ist dies alles eine Frage der Interpretationsperspektive, doch stellt die Eingriffsmacht des Menschen, seine weniger nolens als durchaus volens in der abendländisch-industriell geprägten und zur Bevölkerungsexplosion und großräumigen Naturveränderung führenden Machtfülle eine nunmehr in der Tat ökoglobale Verantwortlichkeit zur Debatte, die alle ablenkenden Langfristargumente wenigstens teilweise – unter dem Druck der Dramatik und der anthropogenen Aktionsfolgenausweitung – zu konterkarieren scheint. Ethik ist dringlich, auch und gerade weil sie nicht für die Ewigkeit zu konzipieren ist. Insofern hatte Albert Schweitzer wohl recht, selbst wenn sich in geologisch-globalen und gesamtevolutionären Zeiträumen keine Einheit von »Naturphilosophie« und Ethik herstellen – und wohl auch keine Idee eines »Friedens mit der Natur« wirklich realisieren läßt. Ökosystemare

Kontext- und Funktionswahrnehmung ist auch ohne umfassende globale Naturbefriedigung und geologisch-globale Langzeitperspektive möglich – und nötig.

Verantwortlichkeit als Auszeichnung des Menschen

Doch was steckt hinter dieser Selbstverpflichtung des Menschen, hinter seiner Erweiterung der Verantwortlichkeit auf Naturwesen in seinem Handlungs- und Einwirkungsbereich? Ist es der vergebliche Versuch, sich selbst auf eine Art Ewigkeit zu stellen, sich selber dennoch als »Herrscher der Natur« zu etablieren (eine Rolle, in der er in begrenztem Maße tatsächlich im Zuge der Industrieglobalisierung und Bevölkerungsexplosion geraten ist)? Selbstvergötzung, Gattungsvergöttlichung oder hypertrophische, hybrishafte Gattungsermächtigung dennoch? Selbsterhöhung? Hat der König sich selbst ernannt, sich selber auf den Thron der Welt gesetzt, sich eigenhändig die Krone der Schöpfung aufgesetzt? Heißt es nicht im christlichen Buch der Bücher (Mt. 12,12): »Wer sich selbst erhöht, der wird erniedrigt.«

Doch nur die Arroganz, die Einbildung, die Selbstüberheblichkeit des scheinbar so vernünftigen Wesens, das sich präpotent als »*das* rationale Tier« gar definierte, kann die Differenz nicht erklären: Daß er sich moralisch verantwortlich weiß, das zeichnet in der Tat den Menschen aus. Die *moralische* Vernunft ist es, die den Menschen als das ethische Wesen unter anderen auszeichnet. Doch ist dies eine »Auszeichnung« im Sinne eines Preiswettbewerbes unter den Kreaturen, eines Rangvergleichs, der zur Selbstüberheblichkeit legitimiert? Zur Selbstüberheblichkeit dürfte nie etwas legitimieren. Wer selbstüberheblich ist, hat es nötig, etwas durch Überkompensation zu rechtfertigen, scheinbar zu legitimieren. Der Arrogante übertreibt, überhöht sich, indem er überkompensiert: doch die »vertikale Anmaßung«?

Die »Auszeichnung« ist eher als besondere Bürde, besondere Bewußtheit, besondere Aufgabe zu verstehen. Insofern ist der Mensch das moralische Vernunftwesen, als er Verantwortung vernünftig zu erkennen und zu tragen hat. »Zu tragen hat!« – »Die »Auszeichnung« ist ebenfalls kein sicherer Besitz und Lohn, sondern ständige Aufgabe. Die moralische Vernünftigkeit ist ein Sollideal – ist normative Idee, normative »Auszeichnung« und Anspruch. Man kann sich nicht auf den Lorbeeren der Rationalität ausruhen – auch und gerade nicht auf den Efeublättern ethischer »Auszeichnung«. Ethik ist ständige Unruhe im unendlichen Aufforderungs-, Anforderungsreich, die jedes ruhige Gewissen verbietet. Albert Schweitzer wußte, warum er das »gute Gewissen« als »Erfindung des Teufels« bezeichnete: *»Keiner mache sich die Last der Verantwortung leicht«*, heißt es bei ihm auch. Die ethische Auszeichnung ist als die durch eine normative Idee selbstempfundene Selbstverpflichtung – selbstauferlegt. Das normative Soll ist nie ein sanftes Ruhekissen. Das Gewissen als Bewußtsein selbstzugeschriebener, selbstübernommener Verantwortlichkeit – als ein normatives Selbstinterpretationskonstrukt – spielt eine entscheidende Rolle im moralischen Selbstverständnis. Doch auch *das* Gewissen als moralisches Phänomen ist mehr als eine bloße empirische sog. »Stimme« des Gewissens, die fehlen, versagen, ausfallen mag. Auch das moralische Gewissen ist Ergebnis moralischer Zumutung, ist ebenfalls ein Sollstandard, ein normativ zugeschriebenes Idealkonstrukt, ein normatives Wertungsmaß, normativ verordnet vom moralischen Wesen selbst – wiederum im idealtypischen Sinne verstanden. Wenn »Gott... die moralisch-praktische Vernunft« ist, wie der greise Kant in seinen (nachgelassenen) Notizen schreibt, dann ist dieser Gott eine ständige mahnende Instanz, eine (Selbst-)Beaufsichtigungsinstanz, eine (selbst)-kritische Stimme, die nicht zur arroganten Selbstüberhebung über Welt und Kreatur legitimiert, sondern zur ständigen Verantwortlichkeit mahnt, gerade auch zur umfassenden, übergreifenden, stellvertretend für andere im Doppelsinne »wahrzunehmenden« Verantwortung. Ist dies die Kluft zwischen dem ethischen Wesen und der dieses verpflichtenden selbsterkannten, selbsternannten moralischen Trägerschaft einerseits und der nichtethisierten, nicht ethisierbaren Natur andererseits, die auch Albert Schweitzer erkannte? Diese Kluft scheint monistischem Denken, scheint naturphilosophisch unüberbrückbar. Sie aber gibt Grund und Anlaß zur stetigen ethischen Selbstermahnung, zur moralischen Weiterentwicklungsforderung, zur ethischen Aufgabe, Verpflichtung und »Sonderstellung« des Menschen als des der ethischen Vernunft fähigen und zur Moralität aufgerufenen Wesens. Diese Stellung rechtfertigt freilich – das muß man mehr, als ich es bisher sah, betonen – keinerlei Selbstüberheblichkeit, keine Selbsterhöhung, Arroganz oder Präpotenz des moralfähigen und des zur ethischen Reflexion verpflichteten Wesens. Sie belastet ihn ideell – in interpretativer, mit seinem Selbstverständnis innig verbundener Selbstzuschreibung – mit einer besonderen Aufgabe, einer ewigen Unruhe des Gewissens und der Verantwortlichkeit. Der Mensch – das unruhige Wesen, zur ständigen moralischen Unruhe »verurteilt«, von sich selber dazu »verurteilt«. Was verbirgt sich hinter dieser offenbar konstitutiven – für den Menschen, wenigstens den abendländischen, aber auch den östlich-asiatischen, etwa zen-buddhistisch geprägten Menschen wesentlichen – Unruhe? Daß der Mensch sich selber stets »voraus« ist; sich notwendig im Lichte von zu erreichenden Zielen und vorgestellten Zukunftszuständen verstehen muß – ist diese »strukturelle Neotenie«, wie manche Anthropologen sagen, der Grund der Unruhe, die in der Handlungsverwiesenheit sich dokumentiert? Handeln ist zielgebunden – im Gegensatz zum Verhalten und zum unreflektierten, nicht vom Denken explizierten Tun, das allenfalls von untergründig wirksamen, unbewußten Zielorientierungen, Verhaltensdeterminierungen, Antrieben gekennzeichnet ist. Ist die Intentionalität, die Gerichtetheit menschlichen Meinens ein wichtiger Grund für die Unruhe, die Zieloffenheit des Handelns und des Menschen? Ist gar Nietzsches doppelsinnige Charakterisierung vom »nicht festgestellten Tier« oder die fehlende Instinktleitung ein entscheidendes Fundament – oder jedenfalls eine notwendige Vorbedingung der konstitutionalen Unruhe, Handlungsoffenheit und der Moralität? Es scheinen hier wichtige Zusammenhänge zu existieren, die bislang wohl nur unvollständig – und zumal ohne genügende Berücksichtigung wesentlichen empirischen Wissens aus verschiedenen einschlägigen Humandisziplinen auch natur- und sozialwissenschaftlicher Art – aufgedeckt worden sind. Was verbirgt sich hinter der Verantwortlichkeit – außer dem hohen Anspruch an die Vernunft, an das moralische Reflexionsvermögen und das Gewissen – Ansprüche, denen das (nach den oben erwähnten empirischen Befunden) kaum »rationale« Wesen realiter, vielleicht gar auch konstitutionell, nicht zu entsprechen vermag? Sollten nicht »alle empirischen Befunde« nach heutigen psychologischen Erkenntnissen, zumal tiefenpsychologischen Einsichten, dafür sprechen, »daß der Mensch kein rationales Wesen« ist (David Rumelhart, s. o.)? Und hier wird uns die moralische Vernunft mit ihren Forderungen dennoch als verpflichtender Anspruch vorgesetzt. Unerfüllbarer Anspruch, Vorspiegelung falscher Erfüllbarkeitsversprechungen oder -forderungen? Kein Wunder, daß der in mir erlebte Anspruch der Verantwortlichkeit und des Gewissens oft als »göttliche Stimme« gedeutet wurden! Und dasselbe gilt für Kants späte Identifizierung von Gott und Moralität: Soweit der Mensch moralisch-sittlich ist, ist er eines »göttlichen« Teils in ihm selber teilhaftig. Mit der Moralität, mit seinem ethischen Empfinden und Reflektieren richtet er sich auf einen als quasigöttlich geltenden, scheinbar von »Gott« stammenden Anspruch an ihn aus. Soweit er sittlich verantwortlich nach Prinzipien der Moralität deutet und handelt, hat er idealiter teil an etwas »Göttlichem«. Das Moralische ist – so deute ich Kant – das »Göttliche« in mir. Soweit ich moralisch handle, denke, bin, den quasigöttlichen Anspruch verpflichtend spüre, soweit habe ich teil am »Göttlichen«. Eine faszinierende Idee, die wohl die Grundlage für Kants moralische Begründung des Gottespostulats in einem »ethischen Gemeinwesen«, wie er sagt, ist. (Er hatte ja unterschiedliche Argumente für das Gottespostulat: die ideale Notwendigkeit einer Abstimmung von Glückswürdigkeit aufgrund von Moralität und transzendent gedachter »Glückseligkeit«, nach moralischem Verdienst sozusagen; nach der idealen Regelung eines »ethischen Gemeinwesens« überhaupt und nach der für die Einsehbarkeit der moralischen Handlungstriebfedern, die in Wille und Motivation liegen, für einen »Herzenskundigen«, für eine idealisiert postulierte Beurteilungsinstanz, die Handlungsmaximen, -motive und -intuitionen idealiter erkennen kann (Das letztere ist der dritte, bislang nicht als solcher gesehene Beweis des moralischen Gottespostulats, den ich in Kants *Religion innerhalb der Grenzen der bloßen Vernunft* aufgespürt habe [1981 / 1989].) Für Kant freilich ist die moralische Vernunft und die Vernunft überhaupt ein absoluter Selbstzweck, insofern »göttlich«. Die Existenz der »vernünftigen Natur«, der Vernunftwesen und ihres »Reiches« ist für ihn geradezu der oberste Weltzweck, der gleichsam eine aufklärerische Version des Gottesgebots zur Versittlichung der Welt, zur Weltherrschaft der obersten Moralität darstellt. Auch so ist Kants These der Gleichsetzung von moralisch-praktischer Vernunft mit dem »Göttlichen« wohl zu verstehen.

Doch diese aufklärerische Tradition einer »optimistischen Vernunftreligion« ist für uns heute – nach zwei Weltkriegen, nach der ethischen Entzauberung des Menschen durch Tiefenpsychologie und Empirie – nicht mehr nachzuvollziehen. »Die Vernunft hat keine Chance«, meinte mein desillusionierter Gymnasiallehrer und Hochleistungsphilosoph sowie Trainer und auch Freund Karl Adam, als er nach dem Wiederaufstieg und der Demokratisierung in der Bundesrepublik der fünfziger und sechziger Jahre die neuerliche Ideologisierung in unterschiedlichen Lagern kommentierte. Der Aufklärungsoptimismus ist dahin: Auch der gegenwärtige Niedergang des ideologischen Sozialismus, des angeblich »real« existiert habenden Sozialismus und dessen Ersetzung durch Demokratie, besser: DM-kratie, westlichen Zuschnitts ist kein Gegenargument.

Die Zeit der Ideologien ist keineswegs endgültig vorbei, wie Daniel Bell zu Beginn der sechziger Jahre (wieso gerade damals? Unglaublich!) orakelte. »Kein Wahrheitsanspruch lebt ohne Lebenslügen«, formulierte der Liedermacher Biermann (DIE ZEIT, 24.8.90). Ideologische Verzerrungen, ideologisches Wunschdenken sind immer noch allgegenwärtig und werden es bleiben. Die erwähnte Nichtfestgestelltheit der Zielorientierung, der Handlungsinterpretation läßt den Menschen geradezu angewiesen sein auf allgemeinere Orientierungsrahmen, auf übergreifende Einordnungen und Vernetzungen, die über das sog. empirisch Gesicherte weit hinausgehen, aber Feststellungen, Wirklichkeitserfassungen und Handeln sowie das Denken betreffen und prägen – also auf ideologische Orientierungsmuster, die für uns als nichtfixierte, handelnde, immer über die gegenwärtige Situation hinausgreifende, auf Antizipation angewiesene Wesen unerläßlich sind, ja, positiv notwendig sind. Gewisse ideologische Muster sind unvermeidlich im Sinne der über das Gesicherte hinaus ausgreifenden Orientierungsnotwendigkeiten. Man darf sich nur nach Möglichkeit »kein X für ein U« vormachen oder vormachen lassen: im Klartext: Relativ ideologiefrei oder ideologiearm ist derjenige, der zugibt, daß er ideologische Vor-Urteile hat und sich bemüht, diese als solche aufzudecken – wohl wissend, daß eine vollständige Befreiung von jeder Ideologie nicht möglich sein dürfte – und auch gar nicht wünschenswert wäre. »Ideologische Scheuklappen«: »Das Tragen dieses Kopfschmucks ist ja kein ausschließlich marxistisches Privileg«, schrieb so hübsch wie wahr der kürzlich verstorbene Hoimar von Ditfurth. Soweit man sich in Reflexion, Erkenntnis und Denken orientieren will – für das Handeln Einsichten gewinnen will, ist man auch schon in gewisser Weise von untergründigen ideologischen Orientierungen geprägt. Ist nicht die Meinung, Handlungsleitlinien ließen sich generell aus der Vernunft gewinnen und das Handeln (oder gar auch das Verhalten und *Tun* i. S. von Norbert Groebens dritter Kategorie des nicht-explizit-intentionalen, auch nicht bloß reflexhaften Agierens) folgte wirklich (ausschließlich) solchen Überlegungen, schon Resultat ideologischer Vorurteilsbehaftetheit? Ist nicht auch Kants Ansicht, die Vernunft bestimme die Triebfeder zum Handeln im Moralischen, eine ideologische Ansicht, wenn es keine bloß normativ gemeinte Idealvorstellung utopischer Provenienz ist? (Der Mensch, der an der moralischen Vernunft teilhat und insoweit quasi teilweise »göttlich« ist bzw. am »Göttlichen« teilhat – diese hohe Überforderungsidee segelt ebenfalls, soweit sie nicht *nur* als unerfüllbare normative Idealforderung gemeint ist, hart an der Grenze oder schon in der Einflußzone des Ideologischen.) Kant hat wohl den Menschen als *das* rationale, *das* moralische Wesen auch rangmäßig als eben »vernunftmäßige« Krönung der Schöpfung auszeichnen wollen – obwohl er den Menschen übersteigende Vernunftwesen hypothetisch zuläßt. Schon diese Ranghypothese aber scheint ideologisch zu sein, insofern sie ein normatives Idealbild für eine (wenigstens prinzipiell verwirklichbare und) urteilsbegründende Rangordnung nimmt. Eine vorgebliche Erkenntnis über eine ideale, als Sollforderung auferlegte Fähigkeit wird zur Grundlage der *Erkenntnis* eines Ranges gemacht.

Überall wo normative Geltung auf kognitiv-deskriptive Erkenntnisse gegründet und als kryptonormativ (entstanden) nicht bemerkt oder präsentiert wird, ist Ideologie im Spiel. Trennen wir uns von der *satz*fixierten Ideologiedefinition Theodor Geigers, derzufolge eine Aussage ideologisch ist, wenn sie eine normative Forderung als theoretische Erkenntnis in einem deskriptiven Satz präsentiert, wenn also normatives wertendes Engagement theoretisch frisiert wird, so können wir doch die Grundintention dieser sog. positivistischen Ideologiedefinition für einen Ideologiebegriff (wenigstens i. e. S.) auch heute noch beibehalten: Wo Wertungen und Wertsysteme als rein theoretisch-kognitive bzw. deskriptive Erkenntnisse drapiert werden – sei es bewußt, sei es unbewußt – ist Ideologiebindung – sei sie bewußt oder unerkannt – im Spiele. (Diese Ideologiedefinition ist im Zusammenhang mit der Weberschen These von der Wertfreiheit der Wissenschaft, zumal der Sozialwissenschaft, zu sehen; freilich muß auch diese Wertfreiheitsthese differenzierter gesehen werden als üblich: Nur die Objektsprache, die objektsprachliche Ebene einer Theorie soll frei von Wertungen sein, damit z. B. die empirische Überprüfbarkeit nicht unnötig herabgesetzt wird.)

Ist Kants These von der moralischen Vernunftauszeichnung des Menschen ideologisch – avant la lettre, versteht sich, da der Ideologiebegriff erst nach ihm (von Destutt de Tracy und Napoleon) erstmalig Verwendung fand? In der Tat gehen das Normative und Theoretisch-Deskriptive in Kants Grundlegung der Moralphilosophie so eng zusammen, daß eine freilich unbewußte ideologische Vermengung im obigen Sinne nicht auszuschließen ist. Kant trennte die Fundierung des Sollens noch nicht von der Erkenntnis grundlegender Strukturen der Sittlichkeit, der Wertung, der Konstitution der moralischen Vernunft. Er konnte eine solche Abtrennung des Normativen vom Theoretischen wohl auch noch nicht vornehmen, weil die gesamte Terminologie für ein solches Unterfangen fehlte. Aber dies ist sicherlich nicht der Hauptgrund. Kant strukturiert seine Kritik und Theorie der »praktischen«, der moralischen, Vernunft genau analog, ja, parallel zur Kritik der theoretischen Vernunft – als reine *Erkenntnis*analyse und -konstitution. Das Sittliche ist Sache der moralischen *Erkenntnis*, wird in seinen normativen Anforderungen als eine Art von Erkenntnisgegenstand entworfen – und unterstellt. Da ethische Einsichten nicht als empirische oder erfahrungswissenschaftliche oder gar apriorisch-theoretische Erkenntnisse zu begründen sind, wird die Erkenntnis von notwendigen Postulaten der reinen moralischen

Vernunft gefordert – aber durchaus den apriorischen Strukturen der Vernunfterkenntnis analog. Insoweit das Moralische als rationale Erkenntnis stilisiert wird – und sei es nur als Erkenntnis von notwendigen Postulaten der moralischen Erkenntnisse –, ist die ideologische Dimension im obigen Sinne angerührt: Insoweit ist jede rationalistische Begründung einer normativen Ethik als Ergebnis oder Vehikel sittlicher *Erkenntnis* ideologisch. Auch Kant und Schweitzer sind Moralideologen! Nun muß Ideologie nichts Schlimmes sein, wenn sie offengelegt wird oder offen als solche, als ein Versuch zur theoretischen Überbrückung der Kluft zwischen dem Theoretisch-Deskriptiv-Kognitiven und dem Normativen verstanden wird – solange man sich im klaren ist, daß keine rein logische Brücke über diese Kluft führt. Es gibt keine gültige (und schon gar keine nichtideologische) Ableitung normativer Sollregelungen aus rein kognitiv-deskriptiv-theoretischen Voraussetzungen.

Überbrückungsprinzipien, die den Zusammenhang zwischen beiden Bereichen verdeutlichen – z. B. durch Einschränkungen, Erfüllung notwendiger Vor- oder Funktionsbedingungen usw. –, sind natürlich wichtig und sinnvoll, ja, unerläßlich, wenn Normen überhaupt in der sozialen und »realen« Welt anwendbar sein sollen. Hans Alberts Brückenprinzipien – übrigens nach Kant!: »Sollen impliziert Können!« (Unmögliches kann nicht gesollt werden: Ultra posse nemo obligatur) – sind Beispiele derartiger Einschränkungsprinzipien. (Freilich zeigt sich hier zugleich eine andere inhaltliche Beschränkung, die allerdings der Kantischen Tradition entspricht: Moralregeln, das »Sitten*gesetz*«, die ethischen Prinzipien werden allzu *rechtsanalog* aufgefaßt: wie weniger explizite und kaum effektiv kontrollierbare Gesetzesnormen, die nicht mehr mit äußeren staatlichen Sanktionen für den Fall der Übertretung drohen, sondern nur noch – schwächer – mit moralischer Mißbilligung, mit dem »inneren« Verlust oder der Verringerung der Selbstachtung usw.) Dagegen fordern viele Moralsysteme wie das jainistische und das buddhistische (mit dem radikalen Ahimsa-Gebot der Nichtschädigung fremden Lebens) sowie das christliche (mit seinem Gebot der Feindesliebe) und auch Albert Schweitzers Bioethik der Ehrfurcht vor dem Leben und der »ins Grenzenlose erweiterten Verantwortung gegen alles, was lebt«

und in den Bereich meines Handelns gerät, geradezu Unmögliches: Ultra posse obligamur! (Wir sind in der Tat nach diesen Moralsystemen zu viel mehr verpflichtet, als uns zu tun möglich ist [oder erscheint], für viel mehr verantwortlich, als wir unmittelbar durch unser bisheriges Handeln verursacht haben.) Die kausale Handlungsverantwortung wird zwar beibehalten, aber zu einer viel umfassenderen Vorsorge-, Verhinderungs- und Fürsorgeverantwortung ausgeweitet und verschärft – etwa im Sinne von Hans Jonas' »Seinsverantwortung«, der Sorge-für-Verantwortung, die der Mächtige für von seiner Macht Abhängige trägt – etwa der Mensch für die Naturwesen, für Existenz- und Lebensbedingungen auch der Tierarten, für Ökosysteme, ja, für den Zustand und die Weiterentwicklung der gesamten Biosphäre auf dieser Erde. Die Verantwortung der menschlichen Gattung wächst im Maße ihrer technischen Machtzunahme – selbst über die Grenzen des Gewußten hinaus, soweit der Mensch durch technisch-industrielle Eingriffe in Natursysteme noch nicht erkannte Nebenfolgen verursacht. Die Pflicht zum möglichst weit ausgreifenden Wissen über Vernetzungen und Verästelungen von Eingriffsmaßnahmen und deren Folgen, einschließlich der Fernfolgen, erwächst aus dieser Verpflichtung im Zeichen der technologischen Machtfülle! Schon vor Jonas hatte ich betont (1979): »Erweiterte Aktionsmöglichkeiten bedingen erweiterte Verantwortlichkeiten!« Doch geht diese Verantwortlichkeit gar über das (gegenwärtig) Wiß*bare* – nicht nur über das noch nicht Gewußte, über das man sich aber hätte kundig machen können – hinaus? Wenn Macht eo ipso Verantwortlichkeit gebiert, dann ist das der Fall – und der technologische Mensch gerät in ein unauflösbares Dilemma: Nicht nur hat er Folgen und Nebenfolgen seines technischen Handelns zu verantworten, die er noch nicht kennt und denen sein Wissen nicht schnell genug folgen kann – im Zuge der exponentiellen technologischen Machtausbreitung, der ökologischen Katastrophenspirale (mit verdeckten Aufschaukelungswirkungen, die nicht erkannt werden können, bis sie eines Tages einen kritischen Schwellenwert überschreiten, der aber jenseits des Umkehrpunktes oder der Steuerbarkeitsgrenze liegt – wie beim exponentiellen Zuwachsen eines Teiches mit Seerosen). Sondern er ist dann auch für prinzipiell nichtvorherseh*bare* Nebenfolgen seiner Eingriffe verantwortlich zu machen. Dies aber widerstreitet der herkömmlichen Intuition über Verantwortlichkeit: Was man nicht wissen kann, kann man auch nicht verantworten – ebensowenig wie man im traditionellen Verständnis zur Verantwortung gezogen werden kann für etwas, was man nicht getan, verursacht, bewirkt hat(te) oder haben konnte. Die umfassende »Seinsverantwortung« enthält unüberwindlich scheinende Schwierigkeiten. (So neu, wie man sie gelegentlich einschätzt, ist sie auch nicht: Jonas selbst benutzt zur Illustration die herkömmlichen Beispiele der Elternverantwortung für die Kinder und der Staatsmannsverantwortung für das Wohl und Wehe der Bürger.) Ist die »Seinsverantwortung« für die gesamte Biosphäre nun ebenfalls eine moralische Selbstüberheblichkeit des Menschen? Übernimmt er, schreibt er sich selber so eine Verantwortlichkeit zu, die er – faktisch oder prinzipiell – gar nicht tragen kann? Übernimmt er sich, indem er diese übernimmt? Macht er sich als »Treuhänder« der Natur, gleichsam als moralischer Statthalter eines fingierten Weltenlenkers sozusagen zum höheren moralischen Wesen? Oder ist dies nur eine begrifflich notwendige, eine analytische Folge seiner gewachsenen technischen Macht: Wer die Macht hat, trägt die Verantwortung? Ist der technische Mensch in der Tat die »vertikale Anmaßung« – nunmehr im moralischen Sinne verstanden? Kann er, muß er sich als der Weltpolizist verstehen? Wirft er sich zum Herrscher aller Erdkreaturen, der »Welt« seines industriellen und technisch erreichbaren Eingriffsbereichs auf, der von seiner Willkür und deren z. T. paradoxen, implizierten systemschädigenden Nebenwirkungen auf Verderb eher als auf Gedeih abhängig ist? Wissen wurde / wird erst heute – im supertechnologischen Zeitalter – *wirklich* Macht; insoweit hat mein Kollege Helmut Spinner recht. Wissen ist dann insoweit auch erst heute unausweichlich zu verantworten. (Aber ist nicht das Wissen frei, die Forschung verfassungsmäßig unbeschränkt? Wissensanwendung ist idealtypisch von Wissensgewinn zu trennen, obwohl in manchen Bereichen – etwa in der Genbiologie und Gentechnik – heute die Grenze zwischen Grundlagenforschung, Technologieentwicklung und Technikanwendung kaum noch (sauber) zu ziehen ist.)

Hat der Wissende und etwa schon der nach Wissen Strebende,

Suchende, Forschende sein (eventuell erst künftiges) Wissen moralisch zu verantworten? Ist, wie Carl-Friedrich von Weizsäcker meinte, der Wissenschaftler – gar »die Wissenschaft« – zwar nicht legal, aber *moralisch* verantwortlich zu machen für die Anwendungsfolgen, für Konsequenzen ihrer Ergebnisse, selbst wenn die Anwendung durch andere erfolgt? Kann Wissenserwerb moralisch zu tadeln sein – außer, wenn die relevanten Experimente etwa Wesen mit moralischem Status schädigen? Alle solche Fragen sind mit der moralischen Selbstverortung des technischen und wissenschaftlichen, aber zumal auch des industriellen, politischen und sozialaktiven Menschen von heute verquickt. Die Probleme einer vernünftig abgewogenen Überbrückung und Beziehung zwischen den normativen Verantwortungsfragen und der technischen Macht und dem Wissen sind heute, in einer Zeit globalisierter technischer Eingriffe und Manipulationen, in einem supertechnologischen Zeitalter unbegrenzter Technikexpansion bei sich immer mehr und unübersehbar aufdrängenden Grenzen der Machbarkeit dramatischer denn je. Auch die Ethiker sollten ihre sozusagen höherstufige Verantwortung (»Metaverantwortung« nannte Kurt Bayertz sie) für die Entwicklung einer problemadäquaten und praxiszugewandten Verantwortungstheorie und -analyse wahrnehmen, ohne in rationalistische Begründungsideologien oder andere Einseitigkeiten oder gar in eifernde Fanatismen oder Fatalismus zu verfallen.

Zur Operationalisierung von Verantwortlichkeit

Ähnlich wie meine These, daß Verantwortlichkeit, soll sie überhaupt sinnvoll sein, »greifbar« sein muß und nicht ins Unendliche oder Grenzenlose ausgedehnt werden kann, kritisiert der berühmte Humanökologe Garrett Hardin eine leere, allumfassende Verantwortungsethik in seinem Buche *Filters Against Folly* (1985). Vater Sosima in *Die Brüder Karamasoff* habe wesentlich »nichts« gesagt über wirkliche Verantwortung, wenn er – und Dostojewski durch seinen Mund – äußert, genau dann, wenn man sich aufrichtig für jeden und alles verantwortlich mache oder halte, sei man auch für jeden und alles verantwortlich. Das Wort

»Verantwortung« – so Hardin – sollte, zumal in öffentlichen Zusammenhängen, nur dann verwendet werden, »wenn klar ist, wer wem verantwortlich ist«. »Es muß eine gehaltvolle (substantive) Beziehung definieren, nicht ein bloßes Gefühl.« »Alles versprechen und nichts garantieren« – sei sprichwörtliche Diplomatenstrategie. Verantwortung muß operational bestimmt werden, sonst ist sie keine wirkliche, weil sie keine Beziehung zwischen Träger und Adressat verkörpert: denn »Verantwortung« ist ein Relationsbegriff. Ein mindestens fünf- oder sechsstelliger Beziehungsbegriff übrigens, wie ich seit Jahren betone. Der Träger der Verantwortung ist *jemandem* (dem Adressaten) gegenüber verantwortlich für *etwas* (den Gegenstand der Verantwortung) in bezug auf einen *Standard* und auf einer bestimmten (oder mehreren) *Ebene(n)* vor/angesichts einer Beurteilungs*instanz*. Wer ist wem wofür in bezug worauf entweder rechtlich, moralisch, handlungskausal oder rollengemäß verantwortlich? Diese Fragen sind in der allgemeinen, gleichsam frei vagabundierenden und somit allzu wohlfeilen, nicht verbindlichen, nicht operational konkretisierten Verantwortlichkeitsrhetorik nicht genügend beachtet und untersucht worden. »In öffentlichen Angelegenheiten (public policy) ist nur operationale Verantwortung relevant«, schreibt Hardin, führt freilich selbst Beispiele aus der Politik an, in denen das leere Reden von Verantwortungsübernahme – ohne Angabe der Adressaten und Instanzen – zur öffentlichen Rechtfertigung angeführt wurde – z. B. von Hitler nach der Ermordung des angeblich abtrünnigen Röhm (1934): »Ich war verantwortlich für das Schicksal des deutschen Volkes, und dadurch wurde ich zum obersten Richter des deutschen Volkes.« Wie schrecklich sollte sich diese für diesen Fall formulierte Scheinrechtfertigung später generell bewahrheiten, wenn er eher als zum Richter auch zum Henker dieses ehemaligen Volkes der Dichter und Denker werden wollte! (Hoffentlich haben wir diese historische Unreifephase des Volkes der Richter und Henker nunmehr endgültig hinter uns!)

Hardin stützt sich auf die »operationale Definition« des Verantwortlichkeitsbegriffs durch Charles Frankel: »Eine Entscheidung ist verantwortlich, wenn der Mensch oder die Gruppe, der bzw. die diese Entscheidung trifft, für sie denjenigen Antwort stehen muß, die direkt oder indirekt durch sie betroffen sind.« – Doch diese angeblich operationale Definition ist noch zu unpräzise: Das Antworten*müssen* kann ideell-normativ gemeint sein, ist nicht notwendig konkret zu verstehen und kann auch gar nicht allzu konkret verstanden werden. Die ideelle Dimension ist notwendig einzubringen, sonst könnte beispielsweise der Bombenschütze der Enola Gay, des Hiroshima-Flugzeuges, nicht den Hunderttausenden Betroffenen gegenüber (mit)verantwortlich gedacht werden. Er war Befehlsempfänger – auch als solcher dem Commander bzw. letztlich dem obersten Kriegsherrn (Präsident Truman) verantwortlich. *Faktisch* gab es keine Situation des Antwortenmüssens gegenüber den Opfern. (Sollen etwa im Kriegswahnsinn alle Verantwortlichkeiten außer der formellen Rollen- und Aufgabenverantwortlichkeit aufgehoben sein? Moralische Überlegungen jedoch sind keine Feiertagsskrupel, die im Ernstfall oder gar nach Belieben oder nach einer Ausweichstrategie beiseite geschoben werden können; sie bleiben als ideale Forderungen immer in Kraft. Im übrigen entschied auch Truman geradezu unverantwortlich oder versuchte sich durch nachträgliche Informationsmanipulation oder -verdrängung rationalisierend reinzuwaschen, wenn er in seinem Tagebuch notiert, es habe sich beim Angriffsziel Hiroshima um ein militärisches Ziel gehandelt, da die Stadt überwiegend von Militär belegt gewesen sei: In Wirklichkeit waren weniger als ein Zehntel der dort Anwesenden und späteren Opfer Soldaten oder andere Militärangestellte.)

Zur Operationalisierung der Verantwortlichkeiten schlägt Hardin die Bindung an institutionelle Kontrollen (»Wer bewacht die Wächter?«) und an Maßnahmen und Folgen vor: »Who benefits? Who pays?« sei die Frage, die stets zu stellen und zu klären sei – insbesondere in öffentlichkeitsrelevanten und sozialen wie ökonomischen Angelegenheiten. Hier ist deutlich zu unterscheiden danach, wer die Vorteile genießt und wer die Zeche zahlt.

Soziale Fallen: einprogrammierte Tragiken und Katastrophen

Hardin führt am Beispiel des Kommunalismus (commonism), der Gewinne privatisiert und Verluste »sozialisiert«, den Begriff der paradox erscheinenden »negativen Verantwortung« ein, die zur

»Tragik der Allmende« (»Tragedy of the Commons«) führt, deren Analyse in *Science* (1968) Hardin berühmt gemacht hatte. Hier hatte er die von Foster Lloyd schon 1832 entdeckte, aber später vergessene oder ignorierte Paradoxie der Gemeingüter mit einem griffigen Namen versehen und erstmals auf die ökologischen Probleme (etwa Fragen der Überweidung in der Sahelzone) angewendet. Der einprogrammierte Widerspruch zwischen privatem Vorteil und öffentlichen Kosten führt bei solchen Selbstbedienungsgütern unweigerlich zur Katastrophe, selbst wenn die Beteiligten dies sehen und wissen. Wenn die soziale Stellung und Existenzsicherung in einer Viehbauerngesellschaft ausschließlich von der Zahl der Nutztiere abhängt und die Weide Allmende ist, wird diese bald überweidet sein, da eine spiralige Wechselbeeinflussung zwischen der Ressource(nquantität) und deren Nutzung besteht, die schnell in positiver Rückkoppelung zur Übernutzung und Erschöpfung bzw. Zerstörung der Ressourcen führt. Je besser und größer das Weideland, desto mehr Vieh. Je mehr Vieh, desto stärker die Abweidung, die schnell über die kritische Grenze zur Überweidung (zur Nichterholbarkeit der Ressourcen) führt. Besonders eindrucksvoll ist Hardins (gegenüber dem oft sentimental kommentierten Weltraumphoto vom schönen »blauen Planeten«, auf dem wir gemeinsam »in einem Boot« – »Raumschiff Erde« – sitzen) als Kontrast hervorgehobenes Satellitenbild eines grünen Fünfecks in der zur Wüste gewordenen, einst fruchtbaren Sahelzone: Norman MacLeod besuchte das vom Satelliten aus entdeckte Fünfeck von einer Viertelmillion Acres und fand die Erklärung: Im Gegensatz zur ungebunden, total überweideten und bereits »verwüsteten« (in doppeltem Sinne!) Allmendeweidefläche war das Fünfeck eingezäunt und wurde nach Art einer Fünfsektorenwirtschaft und einem Fünfjahresplan von einer zahlenmäßig streng begrenzten Herde genutzt. Das Land außerhalb der eingefriedeten Form war bereits »zu Tode geweidet«. Die Regeln der unbegrenzten, unverwalteten Gemeingüterwirtschaft prämiieren noch das falsche Handeln, bevorteilen den Rücksichtslosen – so lange, bis die Katastrophe alle trifft – mit »logischer« einprogrammierter Konsequenz – das ist die Tragödie der Allgemeingüter: »The rules pay you to do the wrong thing.« Alle offenen (unbegrenzt zugänglichen) Gemeingütersysteme enden nach Hardin

»im Desaster – selbst dann, wenn jedes Mitglied die Situation vollständig versteht«! Das allenthalben übliche und für (kurzfristig orientierte) rationale Akteure kaum zu umgehende KK-PP-Spiel (CC-PP game nach Hardin: Kommunalisierung der Kosten, Privatisierung der Profite) ist ein Fall dieser Konstellation, in der die »negative Verantwortung« sich selbst verstärkt: Eine soziale Falle par excellence, deren Zugkraft und Anreizen kaum zu widerstehen ist – jedenfalls in einer mit Privatanreizen und ökonomischer Konkurrenz funktionierenden Wachstumsgesellschaft, die Status auf Erwerb und Besitz gründet. Geraten alle Ellenbogengesellschaften letztlich – bei unbegrenztem Wachstum – in soziale Fallen? (Die Dynamik ist, wie Hardin hervorhebt, keineswegs auf privat- oder marktwirtschaftliche Gesellschaften beschränkt: Auch der Sozialismus mit künstlich auferlegter [contrived] Verantwortlichkeit kennt nichtsozialisierte Gewinne und sozialisierte Verluste. Er führt in eine ähnliche Falle, wenn er Planeinhaltungs- und Verwaltungsleistungen sowie Zuwächse prämiert sowie – und sei es nur symbolisch – durch Rangerhöhungen, Auszeichnungen usw. belohnt. Die Ausbeutung der Umwelt wurde im plan- und wachstumsneurotischen sog. »real existierenden Sozialismus« viel weiter getrieben als in der seinerzeit so pauschal und schnell verteufelten Marktwirtschaft.) Im übrigen sind die Kommunalisierung der Kosten bei Privatisierung der Gewinne vornehmlich natürlich in Marktwirtschaftsgesellschaften zu finden – besonders in Bereichen, die der öffentlichen Kontrolle der Einzelmaßnahmen entgehen: Etwa in der Umweltproblematik war und ist dies auch in westlichen Gesellschaften endemisch, in denen traditionell Umweltbelastungen bilanzmäßig gar nicht auftauchen oder allzu euphemistisch als »externe Kosten« oder »Externalitäten« (nach Alfred Marshall) verbucht oder besser: beschönigt wurden. Hardin spießt mit Recht die ideologische Semantik solcher Ausdrücke auf: »*Neben*wirkungen« ist ebenfalls ein solcher: Die unvorhergesehenen Folgen des Assuandammbaus, die sich mittlerweile durch Düngungs-Versalzungsprobleme für die ägyptische Landwirtschaft und die Ernährungslage als katastrophenerzeugend erweisen, können nicht als »Nebenwirkungen« abgetan werden. Im übrigen hatte ein Ökologe, Raymond F. Dasmann, gewarnt und viele der Konsequenzen des Dammes vorausgesagt, aber – so

Hardin (53): »In den fünfziger Jahren hörte niemand auf Ökologen.«

Ein anderes Beispiel des natürlich im Geheimen ablaufenden KK-PP-Spiels wurde nach Hardin im Pentagon, dem US-Verteidigungsministerium, von spät, zu spät beauftragten Außenkontrolleuren 1989 entdeckt: Der Verkauf von Ersatzteilen an das amerikanische Militär war höchst einträglich, erbrachte – da geheim und offenbar unkontrolliert oder unter Gewinnbeteiligung der internen Kontrollbeauftragten (klassisch »Bestechung« genannt) – Preise von bis zu dem 300fachen des Marktpreises, die ohne weiteres gezahlt wurden – letztlich vom Steuerzahler. Für eine Antennennadel im Marktwert von 2,4 Cents zahlte die US-Air-Force 7417 Dollar (Hardin, 100): Kommunalisierung (»Sozialisierung«) der Kosten bei Privatisierung der Gewinne in Extremform! Freilich funktioniert dieses »KK-PP-Spiel« nur, solange es der öffentlichen Aufmerksamkeit und wirksamer Kontrolle entgeht! Daher ergänzte Hardin die entsprechende Jahrhundert(e)formel des Erfolgs: »Commonize costs and privatize profits – *but don't tell anyone*!« Die Gentlemen hielten sich bedeckt, vermieden es ebenso geschickt wie wohlweislich, auf die insgeheim befolgte Spielregel aufmerksam zu machen. Und so blieb sie den meisten, auch den großen traditionellen Ökonomen wie Keynes (auch etwa Marx!) und der Öffentlichkeit (trotz Lloyds Pionierarbeit von 1832) bis in die sechziger Jahre unbekannt oder wurde als nicht zu berücksichtigende Trivialität (»Externalitäten«!) abgetan. Der allgemeine Topf schien genügend groß zu sein: Die öffentliche Ressource hat(te) scheinbar einen großen Magen, groß genug, um als Allmende von Gemeingütern für beliebige Abzapfungen oder als Müllhalde zur Kommunalisierung von Umweltbelastungen zu dienen und alle ökologischen »Externalitäten« und Belastungen zu verdauen – bis es eben nicht mehr ging, bis das Spielchen öffentlich ruchbar, ja: riechbar, merklich und aufgedeckt wurde. Seitdem ist die ökonomische Rechnungsführung und die Umweltpolitik allenthalben in Nöten, zumal die junge Generation im Gefolge der Studentenrebellion der sechziger Jahre sich dieses bislang verschämt übergangenen oder bewußt versteckten Schandflecks, der schmutzigen Kehrseite manches industriellen Großaufschwungs kritisch annahm. In dem Maße, in dem knapp werdende öffentliche Güter unter wachsame Kontrolle kommen, unter rechtliche Regelungen, wird der Bann und Zwang der »Tragik der Allmende« gebrochen, entdecken die wenigen einstigen Verursacher und Nutznießer der Tragödie diesen Bereich gar als Subventionenakquirierungs- und als neue Marktchance. Umwelttechnik, Umweltökonomie ist »in«: Das Umweltimage muß heute stimmen. Die Tragödie von einst wird heute wirksam (werbewirksam) vermarktet. Vermarktung ist alles, Vermarktung löst jedes Problem – ganz unideologisch versteht sich. Da capo!

Die sozialen Fallen wurden seit Hardins Wiederentdeckung der »Tragödie der Allgemeingüter« und Olsens *Logik kollektiven Handelns* (1965) auch formal, mathematisch-ökonomisch untersucht. Die mathematische Spieltheorie, die ökonomische Nutzentheorie, Entscheidungstheorie – viele formale und normative modellekonstruierende Disziplinen wurden bemüht, um solche und verwandte Dilemmata und Fallen zu analysieren. Man blieb meist im Bereich der Modellanalysen, fand das Gefangenendilemma als Beschreibung oder Illustration der paradoxalen Konstellationen, die rationale Akteure notwendigerweise in eine nachteilige (»defektierende«, nicht kooperierende) Strategie zwängt, weil man den Spielpartner, mit dem man in einer Negativsanktionenkoppelung steht, nicht trauen kann; denn auch er ist ja ein rational-egoistischer Vorteilsmaximierer. Man analysierte die der Tragödie der Allmende verwandten Konstellationen des Schwarzfahrer-Problems (Freerider problem), des Assurance-Problems (das daraus entsteht, daß die ungenügende Sicherheit für die Beteiligung anderer meine eigene Beteiligungsbereitschaft bei der Erstellung eines öffentlichen Gutes oder einer auf freiwillige Beteiligung gegründeten öffentlichen kollektiven Aktion unterminiert), des »Dilemmas der großen Zahl« (von Beteiligten) (Large Number Dilemma nach Buchanan) und des »Stau-« oder »Drängungsdilemmas« (Congester's Dilemma nach Hamburger). Ich selbst habe das Enjoyers' oder Naturalistendilemma der Massennutzung von Naturreservaten beigesteuert. Man suchte nach formalen Auflösungen, z. B. bei Annahme von beliebig vielen Wiederholungen der Spielzüge und Strategiebewertungen, fand aber keine wirklich allseitig praktikablen Lösungen, die nichtutopische Verhältnisse etwa über Informationstransparenz u. ä. unterstellten – oder eben nur hochidealisierte elegante Modellösungen. Empirisch-sozialwissenschaftlich wurde wenig geforscht dazu... Allerdings geriet man in der ökologischen Forschung (Waldsterben, Ozonloch, Umweltverschmutzung von Böden und Gewässern, Luft- und Lärmbelastung usw.) vielen neuen Belastungstrends »in Richtung Desaster« auf die Spur. (Die Verfeinerung der Analytikmethoden und die generell berechtigte, in manchen Einzelfällen übertriebene Sensitivität von Betroffenenbewegungen wie Bürgerinitiativen erhöhten drastisch die allgemeine Aufmerksamkeit und Empfindlichkeit in bezug auf ökologische Gefährdungen.) Allgemein wirkt sich freilich auch eine etwas übersensitive kritische Öffentlichkeit segensreich für die Verbesserung der Umweltzustände aus: Besser etwas zuviel zu tun und sich aufzuregen, als sich zu wenig den Tendenzen des Abrutschens auf der »schiefen Ebene« in Richtung auf eine Ressourcen- und Umweltkatastrophe zu widmen und zu widersetzen! Naturwissenschaftler scheinen typischerweise die Lösung der aufgedeckten Dilemmata von der Politik und dem Management bzw. der rechtlichen Regelung der beteiligten Interessengruppen und der organisierten Interessen bzw. Wertungen zu erwarten. Sozialwissenschaftler dagegen neigten oft dazu, die Lösungserwartungen von politisch derzeit anscheinend nicht lösbaren Fragen auf neu zu entwickelnde Technologien und somit auf die Zukunft zu (ver)schieben. »Beide Wissenschaftsbereiche«, so schreibt Beryl L. Crowe in einem kritisch resümierenden Artikel zu Hardins Ansatz, »können auf diese Weise der Verantwortung ausweichen und ihren jeweiligen Mythos der Kompetenz und Relevanz aufrechterhalten, indem sie der erschreckenden Einsicht aus dem Wege gehen, daß sie möglicherweise unabhängig voneinander genau das gleiche Problem isoliert und ihm nur verschiedene Bezeichnungen gegeben haben. So ersparen sie sich die Erkenntnis der Konsequenzen ihrer jeweiligen Entdeckungen. Indessen befinden sich die wichtigsten Probleme der Menschheit auf dem Abstellgleis...«

Kurz: das Schwarze-Peter-Spiel wird auch zwischen den Vertretern verschiedener Wissenschaftsdisziplinen gespielt – nicht nur unter Politikern. Diese übrigens haben das dilatorische Taktikspiel bis zur Überschreitung der ihnen in ihrer Kurzfrist- und Wahlperiodenmentalität oft freilich kaum einsehbaren kritischen

Grenzen zum desaströsen Trend perfektioniert: ein methodisches Ad-calendas-Graecas-Spiel. Man fordert und finanziert erst einmal eine wissenschaftliche Untersuchung des Problems, die ein Jahrzehnt dauern kann, und verspricht Maßnahmen und Grenzwertfestsetzungen aufgrund der zu erwartenden Forschungsergebnisse. Das Kind mag derweil bereits in den Brunnen gefallen sein. Viele Beschlüsse internationaler Umweltkonferenzen sind von diesem Typ. Ein mächtiger Vetopartner oder für Emissionen verantwortlicher Mitverursacher verschließt sich aus wirtschaftlichen Eigeninteressen oder unter Lobbydruck den dringichsten Einschränkungsmaßnahmen, indem er den Schwarzen Peter den Wissenschaftlern zuspielt: Sollen die erst einmal spielen. »Kommt Zeit, kommt Rat« ist aber heute keine verantwortbare ökologische Strategie mehr. Bei kumulativen, synergetisch wirkenden, u. U. exponentiell wachsenden, weil sich zwangslogisch selbstverstärkenden Mechanismen von der Art der »Tragik der Allmende« ist nach Überschreiten der kritischen Grenze guter Rat nicht nur (zu) teuer, sondern gar nicht mehr zu haben, weil er zu spät kommt: Scheuklappen der angeblich nichtideologischen »Realpolitik«, die sich wieder einmal als kurzsichtige Vogel-Strauß-Politik erweist. Schwarze-Peter-Spiele der Verantwortlichkeiten gehören zu den beliebtesten Politparaden, entlasten zugleich publizistisch wirksam den Spieler, bringen ihm (oder seinem Lande) noch die Vorteile des Nichtkooperierenden im sozialen Dilemma, die er u. U. daraus bezieht, daß eben andere sich an den Abmachungen zum Wohle der Allgemeinheit beteiligen, sich daran halten und dafür zahlen, Opfer bringen oder vergleichbare Marktnachteile in Kauf nehmen. Auch dieses Muster des Verhaltens in sog. »sozialen Fallen« ist modellmäßig gut untersucht – insbesondere für den Fall, daß jemand unentdeckt heimlich Regeln übertritt, welche die Allgemeinheit mit seiner Beteiligung beschlossen hat. Auch in Umweltregelungen internationaler Art zwischen Staaten sind solche Usancen bekannt: Hatten nicht die Tschechoslowakei und die frühere DDR internationale Umweltnormen und -regelungen anerkannt und ratifiziert? Sie sind derzeit aber (immer noch) führende Umweltverschmutzer in Europa...

Kontrollen und Abmachungen allein können die Probleme der beschriebenen sozialen Paradoxa nicht lösen, so notwendig sie sind. (Im übrigen betont auch Hardin [1985, 224] im Gegensatz zu seiner Veröffentlichung von 1968, daß »exzessive Kontrollen ihre eigene Art von Armut«, von tragischer Spirale zum desaströsen Zustand erzeugen.) Hardin (92) hält das Hauptproblem der Allgemeingüter für »psychisch«, »die Konsequenzen freilich sind ethisch, ökonomisch und politisch«. Ist es nur eine Frage der ökonomischen Mentalität, des egoistischen Mehrerwerbsstrebens und des Modells ökonomischer Rationalität des »Economic Man«? Allein dies wäre schon keine bloße psychologische Einordnung – also keine Beschreibung eines rein psychologischen Problems. Und mit bloß psychologischen Methoden ist diesen Dilemmata auch nicht beizukommen. Freilich gibt es auch psych(olog)ische Dilemmata, die hinter diesen Strukturproblemen stecken, die z. T. generell den Überernst und die Hektik des modernen Lebens in der hochenwickelten Industriegesellschaft ebenso paradoxal zwanghaft erzeugen, scheinbar unausweichlich sind – wie die sozialen Strukturzwänge der Konstellationen von der Tragödie der Allgemeingüter. Es sei nur auf Gregory Batesons Deutung der Schizophrenie oder der Entstehung schizoider Strukturen hingewiesen, die unter einer Doppelbindung (»double bind«) entstehen, wenn explizite Mitteilungen systematisch den implizit mitgelieferten Metabotschaften widersprechen. Hardin verwies schon 1968 auf die Parallelität: Öffentlich-intentionale Mitteilung: Androhung öffentlicher Verurteilung bei unverantwortlichem Verhalten. Implizite unbeabsichtigte Metamitteilung: Insgeheim hält man jemanden, der sich rücksichtsvoll an die Spielregeln oder das formell ungeregelte vernünftige Maß hält, für einen Dummkopf, der seinen Vorteil nicht wahrzunehmen weiß oder sich wirklich – auch innerlich – so weit einschüchtern läßt, daß er sich Maßhaltung bzw. Regeleinhaltung auferlegt, während die anderen, die »Cleveren«, die Gemeingüter (natürlich möglichst diskret) ausnützen, ausbeuten. Non-olet-Strategien, soziale Fallen-Konstellationen, psych(olog)ische Doppeldeutigkeiten und Orientierungsdilemmata, die gelegentlich auch – etwas irreführend – »Beziehungsfallen« genannt werden (z. B. in der Übersetzung von Batesons *Ökologie des Geistes*).

Das Paradoxale solcher dilemmaerzeugenden Bindungen und Verquickungen ist auch philosophisch – und nicht nur empirisch – zu untersuchen. Gibt es in der Vielfalt solcher Dilemmasituationen – es wurden Rationalitätsfallen (vgl. Jon Elsters *Subversion der Rationalität*), pragmatische Paradoxien, negative und positive Abwandlungen und Spezialfälle des Gefangenendilemmas sowie »Widersprüche« oder widerstrebende Tendenzen zwischen bewußten und un- oder unterbewußten Regungen, Strebungen und Antrieben beschrieben, auch regelerzeugte Sekundärdilemmata – ähnlich der berühmten Beschreibung der Psychoanalyse durch Karl Kraus: Psychoanalyse – die Krankheit, für deren Therapie sie sich hält. (Ist auch, wie ich früher – nicht ohne Grund und Anlaß angesichts mancher analytisch-philosophischer und anderer Extravaganzen – ironisch schrieb, die Philosophie die Krankheit, für deren Therapie sie sich hält? Wittgensteins späterer, therapeutischer Philosophiebegriff der Heilung von der Verhexung unseres Verstandes »durch« die Mittel unserer Sprache ist ein einschlägiger Anwendungsfall – wobei zunächst völlig offen bleibt, ob das »Durch« sich auf die Verhexung allein oder auch auf die Heilung bezieht. Absichtlich?) Ist unsere abendländische Kultur insgesamt von solcher Struktur, daß Bildung, motivationale Anregung und deren Grundlegung von dieser Struktur sind? Erzeugt unsere hektische, leistungsfixierte, auf Selbstprofilierung und Selbstpräsentation angelegte Kultur so etwas wie die Krankheit, deren Therapie sie zu sein behauptet – oder zu deren Heilung sie antrat? Krankheiten des exzessiven demonstrativen Individualismus in Gestalt gar eines Solipsismus?

Hoimar von Ditfurth sieht ähnliche Paradoxalstrukturen (wie man sie ja – strukturell-tendenziell wenigstens – auch aus der Theorie der Impfimmunisierungen ablesen kann: Man impft den Virus, um die Antikörperbildung zu provozieren; wenn aber die Impfdosis zu hoch ist oder der Impfstoff suchterregend ist – was dann?) auch in der Nahrungsversorgung: »Der scheinbar so einleuchtende und naheliegende Gedanke, die Nahrungsversorgung durch eine grundsätzlich beliebige Erweiterung der Anbauflächen steigern zu können, würde, wenn wir ihm in großem Maßstab folgen, also eine Katastrophe auslösen. Der Fall bildet ein eindrucksvolles Beispiel für ein Rezept, das die Katastrophe, zu deren Behebung es beitragen soll, definitiv herbeiführt.« (Der Autor analysiert in seinem wohl letzten, kurz vor seinem Tode entstandenen Buch *So laßt uns denn ein Apfelbäumchen pflanzen* noch weitere eindringliche Beispiele »perfekt konstruierter Sackgassen«, anthropogener Katastrophentrends aus besten Absichten – z. B. bei den Überdüngungen, DDT- und anderen Pestizidkampagnen, bei Resistenzenentwicklungen gegen Arzneimittel (z. B. Malaria) usw. Er spricht plastisch vom ökologischen »Fliegenfängersyndrom«: Die Fliege auf dem Fliegenfänger wühlt sich strampelnd immer tiefer in den Leim. Bisher hatten wir immer an das aktivisch-optimistische Beispiel des Frosches gedacht, der im Gegensatz zur passiven Kröte im Milchfaß nicht untergeht, sondern strampelnd die Milch zur Butter verfestigt und gerettet ist. Diese typische abendländische Aktivitäts-Erfolgsstory des immer strampelnden, sich unermüdlich abstrampelnden Aktivisten und Hallo-Optimisten, die herkömmliche Lehrfabel des westlichen Überlebenskünstlers, der schließlich immer obenauf schwimmt, hat in vielen Bereichen ausgedient. Sie ist aber immer noch das Credo unserer individualistischen »Leistungsgesellschaft«, die in vielem eher eine »Erfolgsgesellschaft« der immer Strampelnden ist – oder gar in manchen Dingen eine Gesellschaft derjenigen, die geschickt das Strampeln sich und anderen vorspielen, einer Gesellschaft des präsentierten Leistungsscheins (in mehrfachem Sinne: Der Schein bestimmt das Bewußtsein!) als der echten persönlichen Leistung, der Eigenleistung (vgl. mein Buch *Eigenleistung* 1983). (»Die einzige« noch »mögliche Eigenleistung« sei »der Selbstbetrug«, meinte kürzlich ironisch übertreibend meine Assistentin Ekatarina Trimi-Kaleri zu diesem Topos! Generell gesehen hat sie, glaube ich, hier – ausnahmsweise – unrecht.)

Folgen solche nunmehr schon »normalen«, weil hingenommenen, scheinbar hinzunehmenden Paradoxaktionen einem versteckten methodischen Muster, das ich früher einmal in der Logikbegründung aufgedeckt habe, das aber eine viel allgemeinere Verbreitung hat und von Karl-Otto Apel und seinen Schülern gar zu einer pragmatischen Begründung »transzendentalphilosophischer« Ansätze in der Sprach-, Argumentations-, Vernunft- und

Moralphilosophie sowie der philosophischen Handlungstheorie herangezogen wurde: dem Prinzip des Aufweises einer »Petitio tollendi«: Das Prinzip besteht darin, daß man etwa, um beim Problem der Logikbegründung zu bleiben, bestimmte Regeln und Formen praktisch, in der Metasprache wenigstens, schon verwenden muß, um ihre Gültigkeit in der eigentlichen Theorie- oder Objektsprache überhaupt aufheben (oder begründen) zu können. Beispiel: man könnte das Prinzip vom auszuschließenden Widerspruch und die Verneinungspartikel (oder Negationsform) nur dann und dadurch mit Argumenten ablehnen (oder gar nur kritisieren), indem man dieses Prinzip bzw. die Verknüpfungsform der Negation in der Metasprache bereits verwendet. Ohne die Verwendung irgendeiner Verneinungsform, ohne irgendein Prinzip zum Ausschließen von Widersprüchen ist keine argumentativ begründende, geschweige denn deduktiv vorgehende Kritik möglich. Zwar können funktional äquivalente (gleichwertige) Formen oder Regeln diese Aufgabe auf der Metasprachebene erfüllen: Statt einen ganzen Satz zu verneinen, kann ich etwa die Falschheit des Satzes aussagen, also eine semantische Umformulierung der Aussage vornehmen, die funktional dasselbe leistet. (Auch das Widerspruchsverbot läßt sich ersichtlich semantisch durch Verwendung semantischer Prädikate wie »wahr« und »falsch« ausdrücken.) Der Aufweis der pragmatischen Unmöglichkeit des Verzichts auf eine bis auf funktionale Äquivalenz bestimmte metasprachliche entsprechende Regel, Norm oder Form kann als hinreichende Begründung für die Notwendigkeit der Verwendung der objektsprachlichen Form oder eines Axioms angesehen werden. Ohne (eine Art von) Negation keine Kritik. Ohne (eine Art von) Kritik keine Argumentation. Ohne Argumentation keine Begründung. Ohne Begründung keine (begründete) Verwerfung, kein Aufgeben der Negation. Was bei positiven Begründungsversuchen eine Petitio principii, eine Zirkelbegründung, darstellen würde (u. U. auch in pragmatischer Variation und unter Aufstieg zur Metasprache), stellt sich beim negativen Argumentationsversuch als pragmatische Unmöglichkeit, also als Handlungsparadox (wenn auch über unterschiedliche semantische Ebenen) dar: Verwerfe ich das Widerspruchsprinzip oder die Negation begründet (mit Argumenten), so muß ich das zu Verwerfende dennoch in der Metasprache (wenigstens eine funktional äquivalente Umformulierung von ihm) benutzen – zu gerade dieser Verwerfungsargumentation: Petitio tollendi, die implizit notwendige, pragmatisch notwendige Inanspruchnahme dessen, was verworfen werden soll. Eine pragmatische Unmöglichkeit – eine pragmatische Selbstverquickung der Argumentations- bzw. Handlungsmethoden oder -regeln: diese Unmöglichkeit kann als pragmatisch hinreichender Aufweis für die Unverzichtbarkeit, besser: für die pragmatische Unmöglichkeit eines *begründeten* Verzichts des betreffenden Prinzips dienen. Ob man (wie Apel) diese Struktur einer »notwendigen« Bedingung oder pragmatischen Bedingtheit nun als »transzendental« im Sinne Kants (als »transzendentalpragmatisch« hochstilisieren muß, bleibe hier dahingestellt. (Eine bescheidener formulierte pragmatische Notwendigkeit oder Bedingtheit tut es auch.)

Zurück zu den pragmatischen Paradoxien und Fallenstrukturen allgemein. Weisen sie nicht generell eine ähnliche Verquickung auf? Sind die berühmten semantischen Paradoxien und die logischen Antinomien – von der Lügnerparadoxie bis zur Russelschen Antinomie der naiven Mengenlehre bzw. der ungestuften Prädikatenlogik und zur Grellingschen Antinomie (von 1909) des Prädikats »heterologisch« (»nicht auf sich selbst zutreffend«: Trifft das Prädikat »heterologisch« auf sich selber zu? Ja, wenn ›nein‹, nein, wenn ›ja‹ angenommen wird) – mit ihrer Verkoppelung von Negativitäten (und aber u. U. vermeidbaren Selbstbezüglichkeiten) und Handlungsebenen über Metagrenzen und Schichten hinweg von einer ähnlichen Verfaßtheit? Nur daß sich im Pragmatischen und bei selbstbezüglichen Systemanwendungen positive Rückkoppelungen desaströs auswirken, indem sie zu exponentiellen oder hyperbolischen Aufschaukelungen oder gar Explosionen negativer Effekte führen. Die Selbstverstärkung verläuft zumeist andersherum – eben zirkularstimulierend, exponentiell-kumulativ, positiv rückgekoppelt.

Der aus der Geschichte immer wieder auftauchende Appell zum »(End)Kampf für den Frieden« (»Friedenskämpfer«!?), zum letzten Großkrieg, um alle Kriege abzuschaffen, ist ein eindringliches sowie erschreckendes Beispiel einer pragmatischen Paradoxie.

Aber es gibt auch pragmatische Trivialparadoxien, die dem Muster der Lügnerantinomie »Ich lüge« entsprechen – oder der Frage nach Eubulides: »Lügst du, indem du feststellst, daß du lügst?« – einer Frage, die weder mit dem vorigen Satz noch mit dessen Negation widerspruchsfrei beantwortet werden kann.

»Ich spreche (heute) nicht«; »ich sage nichts«; »ich schweige«; »ich denke nicht(s)«; »ich denke, daß ich nicht denke«; »ich halte keinen Satz für wahr«; »ich handle nicht« (und spreche diesen Satz aus); der gesprochene Satz: »Hör nicht zu!« Die schriftliche Mitteilung »Lies diese Zeile nicht!«; »Ich schwöre, daß ich hiermit einen Meineid schwöre!«; »Ich verspreche, heute (nur noch) Falsches zu sagen«, und sage danach, wie Sokrates gesagt hat, nunmehr: »Ich weiß, daß ich nichts weiß!« (»... und nicht einmal das wußte er«, so fügte Metrodoros von Chios, offenbar Ironiker und Paradoxliebhaber von hohen Graden, an). »Man beginnt zu verstehen, wenn man nicht mehr versteht, warum man verstanden hat«, meinte in diesem Geiste mein Freund Roland Simon-Schaefer. Ähnlich hatte schon Einstein sich gewundert: »Das ewig Unbegreifliche an der Welt ist ihre Begreiflichkeit« – ihre relative Begreiflichkeit, muß man wohl ergänzen (aber vgl. den Teilsatz davor!); oder hat die Regel »Keine Regel ohne Ausnahme!« eine Ausnahme? Und diese letzte Frage kann sich ja auch schon auf *Handlungen* beziehen. (Performative Äußerungen bezeichnen *und* enthalten ja Handlungen.) Weitere Handlungsparadoxa sind u. a. die Aufforderungen »Festina lente!«, »Gründen wir einen Anti-Ismus-ismus!«, ein Slogan der Pariser Studenten von 1968: »Das Verbieten ist verboten!« oder das Motto des Dadaisten Tzara, der »aus Prinzip gegen Pinzipien« war. Eine besonders schöne Variante ist diejenige, die Gödels Unvollständigkeitssatz in komplexen axiomatisch geordneten widerspruchsfreien Satzsystemen in der Formulierung von John van Heijenoort darstellt: Der Gödelsche Satz S, der per Gödelzahl in einem die Zahlentheorie enthaltenen Logiksystem enthalten/symbolisiert ist, besagt: S: »Ich bin unentscheidbar.« Wäre S entscheidbar, wäre er falsch – und daher nicht entscheidbar, also unentscheidbar und somit wahr. Unterscheidet man also die Prädikate »wahr« und »entscheidbar«, so zeigt sich die Paradoxie nicht, da auch die Negation des Satzes S (also »Ich bin entscheidbar« sich entsprechend als falsch und unentscheidbar herausstellt). Heijenoort zufolge laufen wir »um die Paradoxie herum, ohne jemals hineinzufallen«, wenn wir zwischen »wahr« und »entscheidbar« unterschieden – oder man könnte auch zwischen »wahrheitsdefinit« und »entscheidbar, beweisdefiniert« unterscheiden wie in intuitionistischen und konstruktivistischen Systemen. Auch um paradoxale Formulierungen in Zwischenfeld zwischen klassisch-logischen und konstruktivistischen Aussagen könnte man so um eine Paradoxie herumlaufen – etwa um die Paradoxie des Satzes S, der besagt: »Ich bin nicht beweisdefinit« oder »Ich bin nicht wahrheitsdefinit«.

Saul Kripke kritisierte die schon von mittelalterlichen Denkern wie Wilhelm von Ockham, Albert von Sachsen und Pierre d'Ailly andeutungsweise vorweggenommene moderne »Lösung« der Lügnerparadoxie durch Russell und Tarski, derzufolge sich die Antinomie durch Ausschluß imprädikativer (selbstbezüglicher, sich selbst prädizierender oder prädikativ sich selbst in ihren Referenzbereich einschließender) Ausdrücke und dementsprechend durch eine typengebundene (»Typentheorie« Russells) oder semantische Stufung auflöst oder vermieden werden könne: Ein Satz kann nur durch einen Satz einer höheren Stufe als wahr oder falsch – oder entsprechend: entscheidbar oder unentscheidbar, wahrheitsdefinit oder beweisdefinit usw. genannt werden. Kripke meinte 1975 mit gewissem Recht, daß es nur einen Begriff »wahr« gäbe und nicht eine unendliche Aufstufung von Wahrheitsprädikaten 'wahr_n', 'wahr_{n+1}'... usw. Die Aussagen der beiden Watergatezeugen Dean und Nixon – nämlich Deans Satz »Alle Aussagen Nixons im Watergatefall sind falsch« und Nixons Satz »Alle Aussagen Deans im Watergatefall sind falsch« erlaubten keine Findung einer Wahrheitswertezuschreibung auf ein und derselben Ebene, der beide Sprecher zustimmen könnten, falls sie beide Sätze so im Watergate-Verfahren ausgesagt haben. Die paradoxen Aussagen haben nach Kripke eben keinen Wahrheitswert – auch nicht den dritten Wahrheitswert einer evtl. dreiwertigen Logik, hieße dieser nun ›unbestimmt‹, ›paradox‹, ›unentscheidbar‹ usw. – Dies bedeutet aber, daß man in der natürlichen Sprache nicht nur das Zweiwertigkeitsprinzip, demzufolge jede deskriptive Aussage entweder wahr oder falsch wäre, aufzugeben hat, sondern auch jegliches umfassendes Bestimmtheitsprinzip, demzufolge jeder deskriptive Satz hinsichtlich seines Wahrheitswertes (einschließlich eventuell dritter, vierter usw. Wahrheitswerte) bestimmt sein müßte. Für natürliche Sprachen ist das natürlich keine sehr einschneidende Beschränkung, da diese ohnehin eine Reihe andersartiger – normativer und nichtnormativer – Sätze enthalten, die keinen Wahrheitswert tragen können, wie z. B. Befehls-, (normative) Bewertungssätze oder Fragen, Bitten usw. Und nur bei Aufrechterhaltung des Prinzips umfassender Wahrheitswertebestimmtheit ergäben sich auch für mehrwertige Logiken die Anschlußparadoxien solcher Sätze wie »Diese Aussage ist falsch oder unbestimmt / paradox« usw.

Charles Parsons hat kürzlich eine weitere, sozusagen »positive« Form der Lügnerparadoxie entdeckt, die er den »Starken Lügner« nennt. Hier behauptet ein Satz die ausschließende Disjunktion zwischen seiner Falschheit und dem Nichtbesitzen eines Wahrheitswerts. Eine Fassung der Paradoxie, zitiert nach Hilary Putnam (1991, 77) besagt:

»(II): Der Satz (II) ist entweder falsch oder hat keinen Wahrheitswert.«

Nimmt man nun an, der Satz (II) habe keinen Wahrheitswert, also

(III): »(II) hat keinen Wahrheitswert«,

dann läßt sich daraus schließen, daß der Satz wahr ist, weil der zweite Teilsatz der ausschließenden Disjunktion wahr ist und der erste Teilsatz, der die Falschheit von Satz (II) behauptet, dem Satz (II) also einen (negativen) Wahrheitswert zuschreibt, falsch ist; denn ein Satz kann nicht zugleich keinen und einen Wahrheitswert haben. Interessanterweise besteht hier also eine positive Einsicht über Wahrheit, die durch ein indirektes Schlußverfahren bestätigt wird und paradoxal die negative Gesamtaussage der ausschließenden Disjunktion, die der Satz selbst bedeutet, aufhebt. Eine andere (vielleicht von Parsons gemeinte oder mitgemeinte) Version einer solchen Paradoxie ließe sich auch konstruieren, wenn man den Satz nicht mit einer *ausschließenden* Disjunktion, sondern mit einer potentiell *einschließenden* Adjunktion formulierte:

(I): Der Satz (I) ist falsch oder hat keinen Wahrheitswert.

Die Annahme, daß der Satz (I) keinen Wahrheitswert hat, führt ebenso zu einem paradoxen Widerspruch – insofern, als eine Adjunktion mit einem wahren Teilsatz selbst wahr ist. Sie besagt ja nur, daß wenigstens ein Teilsatz wahr ist. Man hat also formal, um die gesamte Aussage wahr zu machen, die Möglichkeit, entweder den ersten oder zweiten Teilsatz als wahr anzusehen oder eben beide. Im letzteren Falle wäre eine Spaltung der Suppositionen bzw. Interpretationen des Satzes ein Versuch, dem Problem zu begegnen: Man hätte die Wahrheitswerte entweder auf verschiedenen Sprachstufen unterschiedlich zuzuordnen: auf einer Sprachstufe eben keinen Wahrheitswert zu geben – auf der anderen, etwa der Metastufe darüber, jedoch den Satz als falsch anzusehen. Dies würde besagen, daß man letztlich keine Möglichkeit hat, den Satz generell mit einem positiven Wahrheitswert »ist wahr« zu versehen. Dies aber wäre doch u. a. gerade die Behauptung des Satzes, wenn man von den Sprachstufungen absieht.

Diese neue, weiterführende Version des »Starken Lügners« nach Parsons erscheint mir noch interessanter zu sein, weil sie nicht explizit einen sinnvollen informalen Diskurs über Sprachschichten ausschaltet, wie es Putnam den Positionen von Bertrand Russell und Charles Parsons' hinsichtlich der obersten Metasprache unterstellt. In der Tat könnte man in einem metasprachlich-informalen Diskurs weiterhin über Wahrheitswerte nicht nur bestimmter, sondern aller deskriptiv-theoretischen Sprachen sprechen, ohne vorgreiflich sogleich zu unterstellen, daß die vorläufig pragmatisch als bislang oberste Metasprache ausgezeichnete informelle Sprache dieser Art selbst semantisch geschlossen im Tarskischen Sinne ist, also ihr »eigenes« Wahrheitsprädikat bzw. Aussagen über die Wahrheit der Sätze in ihr enthält. Man kann in dieser Sprache durchaus weiterhin über Sprachen unterer semantischer Ebenen sprechen und könnte sich auch Gedanken über die Wahrheit dieses Satzes in der vorläufig obersten Metasprache machen, was aber bedeuten würde, daß man zugleich eine nächsthöhere metasprachliche Ebene betritt, wenn man diesen Analyseschritt explizit tut. Die Informalität der Sprache ist dadurch ausgezeichnet, daß sie hinsichtlich der Stufung und Formalisierung eben noch nicht endgültig fixiert ist, sondern weitere Aufstufungen nach oben zuläßt. Die Grundidee Tarskis, daß von einem einheitlichen Wahrheitsbegriff für alle Sprachen präzise nicht mehr gesprochen werden kann, ist dabei gewahrt. (Allenfalls könnte man sogar daran denken, die kumulative Möglichkeit einer offenen Aufschichtung von strukturell ähnlichen Wahrheitsprädikaten in einander überlagernden metasprachlichen Stufen nach oben zu umschreiben, wenn die entsprechenden Wahrheitsprädikate formal gleich, aber eben in unterschiedlichen Metasprachschichten definiert werden können; man hätte also die Möglichkeit, durch kumulative, lose schematische oder offene kriteriale Umschreibung einer Definition potentiell beliebig viele Definitionen unterschiedlicher Schichten zugleich zu erfassen, ohne inhaltliche sprachschichtenspezifische Bedeutungsgleichheit zu unterstellen.)

Letztlich läuft alles dies auf die Idee hinaus, daß man in der informalen, jeweils obersten Metasprache Aussagen eben *machen* muß, also performativ durchzuführen hat. Hierbei könnte ein performativer Widerspruch auftreten, daß man etwas auszusagen versucht, was auf einer unteren Stufe als falsch oder ohne Wahrheitswertzuschreibung zu gelten hätte. Mit der Transformation auf eine sprach*pragmatische* Paradoxie, also auf eine Unverträglichkeit zwischen dem Inhalt eines Satzes auf metasprachlich niedriger Ebene einerseits und einer Aus- oder »Durchführung« des Satz(gehalt)es auf der höheren Stufe andererseits wäre ein rein logischer Widerspruch vermieden, indem dieser durch eine handlungspragmatische Mehrdeutigkeit bzw. Offenheit für einen Suppositionswechsel über Metasprachschichten hinweg ersetzt würde. Putnam würde auch diese Lösung sicherlich als einen ebenso »verzweifelten Einfall« werten, »wie Russells ›systematische Zweideutigkeit‹ oder Tarskis ›Sprachebenen‹«. Er meint ironisch (ebd., 82): »Die Paradoxien selber sind allerdings kaum weniger paradox als die Lösungen, zu denen die Forschergemeinschaft der Logiker getrieben wurde.« Wenn man die Idee aufgibt, daß alle Sprachen total wahrheitsfunktional, ja, wahrheitswertemäßig bis ins einzelne, d. h. bis auf jeden einzelnen Satz, durchstrukturiert und belegt sein müßten – eine Idee, die keiner wirklichen Gesprächs- und Argumentationssprache wie der Alltagssprache oder bereinigter Versionen von ihr (etwa solchen ohne semantische Geschlossenheit) entspricht, dann würde man sich ohnehin von einer totalisierenden, ja, geradezu wahrheitswerteimperialistischen Sicht über alle Sprachen befreien. Der Mensch ist kein Wesen, das aus einem »Gottesgesichtspunkt« alle Sprachen und Zuordnungsmöglichkeiten von oben und von außerhalb übersehen könnte – dies auch ist ein wesentlicher Gedanke Putnams –, dafür hat man in Kauf zu nehmen, daß man unter Umständen gelegentlich in performative oder Handlungsparadoxien gerät, also etwas versucht, was sich bei differenzierter inhaltlicher Analyse nicht (einwandfrei und vollständig) durchführen oder behaupten läßt.

Alle die Hierarchisierungs- und Stufungsversuche oder die der unbestimmten Lösungen (Abstempelung der paradoxalen Aussagen als »sinnlos«, »unbestimmt«, »paradoxal«, sei es im Sinne des Verzichts auf eine Wahrheitswertezuschreibung oder durch Zuerkennung eines unentschiedenen Wahrheitswertes) ähneln, wie der Mittelalterspezialist und Logiker Paul v. Spade aufwies, sehr den bereits im Mittelalter angedeuteten Lösungen des Selbstbezüglichkeitsverbots bzw. der Cassatio-Deutung (Verzicht auf Wahrheitswertezuschreibung).

Ist man also noch nicht viel weiter, als die mittelalterlichen Logiker selbst in ihren allerdings sehr viel skizzenhafter anmutenden und nicht auf logische Formaltechnik gegründeten Versuchen waren? Für die natürliche Sprache scheint das so zu sein, wenn man zugleich das Prinzip der Nichtstufung der Sprache, der durchgängigen Wahrheitswertbestimmung für deskriptive Sätze und eine korrespondenztheoretische Auffassung des Wahrheitsbegriffes beibehält. Ich denke aber, daß alles dies zuviel verlangt ist. Die Alltagssprache *ist* eben nicht perfekt durchstrukturiert, was die Wahrheitswertezuordnungen – und auch die meisten anderen Aspekte – betrifft: Das Prinzip der durchgängigen Zweiwertigkeit oder der generellen Wahrheitswertebestimmtheit überhaupt kann für diese Sprache nicht erhoben werden! Jede derartige Bestimmung veränderte die Alltagssprache zu einer logisch-technisch modifizierten, sozusagen: logisch teilregulierten Variante. Was allerdings für viele Zwecke sinnvoll sein kann (und so ließen sich auch Verzichte auf Wahrheitswertezuschreibungen bzw. die Einführung weiterer Wahrheitswerte wie ›unbestimmt‹/›paradox‹ usw. zulassen bzw. rechtfertigen). Auch die semantische Stufung in Metasprachenebenen zur Vermeidung der Imprädikativitäten bei der Ausdruckseigenschaftsklassifizierung (wie ›heterologisch‹) oder der implikativen Selbstreferenz von Sätzen ließe sich so vertreten. Die Alltagssprache ist vage, läßt alle möglichen Arten von Vieldeutigkeiten und widersprüchlichen Konstruktionen und Argumenten zu. Ihr eine vollformulierbare formale Logik einfach einzuverleiben oder zu unterstellen, das wäre ein im wahrsten Sinne utopisches Unterfangen. Man kann den Fisch nicht fangen, der nicht im Flusse ist. Insofern sind alle logischen Zusatzforderungen, logifizierenden Interpretationen der Alltagssprache per se Konstruktbildungen, welche die Umgangssprache sozusagen denaturieren. Und man hat stets eine Wahlmöglichkeit, nämlich sich zwischen unterschiedlichen, hinsichtlich der Paradoxienvermeidung idealerweise gleichwertigen Modifikationsversuchen zu entscheiden. Das gilt natürlich nicht nur für die deskriptiven Einordnungsversuche bei paradoxieerzeugenden Ausdrücken wie »heterologisch«, sondern auch für performative und pragmatische Paradoxien sowie für paradoxieträchtige Sprechhandlungen. Das zeigt sich schon darin, daß das Aussprechen eines die Lügnerparadoxie repräsentierenden Satzes eine *Handlung* ist. Man kann also Handlungen ausführen, deren Verständnis paradoxal ist, zu verschiedenen einander widersprechenden oder einander ausschließenden Deutungen führt, wie die (nach Spade von Falletta in seinem Büchlein *Paradoxon* erwähnte) Version des »Lügners« aus dem 11. Jahrhundert schon zeigt: »Nehmen wir an, Sokrates schwört, daß alles, was er zu Ihnen sagt, falsch ist, und daß er nach einiger Zeit ankommt und zu Ihnen sagt: »Du bist ein Stein«, »dann sagt Sokrates« stellt Faletta fest, »im Hinblick auf einen Schwur, daß er nur Falsches sagt, die Wahrheit; also spricht er die Wahrheit. Ebenso kann man behaupten, daß Sokrates lügt, weil er etwas Falsches sagt. Also *kann ein und dieselbe Person gleichzeitig lügen und die Wahrheit sagen*« (meine Hervorhebung). Zunächst ist wohl bei dieser Wiedergabe zu spezifizieren, daß Sokrates den Schwur nicht »Ihnen« – der in der Schilderung angesprochenen Person – gegenüber durch Aussprechen des zitierten Satzes getan haben kann bzw. daß sich zumindest der Schwur nicht auf diese Schwuransage selbst mitbeziehen kann; denn sonst wäre die Schwuraussage selbst von vornherein falsch, und die Paradoxie käme nicht so zustande, da Sokrates dann mit einer Falschaussage geschworen hätte: Entweder wäre es ein Falschschwur (Meineid) oder eine unbewußte Falschaussage – in beiden Fällen könnte sie nicht dazu führen, daß der Satz »Du bist ein Stein« »im Hinblick auf seinen Schwur« wahr wäre. Die performative Paradoxie träte nicht auf. (Dennoch würde sich die abgewandelte Paradoxie daraus ergeben, wenn man Sokrates nur nicht-performativ *voraussagen* [feststellen] läßt, daß er Ihnen nur falsche Sätze mitteile[n werde]; denn sowohl diese Voraussagen selbst als auch der Satz über die Steineigenschaft von Ihnen im Hinblick auf die Voraussage wären wahr.)

Sprechhandlungen lassen also perspektivisch verschiedene, u. U. gar hinsichtlich ihrer Wahrheit einander gegensätzliche relative Deutungen zu. Daran ist wohl nichts Ungewöhnliches – und der scheinbar paradoxale Eindruck beruht nicht auf einem wirklichen Widerspruch, sondern auf der gleichzeitigen Aktivierung beider Perspektiven: Die oben erwähnten Strukturen des »Double bind«, der unausgesprochenen »Metamitteilungen« bei Bateson und in Hardins Anwendung auf die Tragödie der Allgemeingüter zeigen dies. Man kann ja auch mit Gesten dem gleichzeitig Gesagten widersprechen – sozusagen auf der Metaebene der nichtverbalen Kommunikation die Botschaft des Gesprochenen bewußt oder unbewußt aufheben: Bewußte, aber versteckte Insinuierung als eine heimliche Nebenmitteilung an jemand anders und auch Freudsche Fehlleistungen oder Versprecher können dies exemplifizieren. Mehrfachbotschaften können einander widersprechen oder sich gar widerrufen. Daran ist wohl nichts wirklich Widersprüchliches – trotz allem paradoxalen Schein. Handlungen sind zudem, wie ich mehrfach nachgewiesen habe, stets interpretationsgeladen, interpretationsabhängig und somit an Deutungsperspektiven gebunden. Wie bei einer optischen Kipptäuschung kann man die Perspektive wechseln und hat dementsprechend eine andere, u. U. gegensätzliche Handlung(sdeutung) aus der Beobachter- oder Interpretenperspektive. Interessante Fragen stellen sich hier nur insoweit, als zu diskutieren wäre, ob man mehrere, etwa gerade zwei gegensätzliche Perspektiven zugleich einnehmen oder aktivieren kann. (Das ist im Optischen sehr schwer, aber in Ausnahmefällen möglich – etwa bei zusammengekniffenen Augen kann man ein sonst kippendes Neckerwürfel-Muster mit scheinbar entweder vorspringenden oder rückwärts eindringenden Ecken als die unentschiedene zweidimensionale Figur, die sie ja auch ist, sehen; zwei Perspektiven-Kippgesichter kann man mitunter beide gleichzeitig sehen.) Die relative Handlungsdeutung nach verschiedenen Perspektiven ist deswegen leichter möglich, weil die Handlungsinterpretation durch Denken, Worte und Verstehensprozesse (*Anwendung* der Perspektiven) nacheinander, sukzessiv, und also in gewissem Sinne somit »disjunktiv« (besser: operational) stattfinden müssen, ohnehin insofern nicht gleichzeitig stattfinden, sich aber durchaus auf die »gleiche« Handlung zur selben Zeit (besser: auf dasselbe Ereignis, das als Handlung interpretiert wird) beziehen können. Im zitierten Fall lügt Sokrates und erfüllt zugleich seinen Schwur bzw. seine Voraussage, also spricht er *insoweit* wahr.

Könnte dieses Muster von konkurrierenden Handlungsinterpretationen aus der Beobachterperspektive als von allgemeiner Bedeutsamkeit für performativ-pragmatische Handlungsparadoxien genommen werden? Ich denke, in gewissem Sinne durchaus. Allerdings sind spezielle Fälle zuvor auszuschließen oder gesondert zu betrachten: nämlich die Selbstinterpretationsperspektive. Nicht nur der Beobachter interpretiert Handlungen, konstituiert diese durch Interpretation in Abhängigkeit von (mindestens) einer Perspektive. Auch der Handelnde selbst tut dies stets. Und hier ist die Frage verzwickter: Kann ein Handelnder eine genuin paradoxe Handlung ausführen, indem er zwei gegensätzliche Perspektiven der Handlung(sinterpretation) gleichzeitig aktiviert – auch absichtlich? Placebos, so hat man empirisch bestätigt, wirken auch dann, wenn man weiß, daß es bloße Placebos sind!

Könnte Sokrates zugleich Lüge und Wahrheit mit seinem Satz »Du bist ein Stein!« ausdrücken wollen? Ich denke durchaus. Durch den Satz, in direkter (objektsprachlicher) Bedeutung genommen, sagt er (bewußt) etwas Falsches, lügt also. Durch das Äußern einer bewußt gemachten/intendierten Falschaussage gibt er im Sinne einer Metamitteilung zugleich (in der gleichen Handlungsdurchführung, in dem Aussprechen desselben Satzes) zu verstehen, daß er seine(n) Schwur (Voraussage) erfüllt, also wahr gemacht hat. Ist die Metamitteilung als *gesonderte* Handlung zu verstehen? Oder handelt es sich nur um eine Handlung, die unterschiedlich eingebettet, perspektivisch interpretiert wird? Nimmt man die These von der Interpretationskonstitutivität der Handlungen ernst, so könnte es sich allenfalls um *ein* Handlungs(grund)-ereignis, aber nicht um ein und *dieselbe* Handlung handeln; denn die Auszeichnung einer Handlung ist von der Einnahme einer Interpretationsperspektive abhängig. Führt also Sokrates durch das Äußern *eines* Satzes *zwei* im paradoxalen Gegensatz zueinander scheinende Handlungen gleichzeitig aus? Die Perspektivität der Handlungen, ihre notwendige Interpretationsgebundenheit eröffnen natürlich einen Graubereich der beliebig vielen Handlungen, die aus einem Handlungsereignis durch beliebig viele hinzukommende oder herangebrachte Interpretationsperspektiven erzeugt werden: ein Problem, das um die Handlungstheorie von Goldman schon vor über einem Jahrzehnt diskutiert wurde. Versteht man Handlungen auch rein ontologisch, dann verwikkelt man sich in einen dem Modalitätenzauber der Tradition entsprechenden prinzipiell grenzenlosen Vervielfältigungsprozeß, der in der philosophischen Diskussion der Modalitäten, Modallogiken und Möglichkeitsontologien wiederholt erörtert und abgelehnt worden ist: Wie viele (mögliche) »Engel sitzen können auf der Spitze einer Nadel? Wolle dem dein Denken gönnen, Leser sonder Furcht und Tadel«. Morgensternsche Vision – Christian Morgenstern, nicht Oskar, versteht sich! In der Tat klingen die obigen Distinktionsmöglichkeiten ähnlich scholastisch-mittelalterlich wie die tatsächlichen alten Quellen und Diskussionen entnommene Frage Christian Morgensterns. Deshalb Schluß damit hier! Wichtig ist, *daß* Handlungen notwendig nur in Abhängigkeit von Interpretationsperspektiven beschrieben, erfaßt, konstitutiert werden können. Man sollte sie daher nicht bloß rein ontologisch verstehen – als schlechthin in der Welt (interpretationsunabhängig) existierende Entitäten: Handlungen sind, weil interpretativ, semantisch geladen, sind Interpretationskonstrukte, oder die Handlungsereignisse sind so innig mit Interpretationen verbunden, ohne diese nicht (er)faßbar, daß sie nicht isoliert davon als ontische Ereignisse/Entitäten zu verstehen sind.

Insofern gehören Metamitteilungen generell zum Handlungskontext. Manchmal mögen sie – insbesondere bei unbewußten

Mitgesten, bei Tunsprozessen (nach Groeben, also bei nichtintentionalen Quasihandlungen) usw., unlösbar in die Handlung eingebunden sein. Manchmal hingegen mag es zweckdienlich oder sinnvoll sein, die durch die Metamitteilung spezifizierte Transformation – etwa einer Geheimbotschaft, wie bei einem das wörtlich Gesagte aufhebenden oder ironisch relativierenden Augenzwinkern – als gesonderte Handlung aufzufassen (die ja auch an jemand anders adressiert sein kann als die öffentlich intendierte oder präsentierte Handlung).

Im übrigen sind die Interpretationskonstrukte selbst offen und variabel hinsichtlich ihrer Abgrenzungen. Es hängt möglicherweise von Zwecken der Analyse (etwa der Rasterungs- und Verständnisfeinheit) und der perspektivischen Einbettung ab, ob man die Interpretationsperspektiven gröber oder feiner voneinander abgegrenzt wählt bzw. absteckt.

Das methodologische Modell der konstruktgebundenen Handlungsanalyse ist selbst von der Art eines Interpretationskonstrukts – eines erkenntnistheoretischen, somit höherstufigen, also metatheoretischen Interpretationskonstrukts. Letztlich ist sogar die interpretationskonstruktionistische Methodologie selbst ganz allgemein ein interpretatives Konstrukt, ein Metainterpretationskonstrukt, wie ich in den Vorlesungen (WS 1989/90 und SS 1990) über »Einführung in die Interpretationsphilosophie« und »Realität und Interpretation« gezeigt habe. Die interpretationistische Deutung läßt es zu, daß man die interpretationskonstruktionistische Methodologie paradoxienfrei auf sich selber anwenden kann. (Ähnliches gilt z. B. für die Methodologie des umfassenden Kritischen Rationalismus nicht!)

Zurück zu den performativen »Widersprüchen« und Handlungsparadoxien! Sie können, wie das Sokrates-Beispiel schon zeigt, auch in dialogischer Situation auftreten – in echter Wechselaktion, als in der zitierten mittelalterlichen Fassung unterstellt. Ein besonders schönes Beispiel ist die auf der nächsten Seite beigefügte Gesprächskarikatur von Tomaschoff, nach der erst der *Reagierende* in *ein* und *derselben* Äußerung die je nach Perspektive unterschiedlichen Mitteilungen/Metamitteilungen gibt. Kann er mit ein und demselben Sprechakt, mit der Äußerung des Wörtchens »Nein«, gleichzeitig auf der Ebene des vom Auffordernden

Gemeinten – also generell – *und* auf der situationalen Handlungsebene des Aufforderns, also als Ablehnung der Aufforderung reagieren? In der Tat: Er kann es. Ganz im Gegensatz zu der bildlichen Darstellung scheint der Antwortende ein raffinierter spitzfindiger, geradezu spitzbübischer Angestellter zu sein, ein Paradoxologe hohen Grades, der zwei einander widersprechende Mitteilungen höchst bewußt und artifiziell konzipiert, durch *eine* Sprechhandlung (oder in *zwei* Sprechhandlungen auf verschiedenen Ebenen?) von sich gibt. (Man kann die Situation natürlich auch als paradoxologischen Zufall deuten. Dann würde – eher dem Unterwürfigkeitsbild entsprechend – nur rein zufällig die Dialektik der paradoxen Mitteilungen entstehen!)

Methodologisch interessant ist bei der Situation – zumal, aber nicht *nur* in der ersteren Deutung –, daß kein Unterschied zwischen einer Haupt- und einer Metamitteilung gemacht werden kann. *»Double bind« kann also auch ohne versteckte Metamitteilungen zustande kommen / gegeben sein und bewußt inszeniert werden.* Gilt dies allgemeiner? Offensichtlich! Beispiele wären zu finden und zu analysieren. (Im übrigen gilt die Aufforderung – der Bedeutung nach – auch für vielgewünschte wissenschaftliche Vortragsredner [wie etwa auch mich], die so viele Einladungen zu Vorträgen, Manuskripten, Interviews und Ehrenämtern oder anderen halboffiziösen und [re]präsentativen »Verpflichtungen« erhalten, daß sie aufgrund der Menge von Einladungen, Aufforderungen, Zumutungen, Bitten und »ehrenvollen« Verführversuchen die der schamhaft oder beschönigenden versteckten Eitelkeiten von der eigenen Bedeutsamkeit durchaus schmeicheln, den Betroffenen [im doppelten Sinne des Wortes jetzt!] vom eigentlichen Denken, vom Eigendenken, vom wirklich denkerischen Eigenleisten völlig ablenken würden, würde er auch nur den größeren Teil der Einladungen annehmen! Daher muß er sich, muß ich mich angesprochen fühlen: »Sie müssen lernen, ›nein‹ zu sagen!« Ja, in der Tat – und konsequent. M. E. ist mir das jetzt sehr deutlich geworden...)

Dieter Wandschneider hat kürzlich (1990) – ähnlich wie vorher schon Kutschera (1964) – nachzuweisen versucht, daß die Selbstbezüglichkeit (vornehmer: »Selbstreferentialität«) der Gödelaussage der entscheidende Transmissionsriemen für das Gödelsche Unbeweisbarkeitstheorem sei. Die Kritiker der These haben in der neuen Diskussionszeitschrift »Ethik und Sozialwissenschaften« z. T., wie früher schon Stegmüller und zumal Gödel selber, hervorgehoben, Selbstbezüglichkeit der Gödelaussage spiele keine (entscheidende) Rolle, sei für die Gewinnung des Ergebnisses unnötig und durch Arithmetisierung und syntaktische Verfahrensanwendung zu eliminieren. Zum anderen Teil wird darauf verwiesen, daß zwischen *semantischer* Selbstreferentialität und »syntaktischer« (syntaktisch vermittelter) Selbstbezüglichkeit durch das Arithmetisierungsverfahren zu unterscheiden sei. Das ist sicherlich richtig und sinnvoll: Eine *semantische Selbstreferentialität* wäre gegeben, wenn eine Aussage ihrer Bedeutung nach etwas über sich selbst aussagt und, wie Wandschneider hervorhebt, die inhaltliche Aussage des Satzes über eine Eigenschaft des Satzes geht oder an diese »gekoppelt« ist (unklar bleibt, ob diese Koppelung sekundär, durch syntaktische Zuordnungsverfahren und deren artifizielle Interpretation »von außen« – wie bei der Gödelschen Arithmetisierung – hinzugefügt sein kann). *Direkte* semantische Selbstreferentialität könnte man als eine solche verstehen, die diese Bindung des Inhalts an die Eigenschaft des Satzes/Ausdrucks umittelbar enthält, was nur durch Bedeutungsanalyse des Satzes/Ausdrucks, ohne zusätzliche syntaktische Transformation und Zuordnung, enthüllt werden kann: also nur durch semantische Dekodierung (ohne weitere syntaktische Manipulation).

Es ist für unseren Zusammenhang nicht interessant, ob Gödels Ergebnis und seine entsprechende Aussage nun *direkte semantische* Selbstreferentialität zeigen oder nicht (d.h. daß nur bzw. schon erweiterte *syntaktisch* herzustellende, freilich auch Verfahrens- und Zuordnungs*deutungen* erfordernde Selbstbezüglichkeit das Ergebnis garantiert: ich denke, dies ist der Fall). Die relevante Frage hinsichtlich der paradoxen Aussagen im Zusammenhang der performativen und pragmatischen Aussagen ist, ob direkte semantische Selbstreferentialität erforderlich ist für das Zustandekommen der Paradoxie. (Daß eine solche nicht hinreichend ist, ergibt sich unmittelbar aus der Möglichkeit i.e.S. performative Aussagen wie »Ich schwöre...«, »verspreche hiermit« [durch das Äußern dieses Satzes im relevanten Kontext], ohne daß ein paradoxaler Charakter auftritt.) Wandschneider vermutet, daß bei paradoxen selbstreferentiellen Aussagen notwendig eine Negativformulierung eingehen muß, wie dies ja bei allen Fassungen der Lügnerparadoxie und verwandter Paradoxien der Fall ist (wobei wiederum der Zusatz »bis auf funktionale Äquivalenz« einzufügen ist, da man Negationen z.B. etwa durch metasprachliche Falschheitsattestierung ausdrücken bzw. umschreiben kann). Ist bei paradoxen Handlungen direkte semantische Selbstreferentialität erforderlich – und eventuell Negativität –, damit das Paradox zustande komme? Sicherlich muß man sprachgetragene, durch performative Äußerungen im engeren, verbalen Sinne vollzogene oder zu vollziehende Handlungen besonders behandeln und möglicherweise von allgemeineren Selbstbezüglichkeitsdarstellungen bzw. nichtverbalen Paradoxhandlungen abtrennen: *Semantische* Selbstreferentialität – und zumal *direkte* – ist an das Verbale gebunden, soweit man »semantisch« i.e.S. versteht. Doch dies muß nicht, wird nicht für alle selbstbezüglichen Handlungen gelten: Wenn in Eschers bekannter Zeichnung seine beiden Hände sich gegenseitig selbst zeichnen, ist dies eine nichtverbale, aber zeichenvermittelte Darstellung einer »unmöglichen« Handlung. Wie wäre diese als Darstellung einer paradoxen Handlung zu interpretieren? Wohl ähnlich wie oben die dialogische Situation der Aufforderung: »Sie müssen lernen, ›Nein‹ zu sagen!« Nur daß hier keine Negativformulierung hereinkommt, um die Paradoxie mitzuformulieren. (Negativitätsausdrücke sind sprachlich, können rein handlungsartig allenfalls durch abwehrende Handlungen oder intentionale, bewußt(e) geplante Unterlassungen dargestellt / vertreten / gedacht werden.)

Was macht eine Handlung paradox? Kann rein äußerlich eine Aussage der mit ihr verbundenen Handlung widersprechen? Gibt es echte pragmatische Widersprüche zwischen Handlungen und Aussagen? Der gesprochene Satz »Ich sage, spreche heute nichts!« ist pragmatisch paradox – »gegen die Meinung« (das heißt ja »paradox« ursprünglich), gegen die Bedeutung, die in ihm, durch ihn im betreffenden Anwendungskontext ausgedrückt ist. Was, wem soll der Hörer glauben? Der Tatsache des Ausgesagtseins und der mit dieser übermittelten unausgesprochenen, aber durch Handlung vollzogenen Metamitteilung, die notwendig zumindest jenen Inhalt umfaßt, daß vom Sprecher eine Aussage, eine Sprechhandlung ausgeführt worden ist – im Widerspruch zum Inhalt der getätigten Aussage (nach dem Absehen von allen Interpretationsfehlern und Mißdeutungsmöglichkeiten)? Oder dem Inhalt der getätigten Aussage? Wohl kaum das letztere, wenn die Aussage gemacht, die Sprechhandlung vollzogen ist, also die Tatsache nach bestem Wissen und Common-sense-Verständnis nicht mehr bezweifelt werden kann. Insofern haben Handlungen, Fakten, Geschehenes einen Unbezweifelbarkeitsvorrang gegenüber bloß mitgeteilten Bedeutungen. Satzinhalte können nichtbestehende, nichteingetretene, ja, unmögliche Sachverhalte und Situationen beschreiben – unbemerkt vom Sprecher – oder ihm bewußt. Der Sprecher kann lügen, etwas vortäuschen, sich täuschen mit seinem Feststellungssatz. Insofern wird ihm zunächst weniger Vertrauen geschenkt als einer Tatsachenkonstatierung mit eigenen Sinnen – soweit relativ sicher ist, daß keine Sinnes- oder Deutungstäuschung involviert sein kann. (Zwar unterstellt die Normalsituation des Gesprächs dem Dialogpartner zunächst vertrauensvoll, daß er richtige Behauptungen oder erfüllbare Versprechungen usw. ausspricht – eine Art dialogisches Grundvertrauen, ein methodologisch-kommunikatives Wohlwollen, ein »Charity-Prinzip« (wie jenes von Wilson und nach ihm von Quine und Davidson für die Problematik der Unbestimmtheit von Übersetzungen und Interpretationen verwendete) ist notwendige Voraussetzung für jede gelingende Kommunikation; selbst eine »funktionierende« Lüge setzt ein minimales gemeinsames Verständnis und ein entsprechendes »Wohlwollen« (?), besser: einen Verständniswillen bei den Beteiligten (mehr beim Belogenen als beim Lügenden, aber doch in einem Minimalmaß bei beiden) voraus. Ohne eine solche Hypostasierung keine Verständigungs-, keine Übermittlungsmöglichkeit – kein, wenn u. U. auch nur verzerrt, minimal »funktionierendes« Gespräch überhaupt. Irreführung durch Lüge ist auch eine – wenn auch verzerrte, degenerierte Kommunikation! Doch wenn es offensichtlich ist, daß die implizierte Metamitteilung einer Äußerung deren Gehalt widerspricht, den Inhalt gleichsam Lügen straft oder als unbewußt falsch oder fehlerhaft entlarvt, dann ist die Wohlwollenshypostasierung der bereitwilligen Verständnisvereinbarung schnell unterminiert: Der Verdacht der Vertrauenserschleichung oder eines einseitigen »Vertragsbruches« bei der als beiderseitig unterstellten Verständigungsbereitschaft und des entsprechenden Wohlwollens bzw. bei der mit dem Gesprächsbeginn signalisierten Wohlwollenshypostasierung stellt sich ein. Tatsachen kann man im strikten Sinne nicht rückgängig machen, wenn Fehldeutungsmöglichkeiten ausgeschaltet sind. Man sucht also entweder nach eigenen Interpretationsfehlern, Sinnestäuschungen oder sonstigen Entstellungen oder Verzerrungen – oder man entzieht dem Gesprächspartner das übliche Grundvertrauen, auf das man mit dem Dialogbeginn zunächst rekurriert hatte. Hypostasierungen, methodische Annahmen und übliche Unterstellungen von Täuschungsunwilligkeit usw. lassen sich viel leichter revozieren als relativ gesichert erscheinende Tatsachenfeststellungen und Sinneswahrnehmungen. (Die Verabsolutierung des Vertrauens auf die letzteren war der Grundfehler des dogmatischen Positivismus. Absolute Sicherheit gibt es auch nicht bei und für Tatsachenwahrnehmungen. Alle methodischen Hypostasierungen zur Sicherung sind relativ und komparativ zu treffen, sind daher stets wieder zu überprüfen – besonders im Konfliktfall.) Sätze / Aussagen / Inhalte / Sachverhalte können nur mit ebensolchen symbolisierten bzw. symbolisierenden Inhaltsträgern, also wieder allein mit Sätzen / Aussagen / Sachverhalten im Widerspruch stehen – nicht direkt mit Handlungen. Als Handlung kann eine Lügenaussage ohne weiteres durchgeführt werden, sie ist nicht einmal ungewöhnlich, sondern eher sind die bewußten (oder auch die unbewußten) Lügen (oder gar Selbsttäuschungen) endemisch zu nennen. Sie sind keineswegs absurd oder direkt widerspruchsvoll. Die pragmatischen (Sprech-)Paradoxien, die (Sprech-)Handlungsparadoxien zeichnen sich dadurch aus, daß die impliziten Metamitteilungen, die in ihnen verborgen, durch sie bzw. durch ihre Beschreibung oder Ankündigung mitsignalisiert sind, dem Satzsinn (oder dem Handlungsziel) widersprechen. Die pragmatischen Paradoxien erwecken durch Satzsinn oder vorgestellte Handlungsintention den Anschein, eine normale Gesprächs- oder Handlungssituation liege vor, in der das Grundvertrauen zur Verständnis- und Verständigungswilligkeit des Partners wie üblich in unverzerrten Dialogen und Kommunikationssituationen unterstellt werden kann / darf. Doch es zeigt sich schon durch die Durchführung der Signalhandlung, der Informationsbotschaft oder in deren Einbettung in den Kontext, daß dieser Schein nicht erfüllt oder gar nicht erfüllbar ist. Im letzteren Fall der Nichterfüllbarkeit kann etwa schon aus situations- oder handlungslogischen Gründen diese Unmöglichkeit unmittelbar eingesehen werden – wie in dem Satz des John Cage »Ich sage nichts, das aber sage ich!«. Die Verwicklung in Sprechhandlungsparadoxien oder generell in Handlungsparadoxien ist nicht in dem Sinne unmöglich, daß diese nicht konzipiert, beschrieben oder sprachlich bezeichnet werden könnten. Sie sind sogar in paradoxen Handlungen darstellbar. Anders als bei Widersprüchen oder widerspruchsvollen bzw. absurden Aussagen oder Gegenständen der Formalwissenschaft (also der Logik und Mathematik) ist eine Darstellbarkeit in der symbolischen Praxis möglich. Ein viereckiger Kreis läßt sich nicht konstruieren, allenfalls sprachlich durch eine den Widerspruch enthaltende Symbolkombination bezeichnen, benennen. Eine paradoxe oder absurde Handlung läßt sich ausführen, soweit sie nicht im engeren Sinne logisch oder naturgesetzlich unmöglich ist. Sie ist, wie gesagt, dadurch charakterisiert, daß zwei in ihr oder in ihrer symbolischen Repräsentation enthaltende Mitteilungen/ Informationen miteinander unvereinbar sind. Handlungspragmatische »Unmöglichkeiten« sind also oft (wenn sie nur in diesem weiteren Sinne »absurd« oder »paradox« sind) keine logischen Unmöglichkeiten, sondern offener: Einander widersprechende Teilmitteilungen sind möglich: Insbesondere kann eine situational erst zu dekorierende Metamitteilung, die der Satzbedeutung oder dem Handlungssinn, -ziel widerspricht, mit der Sprechhandlung oder Darstellungshandlung »transportiert« werden oder implizit in ihr enthalten sein.

Die Forderung, solche Handlungs»widersprüche«, besser: pragmatischen Paradoxien oder Unsinnigkeiten zu unterlassen, ist eine *ideale* Forderung, wie übrigens auch logische Widerspruchsfreiheit im realen Denken und Forschen ein normatives Ideal von Standardisierungs- oder Idealforderungscharakter ist. Faktisch, real lassen sich manche absurden Handlungen durchaus ausführen: Es ist eine Frage der Interpretation, ob sie als zulässig unter dem normativen Ideal der Kommunikation, der widerspruchslosen Kombination der Mitteilungen usw. gewertet werden können. Es handelt sich also um eine Interpretation, um die in der Hypostasierung der impliziten Verständigungsregeln und in »Wohlwollens«projektionen »konstruierten«, konzipierten, zugemuteten, »immer schon« – auch beim Dialogpartner – als anerkannt unterstellten Normakzeptierungen, die z. B. Karl-Otto Apel (z. B. 1976) zu seiner »transzendentalpragmatischen Reflexionsperspektive« bei der universalpragmatischen philosophischen Analyse des Sprach- und Dialogverstehens sowie etwa auch der Diskursethik führten. Wenn er betont, daß die transzendentalpragmatische Reflexion nur die »transzendental-normativen« Bedingungen in Gestalt des »impliziten Regel-Wissens« und der Annahme der Normen der Kommunikation sowie der »kommunikativen Kompetenz« (nach Habermas) untersucht, »die wir bei uns selbst und allen nur denkbaren Kommunikationspartnern immer schon *notwendigerweise* a priori voraussetzen« (Apel 1976, 119), so hat diese Formulierung trotz aller Normativitätsforderung doch noch etwas Faktisches an sich: »immer schon... voraussetzen«. Das empirische Voraussetzen der Bedingungen in faktischen Dialogen ist aber gerade nicht gemeint, wie ja die Betonung der normativen Bedingungen a priori zeigt, sondern es handelt sich um universale Idealforderungen für eine gelingende Kommunikation. Die Orientierung an solchen Normen wird durch die oben erwähnten Hypostasierungen (der dialogischen »Wohlwollens«-Projektion usw.) angedeutet, signalisiert, zugemutet, aber sie muß nicht realisierbar sein.

Es ist auch nicht klar, ob die Erfüllung solcher Bedingungen eine notwendige Voraussetzung einer *realen* (gelingenden) Kommunikation sein muß. Apel spricht von den Bedingungen der Möglichkeit jeglicher Kommunikation, ohne überhaupt zwischen idealen reflexiven Sollforderungen, notwendigen und hinreichenden Bedingungen dieser und den entsprechenden Kriterien realer Kommunikationsversuche zu unterscheiden. Eine Lüge ist für ihn keine gelungene (reale) Kommunikation – was meines Erachtens in dieser Alles-oder-Nichts-Radikalität falsch ist. Entscheidend ist wohl, daß selbst bei einer Lüge, soll überhaupt eine Minimalkommunikation stattfinden, ohne welche selbst eine Lüge nicht »effektbringend« sein könnte, *faktische* notwendige Minimalbedingungen der Kommunikation i. S. einer zwar einseitig fehlinterpretierten, aber doch zweiseitig, wenn auch in unterschiedlichen Deutungen, als erfüllt vorauszusetzen sind. (Das würde Apel sicherlich zugestehen.) Eine echte, nicht verzerrte, nicht täuschende Kommunikation setzt natürlich mehr an Gemeinsamkeiten voraus, z. B. die weitgehende Gleichheit der Echtheitsdeutung bei beiden Partnern. Die Erfüllung notwendiger Bedingungen für die faktische »erfolgreiche« Ausführung der Kommunikation kann also Gradabstufungen oder Vergleichsgesichtspunkte und Verhältnismäßigkeiten aufweisen, die in der Alles-oder-Nichts-Auffassung nicht berücksichtigt sind. Den Transzendentalpragmatikern geht es aber wohl um mehr – um die prinzipielle Voraussetzung der Erfüllung von Minimalerfordernissen, damit überhaupt eine Minimalkommunikation zustande kommt, wie sie z. B. etwa auch bei einer »effektbringenden« Lüge impliziert sind. Und wesentlich geht es ihnen auch um noch mehr – nämlich um die normative Hypostasierung einer Normentsprechung in Prinzip und Ideal: Damit Minimalkommunikation und jede umfangreiche Kommunikation möglich werden sollen, müßten die Partner im

Sinne des hypostasierenden Wohlwollensprinzips dem anderen einen Grundvertrauensvorschuß geben und ihm dessen Erfüllung zumuten. Im Prinzip *sollten* bestimmte Verständigungsnormen als erfüllt (oder wenigstens als erfüllbar und zumutbar) gelten: Idealerweise müssen wir annehmen, daß Kommunikation eine solche Regel- und Normentsprechung enthält (und fordert); sonst würden wir weder von gelungener Kommunikation noch von Kommunikationsversuchen überhaupt sprechen können. Hierin steckt die analytische, gleichsam apriorische Notwendigkeit, die Apel »transzendental« nennt – mißverständlich, wie ich meine, weil hier nicht im Kantischen Sinne deduzierbare notwendige Bedingungen der Möglichkeit der Erkenntnis überhaupt gemeint sind, sondern normative Voraussetzungen, die den Gesprächspartnern von sich selbst und gegenseitig als prinzipiell, also ideal erfüllbar – und wenigstens teilweise als erfüllt – zugemutet, unterstellt werden. Das gleichsam Apriorisch-Notwendige ist im wesentlichen keine faktische Erfüllung (die kann nicht strikt und nicht gänzlich eingesehen oder verifiziert werden), sondern eine ideale Unterstellung im Sinne einer Sollforderung und Erfüllbarkeitszumutung. Das sog. »Transzendentale« ist eher pragmatische Idealhypostasierung und deren Zumutung, also eher eine interpretatorische Projektion als eine praktische und faktische Bedingungserfüllung. Und man kann sich – so auch Apel – dieser notwendigen, notwendig zu unterstellenden Vorbedingung (in Gestalt bestimmter anzuerkennender bzw. als anerkannt zu unterstellender Diskursnormen) nur »reflexiv« versichern, nicht deduktiv durch eine Ableitung oder »Erzeugungsbegründung«. Es handelt sich also um eine rekonstruktive Ex-post-»Interpretationsbegründung« (wie ich solche in der Logikbegründung schon 1966 nannte), um einen nachträglichen Reflexionsaufweis in bezug auf zu befolgende Diskursnormen. Es geht mehr um die notwendige Hypostasierung solcher Normen bei den Partnern als um die wirkliche Erfüllung der Regeln (die mag oft scheitern und totaliter vielleicht gar nicht möglich sein). Wir finden hier also prinzipielle diskursmethodologische Interpretationskonstrukte im Sinne bestimmter als akzeptierbar und als notwendig geltender normativer Regeln. Das sog. »Transzendentale« ist zugemutete interpretative Vorbedingung. Die Reflexion auf diese enthüllt, was für eine ideale Kommunikation als notwendig und eventuell hinreichend gelten *soll*, als gültig akzeptiert werden müßte. Die Sollforderung ist ideal und prinzipiell insofern, als sie die notwendigen Zumutungen für die Partner ausmacht, sie ist nicht *faktisch* als »immer schon« erfüllt zu unterstellen, wenn Kommunikation zustande kommt. Sie muß aber zugemutet werden. Die Erfüllbarkeit ist nur eine Als-ob-Unterstellung; keine real vollzogene Erfüllung wird auf dieser prinzipiellsten Ebene vorausgesetzt. Freilich müssen auch empirisch-praktisch bestimmte Bedingungen erfüllt sein, bestimmte Diskurskonventionen, -regeln faktisch beachtet sein, damit reale Kommunikation zustande kommt. Doch diese zu untersuchen, ist nicht Sache der apriorischen Pragmatik, sondern der empirischen Sprachpragmatik usw. Die Transzendentalpragmatiker scheinen zu schnell zwischen diesen beiden Ebenen – jener Schicht der prinzipiellen Erfüllbarkeitszumutung und jener der faktischen, »notwendigen« (unerläßlichen) Ausführung, auch relativ abstrakt bezeichneten Ebene der Erfüllung bestimmter Sprachregeln / Konventionen hin und her zu springen. Die Partner sind nicht *real* »gezwungen«..., »sich auf solche Präsuppositionen zu besinnen, die sie als Bedingungen der Möglichkeit aller kommunikativen Verständigung notwendigerweise akzeptiert *haben*«, die sie real »immer schon anerkannt *haben*« (Apel a. a. O., 117), auf Normen, die »jeder mögliche Diskussionspartner... *notwendigerweise* (nämlich als *Bedingungen der Möglichkeit seines sinnvollen Argumentierens*) schon anerkannt *hat*«. (a. a. O., 122; die Unterstreichungen von »haben« und »hat« stammen von mir). Apel betont ja selbst, »am Anfang der Ethik« und der transzendentalen Sprachpragmatik könne »nicht die Berufung auf ein noch so *universales Faktum* stehen« – also auch nicht in dieser abstrahiert / abgeschwächten Form, daß die realen Diskurspartner immer schon zu bestimmten Normen zugestimmt »haben« (dann wären diese eben auch bloß »konventionelle Normen«). Sondern es kann nur um die idealen Interpretationshypostasierungen gehen, welche die Diskurspartner einander prinzipiell zumuten, sich gegenseitig unterstellen *sollen*, wenn eine Kommunikation überhaupt möglich sein soll. (Ob man diese prinzipielle Form und Bedingung der Zumutbarkeit nun »transzendental« – dann aber nicht im Sinne Kants! – oder »(neo)-

transzendentalpragmatisch« oder »transzendentalinterpretationistisch« oder »methodologisch-interpretationistisch« oder gar nur »prinzipiell-hypostasierend«, »diskursidealisierend« o. ä. nennt, bleibt sich gleich. Die Ebenen der Unterstellbarkeit und der faktischen Erfüllung sind analytisch sorgfältig zu trennen.) Die Idee der Kommunikation setzt wie die Idee der Kritik und die der Argumentation oder des Dialogs bestimmte ideale prozedurale Prinzipien, Regeln, Normen voraus, die den Partnern einer solchen *geregelten* Verständigungsform und -tätigkeit zugemutet werden und von denen angenommen werden muß, daß sie diese prinzipiell adoptieren und für reale Instantiierungen hypostasieren, daß sie erfüllbar sind, handlungsleitende Regeln darstellen. Den Partnern ist zuzumuten, daß sie so handeln bzw. sich in der Diskurssituation so orientieren, *als ob* diese Regeln und Normen erfüllt seien bzw. zu erfüllen sind (im doppelten Sinne!). Es geht also um normativ zugemutete bzw. zu hypostasierende Interpretationskonstrukte von Regeln, aber auf dieser prinzipiellsten Ebene nicht um faktische Gemeinsamkeiten der Regelunterstellungen. Die Gemeinsamkeit der Regelanerkennung bzw. -befolgung ist durch die und für die Diskurspartner zu hypostasieren. Das ganze Geschäft dieser reflexiven Aufdeckung notwendiger Diskursgrundlagen ist letztlich normativ, normative Interpretationskonstruktion.

Es gibt natürlich analytisch notwendige Verknüpfungen zwischen den Regelzumutungen und den gelungenen Diskursformen: Wir werden eine Redefolge, die den Satz von der Transitivität der Folgerung verletzt, nicht als rationale Argumentation, eine implizite Verletzung des Widerspruchsprinzips nicht als rationale Kritik, eine rein autistische Verhaltensweise, die keine grundsätzliche (An-)Erkennung eines Dialogpartners enthält, nicht als Kommunikation verstehen können. Die jeweils letztere Handlungsform (Mitteilungsart, Diskursart) schließt die jeweils zuvor genannte Regel und deren grundsätzliche Anerkennung ein. Viel mehr ist mit den »notwendigen« Verbindungen nicht gemeint. Man muß diese Aufweise nicht »Letztbegründungen« oder »transzendental«-reflexiv letztbegründete oberste Einsichten nennen, sondern kann sich durchaus, weniger prätentiös, auf die analytischen Verknüpfungen unter den methodologisch-pragmatischen Vorbedingungen von Diskurs- und Handlungsarten beschränken. Das »transzendentale« Gerede entpuppt sich allzu oft als transzendentales Imponiergehabe zur Sicherung philosophischer Respektabilität im traditionsgeschwängerten Sinne! (Dabei geht es nur um methodologisch unerläßliche prinzipielle Regel- und Bedingungshypostasierungen.) Doch dies sind natürlich keine streng inhaltlichen, sondern nur terminologische Einwendungen, die allerdings insofern methodologisch bedeutsam sind, als sie vor Einzigkeitsbehauptungen, Mißverständnissen im Sinne von Absolutheitsbegründungen und dogmatischen Letztbegründungsvorhaben warnen.

Wie kann man nun die gewonnenen Differenzierungen auf die Problematik der pragmatischen Paradoxien anwenden? Diese sind ja dadurch charakterisiert, daß Mitteilung und Metamitteilung auseinanderfallen – jedenfalls bei informationsübermittelnden bzw. kommunikativen oder symbolischen Handlungen bzw. Prozessen. Das Paradoxe sahen wir darin, daß insbesondere die in der Handlungsausführung (etwa in der Äußerung eines performativen Ausdrucks) implizierte Metamitteilung der explizit gemeinten Mitteilung widerspricht. »Ich lüge hiermit« wäre ein klassisches Beispiel.

Eine Idealunterstellung zur Lösung pragmatischer Paradoxien wäre es nun, die Unvereinbarkeiten (oder gar Widersprüche) zwischen Mitteilungen und Metamitteilungen aufzulösen, aufzuheben. Dann gäbe es keine Möglichkeiten einer Doppelbindung (nach Bateson) und einer entsprechenden pragmatischen Absurdität oder Paradoxie mehr. Doch dieses Ziel wird sich keineswegs immer erreichen lassen. Zu sehr sind Mehrdeutigkeiten auf unterschiedlichen Ebenen – zumal zwischen der Inhaltsebene von Sprechhandlungen und der performativen Ebene der Handlungsausführung oder des nichtintentionalen Tuns und Verhaltens in die menschliche Welt eingeflochten, als daß man diese Mehrdeutigkeiten generell ausschalten und Vereinbarkeitskonflikte grundsätzlich vermeiden könnte.

Und warum sollte man das auch wollen? Das Schauspiel, jegliche Ironie, Verfremdung und auch manche überraschenden kreativen Abwandlungen und vielleicht gar ein Großteil der künstlerischen Originalität dürfte auf der Entdeckung, dem Ausdrücken und Ausnutzen solcher Mehrdeutigkeiten beruhen. Alles menschliche Agieren, bei dem (subjektive-bewußte) Intention und (objektive-unbewußte) Motivation auseinanderfallen oder sich gar widersprechen/widerstreiten, also der Bereich des »Tuns« nach Norbert Groeben (1986, 168, 184f.), könnte streng genommen als pragmatisch paradox in diesem Sinne aufgefaßt werden. Schon die Bibel wußte, daß Menschen oft »nicht wissen, was sie tun«, oder das tun, was sie eigentlich nicht tun wollen: »Der Geist ist willig, doch das Fleisch ist schwach.« Das pragmatisch Paradoxale in diesem Sinne ist zutiefst menschlich – allzu menschlich. Es kann nicht eliminiert oder theoretisch oder gar pädagogisch hinwegeskamotiert werden. Sinnvoll erscheint es freilich, in der theoretischen Handlungswissenschaft und auch in der Handlungsphilosophie wie in der Handlungspsychologie subjektiver Theorien (vgl. Groeben) die Unterschiede generell in kategorischen Begriffen zu fassen, in theoretischen Hypothesen zu berücksichtigen und auch in praktischen Anwendungen zu beachten bzw. für therapeutische oder evaluative Regeln zu verwenden. In der Moral und der theoretischen Ethik sind diese zwischen unterschiedlicher Intention und Motivation hin- und hergerissenen Weisen des Agierens ebenso zentral – die ganze moralische Bewertung oder ethische Beurteilung bzw. Analyse kann u. U. davon abhängen, ob die Intention dem tatsächlich wirksamen (oder als psychologisch wirksam unterstellten) Motiv entspricht oder nicht – wie auch etwa in der praktischen, angewandten oder gar therapeutischen Psychologie. Wichtig erscheint es, sowohl in der Theorie als auch in der Anwendungspraxis solche prinzipiellen Differenzen aufzudecken, wahrzunehmen und zu berücksichtigen. Nichts anderes leisten zum großen Teil die Psychoanalyse, Logotherapie und andere tiefenpsychologische Gesprächstherapien. Auch Batesons Erklärung der Schizophrenie beruht auf dieser Unterscheidung. Und jedes »gespaltene«, »schizoide« Verhalten (oder besser jetzt: *Tun*) – und derartige Zwangsgespaltenheiten sind Legion in der modernen, ebenso hektischen wie verklemmten Welt – kann besser gedeutet und behandelt bzw. beurteilt werden, wenn man diese pragmatischen Paradoxien deutlicher sieht. Das gilt dann auch für implizierte, eventuell nicht intendierte oder nicht gesehene Nebenfolgen, paradoxale Effekte und Konstellationen, wie sie zuvor unter dem Prototyp der sozialen Dilemmata à la Gefangenendilemma oder der Tragödie der Gemeingüter diskutiert wurden. Die Diskrepanzen zwischen Handeln und »Tun«, zwischen Mitteilung und Metamitteilung können als eine Art pragmatischer Rationalitätsfallen aufgefaßt werden. Viele Konflikte intra- und interindividueller Aktionen sind Resultate solcher Unvereinbarkeiten, solcher konfligierender Motiv(ations)wurzeln – zumal zwischen den Ebenen der gemeinten Inhalte und der impliziten Botschaften des performativen Ausdruckshandelns. Stets Einhelligkeit, Eindeutigkeit zwischen den verschiedenen »Botschaften« und Ebenen zu fordern, wäre inhuman, würde ein eindimensionales Menschenverständnis erfordern oder erzwingen. Es wäre in der Humanwissenschaft, etwa in der Psychologie und Anthropologie, unrealistisch (vgl. auch die »latenten Funktionen« in der Soziologie), in der Ethik und philosophischen Anthropologie unverantwortlich bzw. gar inhuman. Der Mensch ist – und bleibt – glücklicherweise ein vielschichtiges Wesen. Seine Kreativität und Phantasie dürften zum guten Teil auf der Möglichkeit pragmatischer Paradoxien und Mehrdeutigkeiten beruhen. Er ist – Gott sei Dank! – weder bloß Reflexmaschine noch nur reiner rationaler, voll intentional ausgeleuchteter Geist. Beide Extreme wären schrecklich: das Monster des Reflexhomunculus wie der volltransparente Computergeist. Wenn manche – auch einige führende – deutsche Psychologen ihre Wissenschaft nur als Disziplin der Informationsverarbeitung im lebenden Organismus – und als »sonst nichts« präsentieren –, so wissen wohl auch sie nicht, was sie tun.

Auch im philosophischen Diskursmodell der »Ratio« wird vieles ausgeblendet – z. B. (wie in der erwähnten rein kognitiven, aber auch schon in der behavioristischen und mechanistischen Tradition der Psychologie) die Grundverfaßtheit der Emotionalität. Der Mensch ist weder nur – noch überhaupt in erster Linie – ein rein reagierendes oder rechnendes Wesen. Wie erwähnt, sprechen die empirischen Befunde (nach Rumelharts erwähnter Feststellung) eher überwiegend gegen die These, der Mensch sei ein rationales, in erster Linie vernunftgeleitetes Wesen. In der transzendentalphilosophischen Vernunfttheorie jeglicher Art, auch in der transzendentalpragmatischen einschließlich der Diskursethik, steckt ein großes Rudiment traditioneller Aufklärungsideologie und eines letztlich unvertretbaren Vernunftrationalismus. Insofern sind alle diese Richtungen – wie fast alle Vernunftphilosophien – noch Erben Kants, die zu einseitig mit dem rationalistischen Pfunde zu wuchern versuchen – auch heute noch! Allenfalls als ein ideales Interpretationskonstrukt, als Sollideal im Sinne der (normativen) Kantischen Hochschätzung der Idee der Vernunft und des vernünftigen Wesens als eines ideal anzustrebenden Sollkonzepts ist die Vernunftorientierung zu vertreten. Auch wenn man hierbei nicht totalitär-demagogisch oder traditionell-rationalistisch vorgeht, handelt es sich doch um eine hohe und Verpflichtungen zur Vernunftpflege und Talentausbildung setzende Möglichkeit des Menschen. Emotionalität, Empfindung, Leidenschaft, Liebe, Mitleidensfähigkeit, Solidarität, Mut, Impulsivität, Schwung und Begeisterungsfähigkeit, ja, auch Unergründlichkeit, Überraschungsfähigkeit, das existentielle Geheimnis des Du und der ideellen (nicht rational auflösbaren) Identifizierung, Verschmelzung, Individualisierung und untergründigere Regungen wie existentielle Angst, Sorge, Triebhaftigkeiten usw. sind demgegenüber nicht geringzuschätzen. Das rationalistische Menschenbild ist nur ein Partialmodell des Menschen, unvollständig, unzureichend, wenn es auf sich gestellt, gesondert nur betrachtet wird. Und transzendentalphilosophische, rationalistische, ja, erkenntnistheoretische Ansätze vieler Arten und Sorten huldigen noch heute geradezu dogmatisch-doktrinär dieser Reduzierungsstrategie, die Vernunft, den rationalen Diskurs, das rationale Argument als Pars pro toto des Menschen zu nehmen – eine immer noch nicht endgültig überwundene Restschuld der aristotelischen Definition des »ζῶον λόγον ἔχον«, des »animal rationale«. Natürlich ist – gerade auch angesichts der oben diskutierten Paradoxien der Handlungen und Rationalitäten – das Kind der Vernünftigkeit nicht gänzlich mit dem Bade der Irrationalität und der Empirie auszuschütten. Als Idealforderung und prinzipielle Möglichkeit ist die Vernunft dem Menschen nach wie vor *auf*gegeben (gerade, da nicht schon *ge*geben), als ständige Herausforderung und Aufgabe – besonders in der Form der moralisch-praktischen Vernunft, die man durchaus mit Kant als quasigöttlich, als »göttliche« Forderung, ähnlich wie die vom Christentum geforderte umfassende Nächstenliebe (einschließlich gar der Feindesliebe), auffassen mag. Aber so versteht sich Vernunft dann als normatives – in diesem Zuschnitt: als moralisches – Ideal, als ein verpflichtendes, anspruchsvolles Interpretationskonstrukt.

»Es scheint also«, so folgert Paul Valéry (WW IV, 119) in seiner Diskussion des kosmologischen Werkes *Heureka* von Edgar Allan Poe, »daß die Geschichte des Geistes sich mit den Worten zusammenfassen läßt: *Er ist absurd in dem, was er sucht, er ist groß in dem, was er findet.*« Ich finde allerdings, es ist eher umgekehrt: Der Geist des Menschen ist groß in dem, was er sucht, groß in seinen großen Suchern; er ist eher absurd, paradox, zerrissen und ewig unbefriedigt, in dem, was er findet – und zwar aus strukturellen Gründen. Unergründlicher Geist!

Zur Logik von Paradoxien

Paradoxe Formulierungen machen stutzig durch das anscheinend Antinomische, Widersprüchliche, das widerspenstig gegen die Rationalität und ihre Gebote zu sein *scheint*, aber im Grunde oder bei tieferer Analyse, anderer Beleuchtung dies nicht ist. In anderen Varianten gibt es wohl auch begriffliche oder reale Gegensätze, die in paradoxer Einheit überspielt werden. Die Terminologie ist nicht einheitlich: Die Ausdrücke »Paradoxie« und »Antinomie«, »Widersinnigkeit«, »Absurdität«, »Widersprüchlichkeit« werden in Tradition und Umgangssprache ganz unterschiedlich gebraucht. Eine gewisse Ordnung oder Präzisierung des Gebrauches erscheint immer noch nötig – trotz der langen Tradition der Traktate über Paradoxien seit der Antike, über Aufklärung und Romantik bis zur analytischen Philosophie und sozialwissenschaftlichen Modellanalyse paradoxer Phänomene und Entwicklungen wie der diskutierten Dilemmata. Man sollte wohl zumindest deutlich logische »Antinomie« und »Paradoxie« unterscheiden: Eine logische Antinomie stellt sich als *logisch* beweisbarer Widerspruch dar – und ist für eine rationale Erkenntnis nach dem umgekehrten Morgensternschen Motto, »daß nicht sein darf, was (logisch) nicht sein kann«, zu vermeiden. Das Streben und die Strategien dafür, Widersprüche zu vermeiden, haben sich als wahre Motoren des theoretischen Fortschritts erwiesen. Im allgemeinen führten Antinomien, bzw. die Aufdeckung logischer Widersprüche, stets zu feineren Differenzierungen derart, daß die logischen Widersprüche durch Berücksichtigung neuer, erweiterter Perspektiven oder neuer theoretischer Grundlagen oder durch feinere Analyserasterung sich als nur scheinbar, eben als *Paradoxien* – und nicht als echte unvermeidliche logische Widersprüche erwiesen. Oft allerdings beseitigte man Antinomien zunächst durch bloße Ad-hoc-Änderungen: Z. B. verbot Russell nach der Entdeckung seiner Antinomie im Begriff der »Menge aller Mengen, die sich selbst nicht als Element enthalten«, die Auffassung solcher allumfassender Mengen, deren Definition durch Angabe ihrer kennzeichnenden Eigenschaft (für den Einschluß von Elementen) Bezug auf diese Menge selbst nimmt bzw. im Definitionsbereich die zu definierende Menge schon enthält: Wie z. B. »die Menge aller Mengen«, die hinfort nicht mehr als Menge zugelassen wurde. Das Verbot imprädikativer Begriffs- und Konstruktbildung entspricht auf der sprachlichen Seite diesem Gebot der Konstruktivität. Positiv versuchte Russell diese Ad-hoc-Strategie des Verbots der selbstenthaltenen oder nichtkonstruktiven Mengenbildungen in der Logik der Begriffe und Sätze durch seine Typentheorie zu verallgemeinern. Auch Tarskis Stufung von Sprachen in eine Hierarchie von Objektsprache und aufgeschachtelten Metasprachen diente zur generalisierenden Vermeidung von semantischen Paradoxien der Wahrheit, etwa der logischen Lügnerparadoxie wie: »Dieser Satz hier ist falsch« o. ä. ... Die anscheinend gegebene Antinomie wird als scheinbare, als Paradoxie entlarvt und damit beseitigt. Sie kann nicht mehr als Wühlmaus der Widersprüchlichkeit das Gerüst des begrifflichen Gebäudes der betroffenen Theorie unterminieren. Die theoretische Katastrophe, die darin besteht, daß ein Widerspruch in einem logischen Aussagesystem jeden beliebigen anderen, mit den sprachlichen Mitteln des Systems (wohl)formulierten oder formulierbaren Satz abzuleiten gestattet, ist dann vermieden. In der Tat ergibt sich (bei Zugrundelegung der klassischen Junktoren- oder Aussagenlogik und der üblichen wahrheitsfunktionalen Deutung der materialen Implikation (Subjunktion), der »Wenn-so«-Beziehung, in logischer formal verengter, nicht inhaltliche Beziehungen, sondern nur Wahrheitswerteverteilungen vollständig unterstellender Interpretation), daß aus einem Widerspruch »A $\wedge \neg$ A« (»A und nicht-A«) trivialerweise durch einfache aussagenlogische Unformulierungen ein beliebiger Satz B folgt: Aus »$\neg$ A« folgt durch logische (adjunktive) Abschwächung durch die »Oder«-Verknüpfung

»$\neg$ A v B« (»Nicht-A oder B«).

Dies ist (junktoren)logisch (ja, definitorisch) äquivalent mit

»A $\rightarrow$ B« (»Wenn A wahr ist, so ist B wahr«, kurz: »wenn A, so B«).

Da aber »A« nach Voraussetzung des Widerspruchs »A und Nicht-A« ebenfalls gilt, ist trivial zu erschließen (mittels der sog. Schlußregel, des *Modens ponens*, der unproblematischsten und wichtigsten aller logischen Folgerungsregeln), daß B gilt:

A $\rightarrow$ B	»Wenn A so B«
A	»nun (aber) A«
B	also: »B«

Q. e. d.! Was zu beweisen war.

Ein Widerspruch in einem logisch hochvernetzten, etwa axiomatischen System ist also *operational* eine Absurdität, weil er das System nutzlos werden läßt. Eine Theorie, in der jeder beliebige (in der Theoriesprache formulierbare) Satz beweisbar oder herleitbar ist, ist natürlich sinnlos. (Das gilt auch, wenn eingefleischte Hegelianer gelegentlich erklären, dies sei doch gerade der große Vorteil/Vorzug der Hegelschen Logik, wenn sie jeden beliebigen Satz abzuleiten gestatte: Dies zeige ihren wahrhaft »umfassenden« Charakter, wie mir jemand – jetzt Ordinarius – schrieb.) Freilich ist dieser Einwand gegen die Funktionsweise von Widersprüchen grundlegend und theoretisch. Er bezieht sich, wie gesagt, auf logisch hochvernetzte Systeme – in einer Sprachebene! Faktisch sind wissenschaftliche relativ umfassende Disziplinen theoretisch nicht so innig logisch verflochten, daß jeder einzelne entdeckte Widerspruch sogleich das Arbeiten mit der Theorie entwerten bzw. unmöglich machen würde. Die Entdeckung der Antinomien in den Grundlagen der Mathematik, etwa der Antinomie von Burali-Forti im vorigen Jahrhundert und der Russellschen Antinomie in der Mengenlehre, im Fundament der Mathematik zum Wechsel des Jahrhunderts, führten nicht dazu, daß Mathematik nicht mehr verwendet wurde. Die »praktische« Kluft zwischen den theoretischen Grundlagen und den Anwendungen ist selbst in der theoretisch integriertesten Formalwissenschaft noch so groß, daß die Grundlagenkrise eine *theoretische* Katastrophe blieb! Dennoch und gerade angesichts der Exaktheitsforderungen und der Bemühungen um logische Stringenz und Integration der Formalwissenschaften (und der ihnen nacheifernden exakten Realwissenschaften) bleiben die Versuche der Widerspruchs- und Antinomienbeseitigung verständlich. Man bemühte sich nicht nur, die entdeckten Antinomien zu beseitigen – durch Neugrundlegung oder wenigstens vorerst durch Ad-hoc-Vermeidungsstrategien –, sondern man versuchte auch systematisch Widerspruchsfreiheitsbeweise für die klassische Mathematik, die Arithmetik, die Analysis, die verschiedenen Varianten der Mengenlehre wie auch für die Geometrie und die konstruktive Mathematik zu führen. Man konnte keine *absoluten* Sicherungen gegen Widersprüche in der sog. Metamathematik gewinnen, sondern nur *relative* – von der folgenden Art: Unter Voraussetzung der Widerspruchsfreiheit der Prädikaten- oder Quantorenlogik mit Identität und der Mengenlehre ist die Arithmetik (samt Zahlentheorie) widerspruchsfrei. Ein frühes Muster der Widerspruchsfreiheitsbeweise war Felix Kleins Nachweis der Widerspruchsfreiheit der (ebenen) hyperbolischen Geometrie durch Angabe eines Modells (eines isomorphen, eineindeutigen, verknüpfungstreuen Abbilds) dieser innerhalb der Euklidischen Ebene: Wenn sich ein Widerspruch in der hyperbolischen Geometrie ergeben würde, so müßte ein solcher sich auch in der Euklidischen zeigen. Ähnlich gelang die Rückführung der Widerspruchsfreiheit der Euklidischen Geometrie (über die analytische Geometrie) auf die Analysis, die der (klassischen und der konstruktiven) auf die Arithmetik und Zahlentheorie. Es haperte stets bei den abstraktesten Grundlagen der Mengentheorien und der Fundierung der Mathematik auf diese. Gödels berühmte Unvollständigkeits- und Unentscheidbarkeitssätze und ihre beweistheoretischen Erweiterungen durch Church, Post, Kleene u. a. (»es gibt keine mechanische Beweismaschine« in komplexen theoretischen Systemen, welche die Zahlentheorie und die Identitäts- und die Relationenlogik sowie die Funktionentheorie enthalten) zeigten, daß die beweistheoretischen Hoffnungen von Hilberts formalistischem Programm der Metamathematik zu hoch gesteckt waren: Es lassen sich in hinreichend komplexen Satzsystemen nicht alle Sätze beweisen oder widerlegen. Es gibt in jedem solchen logischen System – von außen interpretativ als wahr einsehbare – Sätze, die nicht mit den formalen Mitteln des (natürlich als widerspruchsfrei angenommenen Systems – sonst wären sie nach dem obigen Argument beweisbar!) bewiesen oder widerlegt werden können. In doppeltem Sinne ist ein umfassendes Logik- und Mathematiksystem notwendig unvollständig:

1. Es enthält unentscheidbare (wahre) Sätze.
2. Die Beweisverfahren eines Systems sind nicht vollständig.

In einem umfassenderen System mit weiteren Verfahren – z. B. der transfiniten vollständigen Induktion – wäre ein Beweis der im Ausgangssystem unentscheidbaren Sätze zu gewinnen, doch enthält ein solches System seinerseits wieder andere unentscheidbare Sätze vom Gödel-Typ. Es ist ebenfalls unvollständig hinsichtlich der Beweisbarkeit und der Beweismethoden. Gödels genialer Trick bestand darin, daß er durch eine zahlentheoretische Abbildung einen Satz über die Unentscheidbarkeit der Art »Ich bin unentscheidbar« in einer zahlentheoretischen Formel repräsentieren konnte, die in dem System enthalten war. Gödel meinte die Selbstbezüglichkeit des Satzes in dieser »Gödelisierung«, der Darstellung des Satzes in einer bloßen Formel, umgangen zu haben. Doch ist die Selbstbezüglichkeit nun in das *Verfahren* der Zuordnung und Dekodierung verschoben – sie steckt sozusagen noch in der interpretativen Zuordnung.

Generell versuchte man also Antinomien als Paradoxien zu entlarven und so zu beseitigen. Daß man in dem Vollständigkeitsstreben letztlich nicht erfolgreich sein kann – dieses Resultat Gödels hat selbst einen paradoxalen Anstrich: Man kann etwas zwar beweisen (unter Verwendung weiterer Beweismittel), was man (mit den Mitteln des Systems selbst) nicht beweisen oder widerlegen kann. Oder – vielleicht noch paradoxer klingend, aber trivialer – man könnte die Vollständigkeit und die Widerspruchsfreiheit eines hinreichend komplexen Systems (absolut) nur dann beweisen, wenn das System Widersprüche enthält. (Das aber ist witzlos, weil dann – wie erläutert – das ganze theoretische System nutzlos ist und keine Unterscheidung von wahren/ableitbaren und nichtableitbaren Sätzen des Systems mehr möglich ist.)

Das Bemühen, Antinomien in Paradoxa zu transformieren und diese dann durch Perspektivendifferenzierung aufzulösen, ist nicht nur methodologisch und grundlagentheoretisch geboten, sondern immer auch als heuristisch fruchtbar, geradezu als ein Schlüssel zum Tor der Kreativität eingesehen worden. Das ergibt sich schon aus der ursprünglichen Bedeutung des Ausdrucks ›Paradox(on)‹, der ja bedeutet, daß ein Begriff oder eine Aussage von einer weithin akzeptierten, von der üblichen allgemein gebilligten Meinung (»endoxos«) abweicht. Zu neuen grundlegenden Einsichten kann man also (nur?) durch abweichende Begründungen, durch einen den anerkannten Meinungen entgegengesetzten Logos (Aristoteles, *Topoi*, 104 b24), also gegen die »Erwartungen« (*Rhetorik*, 1412 a27) gelangen. Das Befremdliche, Verfremdung gar ist charakteristisch für das Paradoxale. Der von Goethe in *Dichtung und Wahrheit* beschworene »Geist des Widerspruchs und die Lust zum Paradox steckt in uns allen«. Paradoxe Erscheinungen »nötigen, vermittelst eines umgekehrten Findens und Erfindens rückwärts zu gehen und uns die Filiation solcher Gedanken von weit her« vorzustellen (*Wilhelm Meisters Wanderjahre* 1). Kant (AA VII, 125) zufolge weckt, beflügelt das Paradox »das Gemüt zur Aufmerksamkeit und Nachforschung, ... die oft zu Entdeckungen führt«. Insofern kann Dilthey die Paradoxie »ein Merkmal der Wahrheit« nennen (in einem Brief an von Wartenburg vom 13.1.1883). Vielleicht ist so auch die von Peter Probst (im *Historischen Wörterbuch der Philosophie*, dessen Artikel ich diese Zitate entnehme) erwähnte »Paradoxia epidemica« in der Renaissance- und Barockphilosophie und -dichtung zu verstehen als ein Ansatzpunkt zur Kreativitätsauslösung, wie auch in der Antike schon die Paradoxa und Antinomien als Herausforderungen und Anreize zum Weiterdenken, zum Weitersuchen – als ständiger »Stachel« des Geistes – bewertet wurden. Die existentiell zu verstehende und durch Paradoxien aufzudeckende Vielschichtigkeit, Geheimnisträchtigkeit und innere Konfliktbehaftetheit paradoxaler Strukturen im Menschlichen waren zwar in der antiken Tragödie durch die übergreifenden Schicksalszwänge gleichsam vorbereitet, aber noch nicht im Innern aufgespürt, im Individuum verortet worden. Erst seit Pascals grundlegender anthropologisch-existentieller Identifizierung des Menschen, des

Subjekts, selbst mit dem Paradoxen und seit den Romantikern von Rousseau bis Schlegel (der das Paradoxon als »ein exoterisch gemachtes Esoterikon« bezeichnet) wird die Paradoxie zum Vehikel, ja, teils zum Fundament menschlichen Tiefenverständnisses auch für das Innere des Individuums. Spätere Dramatiker der Gegenwart verwenden die Unausweichlichkeitsstruktur ähnlich wie das antike Schicksalsdrama, sehen wie etwa Dürrenmatt in seinen *Physikern* die Konfrontation mit dem Paradoxen geradezu als Wirklichkeitszeichen oder wie Brecht mit seiner Verfremdungsthese als Mittel der Dramaturgie, oder sie sehen unterbewußte paradoxale tiefenpsychische Strukturen als Grund der Tragik. Probst zitiert Sewall: »Grundsätzlich für die tragische Form ist die Erkenntnis der Unvermeidlichkeit des Paradoxen.«

So weit sollen die eher sprachbegrifflichen und handlungslogischen Überlegungen hier nicht vorgetrieben werden. Jedoch ist die Mehrschichtigkeit, die Entgegensetzung von Mitteilung oder äußerlich sichtbarer, oberflächlich zu verstehender Handlung und der implizierten Metamitteilung(en) bzw. untergründigen Handlungsimplikationen auch für die oben begonnene Analyse der sprachlogischen, handlungstheoretischen und sozialstrukturellen paradoxen Phänomene charakteristisch. Die Perspektivität scheint ein weiterer wichtiger, notwendiger, wenn auch nicht hinreichender Grund für paradoxale Effekte und paradoxe Phänomene oder Aussagen zu sein. Das gilt wohl selbst für so einfache Beispiele wie die »Catch«-Titel und paradoxen Schlagworte: »Vertraute Fremde« macht stutzig. Kann man an einen Ort *zurück*kehren, den man noch nie besucht hatte? Auch so triviale und doch witzige Formulierungen, wie sie in Hughes' und Brechts Buch *Die Scheinwelt des Paradoxons* (1975, dt. 1978) gesammelt sind, zeigen diese Vielschichtigkeit und Perspektivitätsabhängigkeit – auch wenn die Autoren selbst hintersinnig formulierten in der einleitenden »Anzeige«: »Wir verfolgen mit dieser Anthologie keinen Hintergedanken, außer dem, keine Hintergedanken zu haben.« Also doch Hintersinn, der darin besteht, daß es keinen Hintersinn gibt? Fast Wittgensteinisch! Der Hintersinn liegt in dem, was offen zutage liegt. – Oder handelt es sich schlicht und recht um die Lust am Paradoxalen, die ihre Rechtfertigung anscheinend, scheinbar (?) in sich selber trägt: Ist das Paradoxale – und die Lust daran – selbst paradox? Man könnte hier eine Paradoxie der Selbstanwendung analog der Grellingschen Paradoxie der Eigenschaft »heterologisch« konstruieren: Ein Paradox ist ein Paradox, ist ein Paradox. Daß ein Paradox paradoxal ist, erscheint paradox – ist aber als solche Merkmalsbindung definitorisch normal, also unparadox. Ist Hintersinnigkeit hintersinnig, Absurdität absurd? Nur dann im ersteren, bloß dann nicht im zweiten Fall, wenn wir zu einfache Schichtungen und Perspektivitätsverengungen annehmen! Paradoxien haben vielleicht als interessanteste Eigenschaft die Kuriosität an sich, meinte Quine in *The Ways of Paradox* (1966), daß sie sich »öfters als viel weniger belanglos herausstellen, als es den Anschein macht« – zunächst. Sie spielten häufig »eine entscheidende Rolle in der Geistesgeschichte..., indem sie... revolutionäre Entwicklungen in Wissenschaft, Mathematik und Logik vorweggenommen haben«, meinte Anatol Rapoport (*Scientific American* 7/1967), indem sie sozusagen einen intellektuellen Schock auslösten, dessen Wellen dann zur Untersuchung der Grundlagen führten. Die logischen Antinomien hätten z. B. Gödels Theoreme, die Kausalitätsparadoxien des Welle-Teilchen-Dualismus, die Quantentheorie zur Folge gehabt. Hatte Proust recht, wenn er »die Paradoxien von heute als die Vorurteile von morgen« bezeichnet, die »in höchst gedrängter« Form und in »zerbrechlicher Eleganz« heute schon ein Moment der Neuigkeit des Kommenden enthielten?

Aus allen diesen Gründen verdienen Paradoxien systematischere Analysen als nur Anthologien. Und aus den oben erwähnten Beispielen pragmatischer und sozialpsychischer Paradoxphänomene und -effekte läßt sich schließen, daß man die Paradoxieanalyse nicht nur auf sprachlich und i. e. S. logische Paradoxien beschränken darf.

Nicholas Falletta hat in seiner allgemeinverständlichen Anthologie *Paradoxon* eine Paradoxie »salopp« eine »Wahrheit« genannt, »die auf dem Kopf steht, um Aufmerksamkeit zu erregen« (kolportiert von einem ungenannten Geistreichler). Doch diese Bestimmung, die für Faletta »den Kern einer Paradoxie wahrscheinlich besser als jede formale Definition« erfassen soll, ist unzureichend zur Begründung des theoretischen Gewichts über bloße Belanglosigkeit hinaus. Jede auffällige Werbung heute wäre gemäß dem entsprechenden obersten Gesetz der Publicity (»eine Nachricht ist es nur, wenn ein Mensch einen Hund beißt« – nicht umgekehrt, nach Thompsons Informationsgrundgesetz der Medien) paradox. Viele Reklameeffekte sind es in der Tat, nutzen bewußt Verfremdungstechniken, um aufzufallen – dem obersten Imperativ der Publicity- und (Selbst-)Reklamegesellschaft zu genügen. Doch Wahrheit spielt bei dieser Effektreklame keine Rolle, wenn die Beine einer Bikinesin etwa für die Bereifung eines Autos (»die Beine Ihres Autos«) werben sollen. Zudem kann Auffälligkeit keine *Eigenschaft*, sondern allenfalls eine funktionale Disposition der Paradoxa sein (eine ähnliche Einschränkung gilt gegenüber Quines oben zitierter Zuschreibung der »interessanten oder kuriosesten Eigenschaft«).

Falletta (1988, 10f.) versucht die Paradoxie systematischer zu bestimmen als 1. »eine Behauptung, die widersprüchlich scheint, tatsächlich aber wahr ist«, oder 2. als eine solche, »die wahr scheint, tatsächlich aber einen Widerspruch enthält«, oder 3. als »logische Beweiskette, die zu widersprüchlichen Schlußfolgerungen führt«. Diese Kennzeichnung ist unzureichend; denn sie trennt Paradoxien nicht von Antinomien ab oder gar von widersprüchlichen Argumenten bzw. inkonsistenten Satzsystemen überhaupt. (Antinomien wären unter 3. enthalten.) Ferner erscheint die Definition unvollständig, weil sie die Selbstbezüglichkeit und Zirkelhaftigkeit nicht berücksichtigt, die z. B. Hughes und Brecht als deskriptive Kennzeichnungsmerkmale (bzw. »Bedingungen«) für das Vorliegen eines »logischen Paradoxons« ansehen. Freilich diskutieren auch diese Autoren nicht, ob es sich bei diesen Merkmalen um hinreichende und notwendige oder nur um *eine* solche Menge von Merkmalen handelt oder ob einige notwendig, andere hinreichend – oder gar erst die Kombination aller dieser eine hinreichende Bedingung ergibt: Wahrscheinlich ist das letztere gemeint. Übrigens werden hier ebensowenig die Paradoxien von den Antinomien abgehoben wie bei Faletta – und wie dieser beschränken beide sich auf sprachlogische und logische Paradoxien, obwohl sie in ihren Beispielen weit über diesen Bereich hinausgreifen. Es scheint aber sinnvoll zu sein, Handlungsparadoxa und paradoxe Entwicklungsdilemmata, sich selbst zerstörende Prognosen (»self-destroying prophecies«) u. ä. strukturelle

Ereigniszusammenhänge mit aufzunehmen. Daß, wie oben erwähnt, Placebos wirken, auch wenn die Betroffenen wissen, daß es sich um Placebos handelt – wenn auch in schwächerem Maße, als wenn sie dies nicht wissen, hat durchaus eine paradoxale Struktur. (Diese Erfahrung erinnert an jene von Heisenberg berichtete Anekdote: Er habe Bohr auf dessen Skihütte besucht und sich darüber gewundert, daß über der Tür ein Hufeisen hängt. Als aufgeklärter Physiker werde Bohr doch wohl nicht etwa an eine magische Glücks- oder Heilsbringerwirkung des Eisens glauben! Bohr darauf: »Selbstverständlich nicht! Aber ich habe mir sagen lassen, daß es auch jenen hilft, die nicht daran glauben!«)

Welche Merkmale sind nun mindestens für paradoxe Behauptungen und Handlungen bzw. Effekte zu berücksichtigen?

1. Die *Selbstbezüglichkeit* oder *Selbstbezogenheit* ist wohl zentral – insofern, als sie nicht endgültig, sondern nur scheinbar (etwa durch Verschiebung oder Verdeckung) eliminierbar ist. Diese semantische Selbstbezogenheit kann etwa durch syntaktische oder symbolische Umformulierungen entweder in anderer Repräsentation verdeckt, kodiert oder in Verfahrenszusammenhänge – etwa der Interpretations- oder Dekodierungsvorschriften – gesteckt werden. (Bei Gödels Konstruktion des unentscheidbaren Satzes in Gestalt einer ihn erst entsprechend einer bestimmten Dekodierung kennzeichnenden zahlentheoretischen Formel ist das letztere der Fall.) – Die Selbstbezüglichkeit ist allein sicherlich nicht hinreichend zur Kennzeichnung einer Paradoxie, da positive Selbstreferenz ohne paradoxale Effekte möglich ist – wie z. B. »Dieser Satz enthält fünf Worte«. Der entsprechende Satz mit »sechs Worte« wäre falsch und selbstbezüglich, auch widersprüchlich, aber nicht eigentlich paradox, meinen Hughes und Brecht. Erst eine Formulierung wie »Bitte dieses Hinweisschild nicht beachten!« wäre wirklich paradox, weil hinzukommt:

2. eine *Zirkelhaftigkeit* der Argumentation: Whitehead und Russell meinen gar, alle Paradoxien würden letztlich »aus einer gewissen Art von vitiösem Zirkel resultieren«. Das aber ist sicherlich ebenfalls nicht hinreichend, da es vitiöse Zirkelargumente ohne paradoxalen Charakter gibt. Ist also die Kombination von Selbstbezüglichkeit und Zirkelhaftigkeit hinreichend für paradoxe Argumente? (Hier ist zunächst die vitiöse Zirkelhaftigkeit

von nichtvitiösen zirkelhaften Argumenten und Verfahren zu unterscheiden: Nichtvitiöse Zirkelhaftigkeit kommt bei vielen [etwa exponentiellen] Wachstumsprozessen und sukzessiv-spiralig voranschreitenden Erkenntniserweiterungen vor [etwa beim sog. Hermeneutischen Zirkel!], aber auch bei zirkularstimulierender Selbstverstärkung – etwa in Motivationen, sozialen Eskalationen und gar in der Erkenntnistheorie [so spricht Vollmer sogar von »virtuosen« Zirkeln der Anpassung und Organentwicklung in der Evolutionären Erkenntnistheorie].)

Hier könnte es nur um vitiöse Zirkel gehen, die aber den Phänomenbereich wieder auf die *Aussagen* einschränken und nicht etwa kontraproduktive paradoxe Handlungen berücksichtigen würden. Ist jedes der heute in biologischen und neurophysiologischen bzw. neurochemischen Untersuchungen und den entsprechenden naturphilosophischen Deutungen von Varela/Maturana bis Prigogine zu findende autopoietische oder sich selbst organisierende System paradox? Durchaus nicht. Selbstbezüglichkeit, Spiraligkeit und somit »endliche« Zirkelhaftigkeit reichen nicht aus.

3. Anders sieht es mit *unendlicher Zirkelhaftigkeit* aus: Ein infiniter Regreß ist wohl ein hinreichendes Teilmoment einer Paradoxie, wenn er sich mit einer (u. U. verdeckten) Selbstbezüglichkeit paart. Doch weder führt jeglicher unendliche Regreß zu einer Paradoxie, sondern nur solche Regresse, die unvermeidbar sind, nicht als bloße (etwa indirekte) Beweisstrategien fungieren usw. Noch ist ein infiniter Regreß wirklich notwendig zu einer Paradoxie – nicht einmal zu einer rein logischen wie der Grellingschen.

4. Ist *Widersprüchlichkeit* oder gar bloß *Negativität* notwendig? Hinreichend sind beide sicherlich nicht; denn es gibt beliebig viele Widersprüche in Argumenten und Begriffsdefinitionen, die nicht charakteristisch sind für eine Paradoxie der Behauptungen oder Handlungen/Effekte. Für eine große Klasse von Behauptungsparadoxien scheint eine gewisse Negativität in bezug auf die Selbstbezüglichkeit hingegen notwendig zu sein. Doch es gibt auch rein positive paradoxe Begriffe wie »zwangsfreigesetzte Menschen« (H. Krupp, *Universitas* 9/1990), Aussagen (»Es ist Zufall, daß der Zufall die Welt regiert«, »Ich bin der bescheidenste Mensch auf der Welt« [Eco]) und Handlungen bzw. Effekte (»Festina lente!«). Negativität scheint nicht allgemein charakteristisch –

zumal nicht bei sozialen Handlungsparadoxien von der Art der Congester's oder Enjoyers' Dilemmata der Überfüllung oder Überbeanspruchung oder der Tragödie der Gemeingüter. Doch für viele sprachlogische (semantische) und für syntaktisch-logische Antinomien gilt diese Notwendigkeit der Negativität wohl – auch etwa für die mathematischen Antinomien wie die von Russell, Burali-Forti, Berry u. a. Negativität mit (eventuell verdeckter) Selbstbezüglichkeit und/oder Zirkelhaftigkeit scheint hier notwendig – und hinreichend – zur Erzeugung einer echten logischen Paradoxie – obwohl der Schein der Widersprüchlichkeit oder Wahrheit trügen mag.

Dies sind die von Falleta allein betonten Merkmale der (nicht-rein-antinomischen) Paradoxa.

5. Der *Schein der Widersprüchlichkeit* bei einem wahren Satz: »Jeder denkt an sich, nur ich denke an mich.«

6. Der unvermeidliche *Schein der Wahrheit* bei einem widersprüchlichen Satz, wie Beispiele aus Kants transzendentaler Dialektik der zeitlichen und räumlichen Weltgrenzen und der Kausalität wie der Handlungsbestimmungsfreiheit ergeben.

7. Die *Perspektivität* bzw.

8. die *Kontextbezüglichkeiten* sind ebenfalls notwendig – für semantische (nicht syntaktisch-logische) und für Handlungsparadoxien: Für das letztere spricht etwa der von Jean Paul im vorphotographischen Zeitalter als Paradoxie aufgefaßte Wunsch: »Ich will sehen, wie ich im Spiegel mit geschlossenen Augen aussehe«. Heute ist das Betrachten eines entsprechenden Fotos des Spiegelbildes kein Problem. Paradoxien können sich als zeit- und entwicklungsbedingte entlarven und durch den Fortgang der wissenschaftlichen und technischen Entwicklung als gegenstandslos entfallen – wie auch etwa Kants paradoxe Aussage über die Endlichkeit bzw. Unendlichkeit des Weltraumes, die ihm beide argumentativ nicht möglich und nicht vorstellbar erschienen. (Vorstellbar ist beides auch heute nicht direkt, sondern allenfalls durch das zweidimensionale Analogon der unbegrenzten, aber inhaltsendlichen geschlossenen Flächen – etwa einer Kugeloberfläche – im dreidimensionalen Raum.) Die zuvor genannte Perspektivitätsabhängigkeit bezieht sich mehr auf die subjektive Seite, die Hinsicht, die gewählte oder ausgezeichnete Sichtweise, der (ab-

strakt verstandene) Blickwinkel, unter dem ein Phänomen als paradox erscheint.

9. *Unterschiedliche semantische Ebenen* scheinen bei manchen theoretischen und bei semantischen Paradoxien i. e. S. eine notwendige Rolle zu spielen: Einsteins Satz »Das ewig Unbegreifliche an der Welt ist ihre Begreiflichkeit« unterstellt, daß die Prädikate »begreiflich« bzw. »unbegreiflich« sich auf unterschiedliche semantische Bereiche beziehen – einmal auf die gesetzmäßige Geordnetheit (bzw. Ordenbarkeit) der Welt, zum anderen auf die Tatsache (bzw. deren Erfassung und Beschreibung), *daß* die gesetzmäßige Ordnung eingesehen werden kann. (Übrigens ist hier m. E. eine paradoxe Formulierung gegeben, deren Teilnegierung ebenso paradox anmutet: Man kann mit gleichem Recht wie Einstein auch letztlich – unter Voraussetzung eines philosophischen Konzepts der Begreiflichkeit i. S. der Beantwortung von »Warum«-Fragen und Existenzfragen – behaupten: »Das ewig Unbegreifliche an der Welt ist ihre Unbegreiflichkeit.« [Beide Behauptungen unterscheiden sich durch ihren Kontext, indem sie geäußert werden – und u. U. auch hinsichtlich der Frage- und Analyseperspektive, also entsprechend den Punkten 8 und eventuell 7].)

Wheelright unterschied schon 1959 zu Recht zwischen »gewöhnlichen« oder Oberflächenparadoxa, die auf bloßen sprachlichen Tricks der Akzentverschiebung und auf Konfundierungen von Nebenbedeutungen und auf (mehr oder minder willkürlichen bzw. geistreich sein sollenden) Konfundierungen oder Verwechselungen solcher im Sinne einer Art von Quaternio terminorum beruhen, und genuinen Paradoxa: Im Gegensatz zu den genannten oberflächlichen paradoxoiden Redeweisen »kommt ein radikales und ernstzunehmendes Paradox nicht durch lösbare Irrtümer zustande, sondern durch die Komplexheit und ihm innewohnende Mehrdeutigkeit dessen, was in ihm ausgedrückt wird«. Mit anderen Worten: echte Paradoxien im radikalen Sinne genügen noch dem

10. Merkmal der internen »*Zwangskonflikthaftigkeit*«, der *tiefen Unausweichlichkeit*, der unvermeidlichen Folgerichtigkeit, die zur (nicht rein syntaktisch-logischen) Widersprüchlichkeit, semantischen oder theoretischen Absurdität oder zum tiefen

Konflikt der Vorstellungsalternativen bzw. zur Unvorstellbarkeit der Kombination der einander ausschließenden Alternativen führt. Kants transzendentale Dialektik kann hier wiederum traditionelle Beispiele tiefer Paradoxa liefern.

Die Liste der angegebenen Kennzeichnungsmerkmale ist natürlich offen für Erweiterungen. Müssen nun alle oder viele – und wieviele? – der genannten zehn Merkmale vorliegen, um in Kombination ein hinreichendes Kriterium einer paradoxalen Behauptung oder Handlungsmenge bzw. eines paradoxen Effektes zu ergeben? Dies läßt sich wohl nicht am grünen Tisch des Denkens allein entscheiden. Einige Merkmale scheinen wirklich zentral und unverzichtbar für alle Arten und Klassen sowie Ebenen der Paradoxa zu sein – z. B. eine Art *Selbstbezogenheit* und / oder *Zirkularität* – sowie der »falsche« *Schein* der Widersprüchlichkeit oder Wahrheit – je nach Art und Anwendungsbedingungen bzw. Kontext. Andere Merkmale charakterisieren nur bestimmte Paradoxa; so lassen sich etwa die Negativität und der Wahrheitsschein i. e. S. wohl nur auf sprachlogische Paradoxien beziehen. (Manche der hier verwendeten Termini sind selbst mehrdeutig: Beispielsweise kann sich der Schein der Widersprüchlichkeit außer auf den Anschein logischer Widersprüche auch auf Handlungs- und Effektinkonsequenzen beziehen, die nicht schon rein logisch widersprüchlich sind.)

Charakteristisch für viele soziale Dilemmata paradoxalen Zuschnitts sind außerdem Systemvernetzungen, Kombinations»neben«wirkungen und disziplinär allein nicht entdeckte oder nicht zu erkennende Effekte, die über das klassische Modell des unikausalen Modelldenkens hinausgehen und bei dem nur interdisziplinär zu ermittelnde Aufschaukelungswirkungen, Übersprungsfunktionen und gegebenenfalls kritische Schwellen- oder Grenzwerte verschiedenartiger Variablen zugleich eine entscheidende Rolle spielen. Besonders für komplexe Handlungs- und Wirkungsgefüge im Sozialen ist das der Fall. Hier sind auch kulturelle und traditionsgebundene, also geschichtlich erworbene Faktoren einschlägig mitbeteiligt, was die Zugänglichkeit der paradoxalen Effekte nicht gerade vergrößert, sondern von Interpretations- und Dekodierungsalternativen abhängig macht. Beispielsweise gilt das sicherlich für einen Ost-West-Vergleich hinsichtlich des Enjoyers' Dilemmas: Ein Ostasiate würde bestimmte Überdichten der Menschenaggregation und der Beengung noch gar nicht als unzumutbar oder kontraproduktiv beurteilen – derart, daß etwa der Naturgenuß oder Sportgenuß beeinträchtigt ist, wo westliche Personen bereits unzumutbare oder unerträgliche Dichtekonflikte empfinden: Interessant, auf wie engem umgitterten Raum in Japan Golf geübt und gespielt wird – oft gar mit bloß vorgestelltem Ball auf dem U-Bahnsteig! Die Frage ist natürlich, ob solche Einschränkungen der Auffassung und Erfahrung, die von kulturellen Traditionen, Gewöhnungen und Interpretationen sowie Erlebnisdistanzen usw. abhängen, in den erwähnten Tiefenbereich der echten und radikalen Paradoxa fallen (diese wären in diesem Falle dann selbst als kulturrelativ anzusehen). Psychosoziale Einstellungen, Begrenzungen und Schwellen könnten durchaus solche Einflüsse ausüben. Bei den Handlungsparadoxa läßt sich das durch interkulturelle Erfahrungen und Begegnungen durchaus exemplifizieren: Ich hatte längere Zeit beträchtliche Schwierigkeiten, die Begleitgesten der Inder beim Zustimmen zu verstehen – als nicht paradox zu dekodieren: Ein Inder begleitet seine ausdrückliche Zustimmung zu einem Satz nicht etwa wie ein Europäer mit einem Kopfnicken, sondern mit einem beharrlichen Kopfschütteln – was bei europäischen Gesprächspartnern nur schwer abzustellende Irritationen, paradox erscheinende Widersprüche zwischen Inhalt und Gestik zur Folge hat: Wir sind eben an ganz andere Gesten der diesbezüglichen Metamitteilungen gewöhnt. Allmählich freilich stellt man sich selektiv um, lernt die Gesten lesen, stutzt vielleicht immer noch, sieht, erlebt aber kein Handlungsparadoxon mehr.

Nochmals Nietzsche, Macht und Ökologie

Von einer fünftägigen Gletschertour in die Ortlergruppe und deren Welt der Felsen, Eisspalten, Moränen und Geröllhalden sowie der grünen, noch unverdorbenen Alpentäler des Parco Nationale delle Stelvio zurück – nehme ich, gesättigt von unbeschreiblichen Panoramablicken in die gleißende Weiße der Gletschergirlanden an den schwarzen Riesen unter der hohen Blauwölbung, den Faden wieder auf. Viel mußte ich in jener Gegend an Nietzsches Vergleich der Philosophie mit dem Existieren »in Eis und Hochgebirge« denken: »Philosophie, wie ich sie bisher verstanden und gelebt habe, ist das freiwillige Leben in Eis und Hochgebirge – das Aufsuchen alles Fremden und Fragwürdigen im Dasein, alles dessen, was durch die Moral bisher in Bann gehalten war« – so der Lebensphilosoph, der das Tal des Engadin und dessen Berge, Gletscher und Höhenluft liebte, im Vorwort seines *Ecce homo*. Seinen hoch-, gar überfliegenden, verstiegenen Band *Zarathustra* bezeichnete er hier sogar als »das eigentliche Höhenluft-Buch«: »Die ganze Tatsache Mensch liegt in ungeheurer Ferne *unter* ihm –, es ist auch das *tiefste*, das aus dem innersten Reichtum der Wahrheit herausgeborene (Buch)!« Nicht ganz so präpotent, doch arrogant, anspruchsvoll genug, meinte der französische Mathematiker/Philosoph Michel Serres: »Solange man keinen neuen Kontinent entdeckt hat, ist man kein wahrer Philosoph«, »ein durchaus achtbarer Wissenschaftler, aber kein Philosoph!« Hat Nietzsche den Kontinent der *über*menschlichen Gletscherzonen, der eiskalten Gedankenhöhenluft, des ewigen Überlebens- und Machtkampfes im Fremd-Bedrohlichen der Eiswelten der Gletscher und des Geistes, im ewig sich weiter zeugenden Streit der in die Dynamik vernetzten Machtmonaden, Lebenszentren, Individualwesen für sich als seinen philosophischen Kontinent entdeckt? Oder das Reich der alles umgreifenden, unausweichlichen Interpretationen: Nietzsche, der konsequente Denker der alldurchdringenden Interpretativität! So mag man oberflächlich denken. Doch verwickelt sich der große Wortkünstler allzu schnell in Widersprüche, pragmatische und auch methodische: Interpretationen sind notwendig von Menschen (oder von den dynamischen Lebenszentren des Nietzscheschen Macht- und Aktivitätsstrebens) vorgenommen, geleistet worden. Interpretationen sind nichts Vorgefundenes. Interpretativität, Interpretationsgebundenheit oder -geprägtheit ist per se abhängig von der deutenden Handlung, der interpretierenden Tätigkeit des bewußten Zentrums, wohl meist des Menschen (obwohl Nietzsche seinen Interpretationsbegriff selbst sehr viel weiter auffaßte: Jeder »Wille zur Macht«, jede Aktivitätsmonade »interpretiert« ihm zufolge). Eine Interpretationsphilosophie kann nicht vom Interpreten, vom

Subjekt des Deutens, vom interpretierenden Handlungszentrum, also meist dem deutenden Menschen, absehen. Eine Philosophie, welche »die Tatsache Mensch in ungeheurer Ferne *unter*« sich sieht, ist selbst in pragmatische Widersprüche und Handlungsparadoxien verstrickt, die sie selbst nicht auflösen kann, ohne auf die deutende Aktivität des Interpreten zurückzugreifen. Pathetik löst an sich noch keine Paradoxa, auch keine pragmatisch-methodologischen, wie sie hier auftauchen. Das Menschliche sollte man als Philosoph nicht präpotent verleugnen (wollen). Wer sich selbst dem Allzumenschlichen entzieht, überarrogant sich hoch über alles Menschliche erhaben dünkt, endet bestenfalls in pragmatischer Selbstwidersprüchlichkeit, Unglaubwürdigkeit, Lächerlichkeit. Oder er zerbricht im Wahn und Irrsinn, im *Double bind* der philosophischen Allmachtphantasien und der absoluten Vereinsamung – wie Nietzsche selbst. Die Pathetik der Gedanken wird zur heroistischen oder gar herostratischen Pose, wird unglaubhaft. War Nietzsche doch – wie Albert Schweitzer, sein ethischer Gegenspieler, glaubte – kein tiefer, echter Denker, sondern eher ein intellektuelles Enfant terrible der Aufrüttelung und Verunsicherung? Hat ihn alle seine überströmende Wortgewalt selbst getäuscht, hat er sich hinter seinen mitreißenden Formeln und Formulierungen selbst in die Irre geführt oder führen lassen? Nietzsche – ein paradoxaler Denker. »Selbstkenner! Selbsthenker!« heißt es oft bei ihm – z. B. in dem Hochgebirgs- und Gletschergedicht *Zwischen Raubvögeln*. »Einsamkeit« ist ebenfalls ein Standardwort in seinen Selbstbetrachtungen. Also in Anspruch, Paradoxalität und Zerrissenheit eine unmenschlich anmutende selbsthenkerische, selbstzerstörerische Philosophie. Muß der Selbstdenker, Selbstkenner zum Selbsthenker werden, wie Nietzsche es insinuierte? Ist die radikale »selbstdenkerische« Philosophie zur Selbstzerstörung, Selbstunterminierung, Selbstaufgabe prädisponiert? Nietzsches Gegenspieler Schweitzer scheint ein Gegenbeispiel zu bieten – obwohl auch er in Widersprüchlichkeiten landet bei dem Versuch, die Natur und deren Entzweiung (Leben muß töten, um [weiter]leben zu können) mit dem ethischen Gesichtspunkt der Ehrfurcht vor allem existierenden Leben(swillen) zusammenzudenken. Ist Nietzsches größere Radikalität tiefer? Muß Denken in erster Linie »tief« sein? Ist Menschlichkeit,

Humanität nicht doch wichtiger – und letztlich echter, insofern auch überzeugender und »tiefer«? Pathetisches oder selbstproklamiertes Tiefendenken ist unecht, ist Pose, ist gestellt, (hoch)stilisiert – bleibt insofern oberflächlich. Wer sich mit großer Geste über seine Menschlichkeit erhebt (genauer: erheben will, denn handelnd vermag er es nicht!), der wird unglaubwürdig, verfällt in pragmatische (Selbst-)Deutungs- und Handlungsparadoxien. Auch philosophischer Hochmut kommt vor dem Fall. Und bei Nietzsche selbst war dies der Fall. Er wußte es, er ging sehenden Auges auf den Untergang, die Selbstzerstörung zu. Aber er machte sich wohl doch noch selbst etwas vor: Er stilisierte sich zum »Gekreuzigten«, intellektuellen »Übermenschen«, zum Offenbarungspropheten der Menschheit. Hat er den Wahn bewußt gesucht, gezielt herbeigeführt? Wer sich selbst überhöht, verfällt im Extrem in Wahn. Absolute Radikalität ist (selbst)zerstörerisch. Nietzsche ahnte es, wußte um seinen Fall (im Doppelsinn des Wortes). Doch er stilisierte sich als singuläres Individuum in heroistisch-prophetischer Absicht. Ruhmsucht, Wahnfixierung, als Schicksal bewußt gelebter »europäischer Nihilismus«, den Nietzsche so eindringlich heraufziehen sah – und vielleicht gar mit heraufbeschwor, wie ihm u. a. kürzlich wieder einmal jemand aus der Neuen Welt des professionellen, fast zur Fratze geronnenen Optimismus vorhielt, Allan Bloom in seinem Buch über den Niedergang des amerikanischen Geistes. Neben Freud, Marx, Heidegger und Max Weber (»Entzauberung« der Welt!) gilt ihm – »natürlich«!? – Nietzsche als einer der großen Totengräber des abendländischen optimistischen Geistes. War Nietzsches radikale selbstzerstörerische intellektuelle Potenz und Präpotenz exemplarisch für das Abendland? Eine gewaltige pragmatische Handlungsparadoxie des jede sich bescheidende Selbstbeschränkung beiseiteschiebenden abendländischen Eroberungs- und Allbemächtigungsgeistes? In der Tat scheint etwas wahr daran zu sein. Die Selbstüberhebung, Selbstüberschätzung, Selbstüberforderung des All-Beherrschungsstrebens, gepaart mit hybrishafter Attitüde, zeigt alle Zeichen heroistisch übersteigerten Hochmuts, ins Non-plus-ultra gesteigerten Übermuts. Kein Wunder, daß dieses Allmacht-, Allbemächtigungsstreben vor dem Fall, zu Fall kommt, in den oben analysierten Kollektivdilemmata und sozialen Handlungs- sowie Wirkungsparadoxien verstrickt wird, unterzugehen droht. Der Allmachtsattitüde allein ist der Untergang zu gönnen – fraglos, denn sie war präpotent, überstiegen, anmaßend: »Der Mensch – die vertikale Anmaßung« – so zitierte ich aus einem Physiker-Techniker-Drama von De Obaldia. Diese Selbstanmaßung, diese selbstgefällige Selbstvergötzung ist zu verabscheuen und zu verabschieden. Heroismus führt zwangsläufig zum Herostratentum. Wir sollen, wir dürfen die Lebenswelt, die Lebensgrundlagen und uns selbst nicht in unserer Allmanipulations-, Allbemächtigungshybris zerstören. Wie jegliche Großvergötzung wäre auch die Technologievergötzung im supertechnologischen Zeitalter kontraproduktiv und letztlich destruktiv. Wir merken dies allenthalben daran, daß die vergewaltigte Natur – metaphorisch gesprochen – zurückschlägt, sich zu »rächen« beginnt. Es rächt sich eben doch, wenn man über Grenz- und Schwellenwerte Raubbau treibt: Prisoners'-Dilemma-Situationen, Enviromentalists' und Enjoyers' Dilemmata, soziale und Handlungsfallen und viele methodologische Paradoxien ähnlicher Art, deren einige oben skizziert wurden, zeigen dies. Man schlägt nicht ungestraft über alle Stränge, jedenfalls, wenn man dies habituell tut. Eine Einsicht, die nicht nur für die individuelle Gesunderhaltung gilt. Nietzsche nahm Selbstzerstörung, den Untergang bewußt in Kauf, führte beides vielleicht gar gleichsam absichtlich herbei: Wollte er einen exemplarischen Opfertod der Wertsünden des ebenso hybriden wie hybrishaften abendländischen Geistes vorführen – der selbsternannte »antichristliche« »Gekreuzigte«? Oder fühlte er sich eher als gefesselter, an Leib und Leben zerfressener Prometheus (=»Vordenker«!), der dem Abendlande die Kultur, das gefährliche Feuer der Selbstansicht über alle seine höchst fragil-fiktiven Wertfixierungen gebracht hatte und nun vom zeusartigen Überschicksal mit ewig wiederkehrender Qual, mit der Perpetuierung der Leiden aller intellektuellen Überheblichkeit und ihrer Folgen gestraft wurde? Nietzsches Schicksal als Intellektuellen-Drama wie als persönliche Zwangsentwicklung trägt tatsächlich etwas Exemplarisches an sich, beispielhaft, in einer Nußschale konzentriert, für das drohende Fatum des abendländischen Geistes. Wieviel besser wäre es in der Tat, wenn der Bioethiker Albert Schweitzer sich als eher exemplarisch für das Abendland erweisen könnte! Die Ethik der aktiven Hingabe an existierendes anderes Leben, der umfassenden Verantwortung für Natur und Kreatur in meinem Handlungsbereich wäre ein würdigerer, weniger selbst- und systemzerstörerischer Ausgangspunkt für ein befriedetes Verhältnis zur Welt als die Allbemächtigungsphantasien, als der bis zum Wahnsinn übersteigerte Machtwillen, Macht- und Selbstbespiegelungsrausch des Nietzscheaners. Macht korrumpiert auch im Existentiellen, absolute, verabsolutierte Machtwünsche – gerade auch, wenn sie technologisch realisiert werden wollen – erweisen sich als selbstzerstörerisch. Nietzsches radikale Entschiedenheit, gepaart mit extrem formulierender Klarsichtigkeit und wahnhaften Überstiegenheiten, zeigt exemplarisch ein Modell des abendländischen Schicksals. Technologische Macht, als Möchte-gern-Allmacht überschätzt, endet wie politisch unkontrollierte in Korruption und Wahn. Macht(-wille, -streben) ist nicht alles, nicht einmal das Wesentliche für eine gedeihliche Weiterexistenz im Kontext einer höchst verletzlichen Natur. Wird eine solche Einsicht in die Paradoxien- und Zerstörungsträchtigkeit des wachstumsfetischistischen abendländischen »Immer schneller, immer höher, immer stärker, immer größer, immer weiter!« – dieses quasi- und pseudoolympischen Mottos unserer Zivilisation – ausreichen, um den immer deutlicher kontraproduktiven, ja, systemzerstörerischen positiven Rückkoppelungen Einhalt zu gebieten? Wohl kaum. Können wir den zum Abgrund rollenden Wagen noch aufhalten? Ist der Zug dorthin schon abgefahren – unaufhaltsam? Individuelles Abspringen allein hilft nichts. Die persönliche Nische zu sichern, sich dort einzunisten – das wäre eine Vogel-Strauß-Strategie. »Wer heute den Kopf in den Sand steckt, knirscht morgen mit den Zähnen«, orakelte allzu verniedlichend ein Reklametexter. »Vogel, friß oder stirb!« wäre wohl eine treffendere Verdeutlichung. Dem Fressen entspricht die wirkliche, wirksame, verwirklichte, verinnerlichte Einsicht in die zwangsläufigen Dilemmata und Paradoxa der ökologischen Situation. Alles dies ist heutzutage nicht mehr neu, klingt gar nicht originell, nimmt dennoch immer dramatischere Brisanz an, muß ernst genommen, darf nicht nur in Feiertagspredigten, parlamentarischen Scheindebatten und intellektuellen Geschwätzigkeiten und Lippenbekenntnissen oder auch »philosophischen« Schönredereien beschworen werden.

Verbalisierungen sind nur notwendige, keine hinreichenden Instrumente für Lösungen in der Umwelt- und Abendlandproblematik. »Diskussionswissenschaftliche« Debatten säubern keinen Fluß, hat der so clever sich gebende einstige Ministerpräsident eines, dieses unserer Länder vor nicht allzu langer Zeit noch festgestellt. Richtig! Doch ebensowenig wie die von einem prominenten Diskursphilosophen gerade propagierten »tausend Konferenzen« mit Ökothemen werden auch die verbalen Schattenfechtereien der politischen Debattierer allein Flüsse, Luft und Boden – oder gar die Meere reinigen. Auch Politiker *reden* nur, das hat der wortgewaltige, wendige, vielleicht gar etwas windige Experte der cleveren Selbst(re)präsentation wohl nicht bedacht, der sich etwas spätherrlich betulich in der Sonne seines hausgemachten hochstilisierten Resonanzerfolgs (be)spiegelte. Alles nur notwendige – und wichtige, aber keine hinreichenden Lösungsmittel für die Probleme der Umweltpolitik und des Abendlandes!

Das ökologische Evangelium

Wird ein Übergang von einer Nietzscheanischen zu einer Schweitzerischen Attitüde gegenüber der Natur und Mitwelt möglich sein? Die Sensibilität der aufgeweckten jüngeren Generation läßt hoffen. (Auch sie wurde und wird freilich mit *Worten* angeregt und verbreitet. Notwendige Verbalisierungen sind – wie gesagt – wichtig, unverzichtbar, wenn man in die Zukunft handeln, planmäßig und im Ernst etwas ändern will.) Die Problematik hat, wie deutlich wurde, auch eine tiefere, philosophische Dimension: Wie oben bereits diskutiert und erkannt wurde, ist die Willen-zur-Macht-Interpretation einseitig, überspitzt, zugespitzt, eigentlich ideologisch. Jede Aktivität, jede Strebung, jede Interaktion allein unter Aspekten der Ausdehnung eigener Macht – und seien es symbolische Modifikationen oder Darstellungen derselben – zu verstehen, ist eine einseitige, eingeschränkte Interpretation, die wohl einer überzogenen Metapher Baconisch-Cartesischer Provinienz vom Dominium terrae, von der Allherrschaft der Menschen über die Natur, aufgesessen ist, die noch – fälschlich, wie es heute scheint – aus der biblischen Überlieferung legitimiert wird. Das Evangelium der Essener jedenfalls, einer Sekte, der auch Jesus zugerechnet wird, gebot demgegenüber eindeutig eine Rücksichtnahme gegenüber der Natur und ihren Geschöpfen und Grundlagen: »Die Erdenmutter und ich sind eins: Ich habe meine Wurzeln in ihr, und sie hat ihre Freude an mir, wie das heilige Gesetz es will.« Die Qumran-Schriftrollen (Buch 3: *Die verlorenen Schriftrollen*) fordern nicht nur zur identifizierenden Kommunion mit der Mutter Erde auf, sondern auch zur kommunizierenden Verehrung der »Engel des Wassers«, »der Luft«, »des Erdreichs«, und »des Lebens« – neben den Engeln »der Kraft«, »der Sonne«, »der Liebe«, »der Weisheit«, »des ewigen Lebens«, »der Arbeit« und »des Friedens«. Erde, Sterne, Mond, Bäume, alle lebendigen Wesen werden verehrt und geachtet, beschützt und gepflegt: »Denn die Bäume sind unsere Brüder, und als Geschwister wollen wir uns gegenseitig schützen und lieben«: »Mein Bruder Baum! Laß mich vor dir nicht verbergen, sondern laß uns den Lebensatem teilen, den uns die Mutter Erde gab ...« »Mit der rauhen Eiche und der edlen Zeder hat die Erdenmutter einen Gruß des ewigen Lebens an den Himmelsvater geschickt. So geht mein Gebet an die hohen Bäume; und ihre Zweige, die zum Himmel reichen, mögen meine Stimme zum Himmelsvater tragen. Für jedes Kind sollst du einen Baum pflanzen, auf daß der Schoß der Erdenmutter weiteres Leben hervorbringe, so wie der Schoß der Frau Leben hervorbringt. Jene aber, die einen Baum zerstören, schneiden sich selbst einen Teil ihres Körpers ab ...« »Heiliger Baum! du göttliches Geschenk des Gesetzes! Deine Würde vereint all jene, die ihr wahres Zuhause verlassen haben, den Garten der Gemeinschaft. Unter deinen ausgebreiteten Zweigen werden alle Menschen wieder zu Brüdern und Schwestern. So wie der Himmlische Vater alle seine Kinder liebt, so wollen wir die Bäume lieben und für sie sorgen. Alle, die in unserem Lande wachsen, wollen wir erhalten und schützen, damit sie groß und stark werden und die Erde wieder mit ihrer Schönheit erfüllen. Denn die Bäume sind unsere Brüder, und als Geschwister wollen wir uns gegenseitig schützen und lieben.« War nicht nur Jesus, sondern auch Franziskus von Assisi ein Essener? Es kann nicht geleugnet werden, daß zumindest in der apokryphen Evangelientradition ein explizites ökologisches Verantwortungsbewußtsein ausgeprägt war. Im Buche 4 des geheimen Evangeliums der Essener – in der schönen Parabel »Das Geschenk des Lebens in dem bescheidenen Gras« entdeckt Jesus die oben erwähnten Engel in jedem Grashalm: »Denn in dem Gras sind alle Engel:« »Alles was lebt, alle Bäume, alle Pflanzen in jedem Teil der Welt, sie alle sind Teile des Reiches der Erdenmutter.« »Es ist die Erdenmutter, die unsere Körper versorgt, denn wir sind aus ihr geboren und haben ihr Leben in ihr. So versorgt sie uns mit Nahrung in jedem Grashalm, den wir mit unseren Händen berühren. Denn wahrlich, ich sage euch,... nicht nur durch das Brot ernährt uns der Weizen.« »Es ist der Engel des Lebens, der durch die Grashalme in den Körper des Sohnes des Lichts fließt... Denn das Gras ist Leben,... und Leben fließt zwischen dem Sohn des Lichts und den Grashalmen und bildet eine Brücke für den heiligen Strom des Lichts, der der ganzen Schöpfung Leben gab.« »Ich sage euch wahrlich, der Engel der Kraft tritt in euch ein, wenn ihr den Strom des Lebens durch die Grashalme berührt...« »Wisset auch, daß der Engel der Liebe in den Grashalmen gegenwärtig ist, denn Liebe ist im Leben, und groß ist die Liebe, die den Söhnen des Lichts durch die zarten Grashalme gegeben wurde. Denn wahrlich, ich sage euch, der Strom des Lebens fließt durch jedes Leben, und alles, was lebt, badet in dem heiligen Strom des Lebens...« Albert Schweitzer hätte an dem Evangelium der Essener seine wahre Freude gehabt! Die apokryphe ökologische Überlieferung der Evangelien hätte gewichtiger die theologische und religiöse Tradition des Christentums bestimmen können und sollen. (Einen Teil der Essener-Schriften verwahrte man unter Verschluß in der Geheimbibliothek des Vatikans, ein anderer Teil fand sich in den Schriftrollen von Qumran.)

Subversion der ökologischen Vernunft

Es gab also – im Gegensatz zum einseitig interpretierten und so wohl mißverstandenen (vgl. z. B. entgegen Gen. 1,28 das Garten-Eden-Gebot Gen. 2,15!) Dominium-terrae-Befehl – durchaus eine untergründige, unergründete, vielleicht sogar mangels der relevanten Deutungen unergründliche Strömung eines schonenden ökologischen Geistes in der christlichen Welt – wenigstens in einzelnen Zweigen, Sekten, Zusammenhängen und Leitpersonen – wie etwa Franziskus! Und wie dessen Einsichten, Aufforderungen und die schon zitierten Passagen über die Rücksichtnahme auf die Bäume und alle lebenden Wesen aus den Essener-Schriften zeigen, wurde dieses Ökologiebewußtsein durchaus auch ethisch verstanden und ins Praktische gewendet: Man soll die Pflanzen als lebendige Geschwistergeschöpfe nicht vernichten oder schädigen. In der theonomen Ethik gilt dies natürlich als göttliches Gebot. Doch wird zusätzlich auch eine anthropozentrisch-utilitaristische, auf das menschliche Selbstinteresse bezogene Begründung mitgeliefert: »Jene aber, die einen Baum zerstören, schneiden sich selbst einen Teil ihres Körpers ab!« Hier scheint in individualistisch zugespitzter, übertriebener Formulierung die ökologische Einsicht über die Abhängigkeit der menschlichen Interessen und Kultur, über deren Unversehrbarkeit und Entwicklungsmöglichkeiten von einem gut funktionierenden Ökosystem der Flora (und wohl auch Fauna), sowie des Nahrungsmittelanbaus (die Pars-pro-toto-Metapher des Gartens tritt des öfteren auf) hervorgehoben und auf eine interessengebundene Begründung konzentriert zu sein: Eine Gesellschaft bzw. eine Bevölkerungsregion, deren pflanzliche (und tierische?) Lebensgrundlage zerstört wird bzw. von den Menschen selbst zerstört wurde/wird, schädigt sich selbst, zerstört zugleich ihre eigene Existenz, sägt sozusagen den Ast ab, auf dem sie sitzt: Der endemische Raubbau an den blühenden Wäldern der nördlichen Sahara und den Hängen der griechischen/jugoslawischen Küstengebirge zur Römerzeit beweisen die drastischen Folgen im Sinne dieses Satzes. Die nordafrikanische Küste desertifizierte, wurde zur unfruchtbaren Wüste, die östlichen Küstengebirge an der Adria verkarsteten – und zwar beide irreversibel! Man hatte einen Teil des eigenen (humanen und sozialen) Körpers abgeschnitten! Freilich waren es fremde menschliche Mächte und Interessen, die vornehmlich für die Zwecke des Schiffsbaus Holz ohne Beachtung der Nachhaltigkeitsgesichtspunkte (»nur soviel Holz schlagen, wie in entsprechender Zeit nachwachsen kann«) schlugen und requirierten, ganze Waldstriche rücksichtslos (»nachhaltigkeitslos«) abholzten und somit zur ersten ökologischen Teufelsspirale und Katastrophe im Abendland beitrugen – und das in den Hochzentren der Kultur. Die »Tragödie der Gemeingüter«, wie sie oben (nach Hardin) diskutiert wurde und heute besonders in der sich desertifizierenden Sahelzone in Gestalt der Erosion der Böden aufgrund der ebenfalls ohne Berücksichtigung aller Nachhaltigkeit stattfindenden Ausbeutung und Übernutzung dramatische Brisanz angenommen hat, zeigte sich also bereits in der Antike. Heute sollte man bessere Möglichkeiten haben, solchen Zwangsfolgen zu begegnen, indem man die systematischen Zusammenhänge der Ökosymbiose und Ökosysteme und deren innere Vernetzung und Störungsanfälligkeiten sowie die betreffenden Schwellenwerte und Nachhaltigkeitsgrenzen vorzeitig, rechtzeitig erkennt und beachtet! Doch überrollt auch hier – wie oben bei der Behandlung der *sozialen* Fallen in strategischen Handlungssituationen, in denen viele strategisch in Konkurrenz gegeneinanderstehenden Eigeninteressen handeln, betont wurde – das Eigeninteresse in *struktureller* Zwangsläufigkeit die notwendigen Grenzen der eigenen (kurzfristigen) Interessenbeschränkung im Sinne der langfristigen Interessenwahrung. Die Beachtung der Nachhaltigkeit, Selbstbeschränkung und Rücksichtnahme ist in strategischen Konkurrenzsituationen kurzfristig gewinnorientierter und wachstumsinteressierter Akteure nicht zu gewährleisten, wenn nicht drastische Kontrollen oder wirksame gegenwirkende Anreize/Belohnungen usw. eingreifen. Der Mensch neigt dazu, in einer Art Rationalitätsfalle kurzfristige Belohnungen langfristigen Konsequenzen vorzuordnen, besonders wenn es sich um Fernfolgen handelt, die sich erst in der Zukunft den nachfolgenden Generationen (oder in fernen Erdgegenden) bemerkbar machen: »Nach uns die Sintflut!« (Jon Elster hat in seinem Buch *Subversion der Rationalität* auf manche solcher zeitabhängigen, allzu menschlichen Rationalitätsfallen aufmerksam gemacht.) Doch selbst wenn die nachteiligen Wirkungen voraussehbar sind und noch in der eigenen Generation zum Tragen kommen (können) und auch die eigene Lebensregion betreffen, überrollt die Eigeninteressengebundenheit in der Konkurrenz innerhalb einer an Besitzstatus orientierten Gesellschaft und Kulturtradition zwangsläufig, weil aus strukturellen Gründen, die Nachhaltigkeitsappelle und alle Selbstbeschränkungspredigten. Solange der Viehbesitz in Sahelzonengesellschaften die Grundlage für den sozialen Status abgibt, solange ist die Tragödie der Gemeingüter nicht durch individuelle Einsicht gütlich zu lösen. Die Katastrophe nimmt ihren Lauf wie eine Lawine – eine sozialstrukturelle Lawine der Erosion – wahrlich ein Teufelskreis! Diese Strukturen und Beispiele können, ja, müssen, wie oben angedeutet, viel allgemeiner verstanden werden. In der Sahelzone sind diese kontraproduktiven Strukturmechanismen zwar existentiell im strengen Sinne des Wortes – Hunger- und Wassernöte drohen nicht nur, sondern sind bereits weit verbreitet –, doch könnte man – fälschlich! – meinen, diese Selbstzerstörungskonsequenzen seien regional auf bestimmte betroffene Zonen beschränkt. Doch das immer noch verbreitete Motto oder untergründige Gefühl: »Was kümmert es uns, wenn da hinten im fernen Kontinent Leute ihre Umwelt zerstören, hungern, dürsten oder sich gar die Köpfe einschlagen!« – dieser inhumane Impuls ist heute unverantwortlich – aus verschiedenen Gründen: Einerseits ist die Binnenverflechtung der heutigen Erdgesellschaft viel höher als früher – besonders auch ökonomisch und politisch. Andererseits ist angesichts der Überflußversorgung in hochentwickelten Industriegesellschaften keine Begründung für die Unterlassung einer Hilfeleistung für Hungernde und Darbende einsichtig, jedoch ist eine bloße Notoperation zum Stopfen von Versorgungslücken keine sinnvolle und langfristig effektive Dauerlösung; sie schafft nur neue Abhängigkeiten und einen sozialen Effekt, der der von Psychologen sogenannten Disposition der »erlernten Hilflosigkeit« (Seligman) entspricht. Eigene Flexibilität und Problemlösekapazität wird auf diese Weise verringert, u. U. gar minimiert. Schließlich zeigt sich – und das ist der Hauptaspekt dieser Überlegung –, daß es sich bei den regionalen Kontraproduktivitäten, Dilemmata und Falleneffekten nur um besonders ins Auge springende Beispiele viel allgemeinerer Strukturprobleme und Strukturinkonsistenzen handelt. Wie viele unserer Übernutzungs- und Massierungsprobleme – von der Verkehrslawine, die zum Totalverkehrsinfarkt zu führen droht, bis zur Zerstörung natürlicher Erholungsgebiete und des Waldes sowie der Artenvielfalt in Ökosystemen und gar in genetisch wichtigen Ressourcengebieten – sind von derselben Struktur der sozialen Fallen, die durch strategisch-konkurrenziell und massiert verfolgte Eigeninteressen entstehen. Die Umweltverschmutzung in industriellen Ballungsgebieten zeigt, daß durch bloße Appelle an die Einsicht, übrigens hochrationaler (?), Firmenmanagements oder durch Sonntagspredigten allein nichts zu erreichen ist. Nur die – freilich durch stete Mahnung, Appelle und vor allem Informationen geschärfte – Bewußtheit der Öffentlichkeit, politischer Druck, gesetzliche Regelungen und Auflagen sowie wirksame Einzelkontrollen (und gegebenenfalls auch ökonomische Anreize) können gesamtgesellschaftlich wirksam werden. Das vielbeschworene bloße System der ökonomischen Palliativanreize allein, das Bonussystem der Umweltzertifikate (die Firmen kaufen »Verschmutzungsberechtigungen« bis zu einem gewissen Grade), reicht nicht aus. Lobbyismus, Umgehungen von Kontrollen usw. sprechen schon bisher ein deutliches Wort – etwa in der Geschichte der Rhein-Verschmutzungen des letzten Jahrzehnts – oder auch bei der hinhaltenden Unterwanderung oder Teilblockierung, der sperrigen Salamitaktik, in der Autokatalysatordurchsetzung! Jeder schneidet sich das günstigste, größtmögliche Stück vom gemeinsamen Kuchen ab; jeder ist nur bereit, sich gezwungenermaßen allerkleinste Salamischeibchen an Privilegien, Absahnungsmöglichkeiten – gerade auch der indirekten in Gestalt externalisierter, also auf die Gemeinschaft übergewälzter oder verteilter Kosten oder Schäden – abschneiden zu lassen. Die positive nutzenmaximierende Kuchenmetapher und die negative kostenverteilende Salamimetapher spielen in einer individualisierenden, von Eigeninteressen gesteuerten Gesellschaft perfekt strukturell Hand in Hand. Das gilt gerade auch für die institutionelle und kollektive Akteure, also etwa für Unternehmen, Firmen usw., die extern wie rationale Akteure im Sinne des ökonomischen Rationalitätsprinzips handeln – mehr vielleicht, als es die meisten einzelnen Menschen angesichts vorausgesehener Schädigungen anderer tun würden!

Zudem ist das System der Umweltzertifikate geradezu pervers: Man erlaubt, ja, ermuntert geradezu die bis an die durch die gezahlten Zertifikate abgedeckten Grenzen gehenden Umweltsünden. Pecca fortiter – bis an die bezahlten Grenzwerte! Wieviele Firmen, Unternehmen usw. würden viel lieber den Bereich der erlaubten Verschmutzung so extensiv wie möglich nutzen, als teure(re) Filterungs- und Säuberungsanlagen einzubauen oder gar neue, wenig umweltbelastende Produktionsverfahren erst zu entwickeln. Das Beispiel vieler Versicherungsfirmen oder Großfirmen im Umgang mit kleineren, ökonomisch und juristisch weniger potenten Konkurrenten oder geschädigten Klienten spricht eine deutliche Sprache: Man riskiert lieber einen Prozeß oder ein Bußgeld, als daß man bereit wäre, grundlegende Änderungen augenblicklich vorzunehmen. Prozesse sind lang, lassen sich leicht auf die lange Bank schieben, Entscheidungen ad Calendas Graecas verschleppen. Bußgelder in Umweltfragen waren traditionell eher lächerlich. Ursachenfeststellungen lassen sich ad infinitum bezweifeln – mit hingezogenen Gutachterstreitigkeiten – oder durch obstinate Ableugnung (wie etwa die groteske Geschichte eines Holzschutzmittels in der letzten Zeit belegt). Und – last but not least – sind versierte ausgebaute Rechtsabteilungen und Firmenrechtsanwälte noch die billigste und leichteste, am wenigsten aufwendige »Lösung« von Umweltstreitigkeiten – stets, natürlich, zum (ökonomischen) Wohle der Firma – und nur sehr, sehr zögerlich zum Gemeinwohl der betroffenen Menschen!

Zwischen Selbstvernichtung und Kreativität: vom Krieg der logischen und der biologischen Konstanten

Von der *Kritik der logischen Konstanten* (1968) bis zur *Kritik der kleinen Vernunft* (Auflage B = TB 1990)! Gestern wurde mir vom Verlag mitgeteilt, daß die Exemplare der Taschenbuchausgabe der *Kritik der kleinen Vernunft* fertig seien – und, so wurde mir auch bedeutet, der »Krieg der logischen Konstanten« habe sich nicht mehr abwenden lassen. Der »Krieg der logischen Konstanten« findet also doch statt. D. h.: auf dem Innenimpressum der Autorenvorstellung konnte der Druckfehlerteufel, der aus »Kritik der logischen Konstanten« »Krieg der logischen Konstanten« gemacht hatte, nicht mehr gestoppt werden. So ist denn in diesem Büchlein der philosophischen Witze und Anekdötchen unfreiwillig – wie die meisten Witze – noch ein weiterer entstanden (in einem solchen Buch läßt sich's am ehesten goutieren).

»Krieg der logischen *und biologischen* Konstanten« wäre dann wohl ein besserer Titel. Denn der Konflikt zwischen Rationalität und biologischen Grundlagen des Handelns, Verhaltens, Argumentierens ist in der Tat ein Thema, das des Schweißes und auch des philosophischen Denkens wert ist, wie wir schon gesehen haben, wenn auch vornehmlich mit Bezug auf soziale Handlungsparadoxa. Bio-logische Paradoxa gilt es ebenfalls zu berücksichtigen und zu analysieren. Sie scheinen noch tiefer implantiert, einprogrammiert zu sein in das Verhaltensrepertoire auch des Menschen, der sich – fälschlich – pars pro toto oder präpotent den Weisen oder gar verdoppelt – als ob er es selbst glaubte (!) – *sapiens sapiens* nennt. Die Neurophysiologen und Neurobiologen haben in der Tat in der Stammesentwicklung des menschlichen Gehirns drei relativ deutlich voneinander unterscheidbare Teile entdeckt, die verschiedenen Entwicklungsstufen entstammen und nur locker miteinander koordiniert zu sein scheinen. Die höheren und jüngeren Schichten überlagern die niederen und älteren – scheinen ihnen eher aufgepfropft zu sein als mit den Tiefenschichten wirklich integriert. So erweist sich das Gehirn als in relativ unabhängige Teile aufgetrennt und der Mensch, das Handlungs- und Emotionswesen, als ein gespaltenes Wesen: Konflikte zwischen dem Stammhirn, dem »Reptiliengehirn«, dem weiteren Althirn der Säugetiermitgift (Paläosäugetierhirn) und dem jüngsten, dem »humanen« Großhirn, dem Neocortex, sind nach der Theorie von Papez und MacLean einprogrammiert. (Woody Allen, der geistreiche Slapstickintellektuelle, muß sich bezüglich seines »herrlichen« Satzes: »Mein Gehirn! Das ist mir das zweitliebste Organ«, also fragen lassen, ob er das Reptilien-, das Altsäugetier- oder das Großhirn damit meint.) »Veranlaßt ein Psychiater seinen Patienten, sich auf der Couch auszustrecken, so fordert er ihn auf, sich neben einem Pferd und einem Krokodil niederzulegen«, meinte MacLean. Vielleicht ist die Metapher mit dem Pferd zu hoch gegriffen – eher wäre vielleicht ein Eichhörnchen ein niederes Säugetier, das in Frage käme. Doch hat die Pferdemetapher Tradition: Schon bei Platon wird das Gespann der Seele von zwei Rössern, den »Mutvollen« (Thymoeides) und den »Begierdegetriebenen« (Epithymetikon) hin- und hergerissen (*Phaidros*, 246ff., 253dff.). (Bei Platon wurden die drei Seelenteile allerdings nicht dem Gehirn zugeordnet, sondern das »Begehrende« dem Unterleib, das »Mutvolle« der Brustregion und das »Vernünftige«

dem Kopf.) Nur schwer kann das Seelengespann von der Vernunft (logistikon), dem Wagenlenker, gezügelt werden. Im *Staat* (588cff.) gar nimmt Platon die MacLeansche Dreiteilung explizit vorweg: Die Seele besteht aus einem »bunten vielköpfigen Tier, das die Köpfe von wilden und zahmen Tieren ringsum trägt und sich verwandeln und alle diese Tiere aus sich heraus erschaffen kann« (= Reptiliengehirn?), einem Löwen (= Säugetiergehirn?) und einem Menschen (= Großhirn?). »*Die Drachen von Eden*«, meinte Carl Sagan in seinem so betitelten Pulitzer-Preis-Buch, sind in Gestalt des Reptilienhirns am Werk. Und die Reptilienfonds des Verhaltens sind nicht wie die wirklichen Drachen und Dinosaurier ausgestorben, sondern sie wirken, mischen kräftig mit, setzen Antriebe, Konflikte wie bei Platon das Pferd der Begierde. Die Drachen in uns sind noch aktiv. Und dies führt zur Zerrissenheit des Menschen – zu den Konflikten zwischen Großhirn und Stammhirn, zur Unangepaßtheit der emotionalen Verhaltensgrundlagen und der gesamten menschlichen Verhaltens- und Gehirnkonstitution an die Bedingungen der technologischen Hochzivilisation und ihrer künstlichen Lebenswelt. Als Evolutionsprodukt war das Gehirn eher auf die Verhältnisse einer Jägerkultur in der Savanne ausgelegt: Das Gehirn hat die neolithische Revolution der Seßhaftigkeit und Agrarkultur bzw. der späteren Verstädterung evolutiv so schnell nicht mitmachen können. Auch der Neocortex scheint noch auf Jägerverhalten eingestellt – erst recht natürlich das Althirn älterer Provenienz. »Steinzeitjäger im Spätkapitalismus« – diesen treffenden Untertitel trägt das Buch *Das Herrentier* von Tiger/Fox, das diese Verhaltensgrundlagen und die entsprechenden Konflikt- und Spannungstendenzen besonders im Hinblick auf die überkommene (heute z. T. überholt erscheinende) Arbeits- und Aufgabenteilung zwischen den Geschlechtern analysiert. Arthur Koestler sieht in dieser Zerrissenheit des Menschen, in der fehlenden Koordination zwischen den tieferen und den höheren Hirnteilen sogar einen tiefreichenden Irrtum, eine Falschprogrammierung der Evolution. Er bezeichnet den Menschen mit diesen seinen biologisch einprogrammierten Paradoxa geradezu als einen »*Irrläufer der Evolution*« (in seinem gleichnamigen Buch) mit einem konstitutionell paranoiden Zug, der heute – angesichts der technologisch ins Unermeßliche gewachsenen Machtpotenzen geradezu »viel tödlichere Konsequenzen« haben kann (und haben werde) als in der ferneren Vergangenheit. Seiner Meinung nach sind es gerade nicht die individualistisch auf Selbstbehauptung ausgerichteten Verhaltenstendenzen, die für die Übersteigerungen und das Unheilschwangere verantwortlich zu machen sind, sondern die etwas mißverständlich »integrativ« genannten Strebungen – genauer: die identifikativen Neigungen, besonders die »infantilen Arten der *Identifikation*« – im Gegensatz zu den »reifen Formen der *Integration* in eine soziale Holarchie« (hierarchische Ganzheit), die für die »leichtsinnigen Kapriolen der integrativen Tendenz« (112f.) verantwortlich zu machen sind. In dieser tief eingewurzelten Bestrebung, sich mit dem Gruppengeist, Volksgeist, Stammesgeist und sog. höheren Zielen der Gemeinschaft total zu identifizieren – bis hin zur Selbstaufopferung –, liege die Hauptursache für das »Dilemma des Menschen«. »Die Eskapaden der *integrativen* Tendenz« (95), nicht solche der offensichtlicheren selbstbehauptenden Neigungen, können unkontrollierter eskalieren. Beide Tendenzen sind zwar notwendig, »leisten... einen konstruktiven Beitrag zur Aufrechterhaltung des Gleichgewichts« im sozialen wie im psychischen Gefüge. Doch halten wohl – so die Vorstellungen – wechselseitige Kontrollen die Entgleisungsmöglichkeiten der Selbstbehauptungstendenzen innerhalb einer Gesellschaft eher im Rahmen. (Außer in Sondersituationen einseitiger Machtkumulierung und Kontrollenentwertung – wie etwa im Falle Hitlers, wobei gerade hier die Identifikationstendenz bei den Gefolgsleuten und dem ganzen Gefolgsvolk erst für die exzessive Wirksamkeit und Eskalation der Tendenz den Ausschlag gab: Die unkritische Identifikationsneigung sorgte auch hier für die dämonische Wirksamkeit.) Koestler zitiert (94) Pascal, der sinngemäß geschrieben hat, der Mensch sei »weder ein Engel noch ein Teufel, doch wenn er versucht, den Engel zu spielen, verwandelt er sich in einen Teufel«. Der Versuch – so urteilt Popper –, auf Erden den Himmel zu etablieren, erzeugte noch stets die Hölle. Um zu sehen, wie destruktiv Ideen- und Gruppen(identifikations)fanatismus wirken, genügt ein Blick in die Geschichte der »Heiligen Kriege« (bis hin zum jüngsten Golfkrieg), der Chauvinismen aller ideologisch-totalitären Bewegungen – bis hin zur »Heiligen Inquisition«! Das

Bemühen, durch doktrinäre und totalitäre Maßnahmen »das Gute« auf Erden zu installieren oder gar nur zu fördern, hat immer wieder die schlimmsten Eskapaden kollektiver Bösartigkeit produziert, provoziert. Zumal deswegen, weil der im Namen der doktrinären Ideologie handelnde subalterne Mitläufer seine persönliche Eigenverantwortung dispensierte, suspendierte – auf die Gruppe, die Idee, den »Führer« delegiert hatte und sich im Interesse der »höheren« oder gar »höchsten« Ziele ein gutes Gewissen zurechtlegen konnte. Mit »gutem Gewissen« wurden die schrecklichsten Inhumanitäten begangen und gerechtfertigt! Auch hierfür gilt Albert Schweitzers Satz, das »gute Gewissen« sei des Teufels! In der Tat handelt es sich hier um ein pragmatisches Paradoxon, das – wie die Ethnologie und Soziobiologie sowie die Paläoneurophysiologie enthüllten – evolutionär-biologische Wurzeln aufweist. »Das explosive Wachstum des menschlichen Neocortex« in den letzten fünfhunderttausend Jahren und »dessen unzulängliche Kontrolle über das Stammhirn« ist für Koestler (31) – nach MacLean – die Hauptursache für die pathologische Conditio humana. Auch »die anhaltende Hilflosigkeit der Neugeborenen und ihre daraus resultierende, unkritische Unterwürfigkeit gegenüber der Autorität« (ebd.) werden als ursächliche Faktoren diagnostiziert – sowie die Doppelrolle der Sprache als demagogische Waffe und als Trennungshindernis zwischen Völkern und die bewußt werdende Todesangst. Doch dürfen diese Faktoren und die sie betreffenden Mechanismen auf die erste Instabilität und eventuell auf die aus der Hilflosigkeit erwachsende Identifikationsbestrebung und Autoritätshörigkeit zurückzuführen sein. Koestler spricht von einer »teuflischen Dialektik«, die zu der »Tragödie des Menschen« geführt habe: Diese liege »nicht in einem Übermaß an Aggression, sondern in einem Übermaß an Hingabebereitschaft« (25), an »*Loyalität*« bis hin zum überall zu findenden »Mord aus *selbstlosen* Beweggründen, unter Einsatz des eigenen Lebens« (ebd.). Unsere Art leidet »nicht etwa an einem Übermaß an *Aggression*, sondern an einer übermäßigen Neigung zu fanatischer Hingabe« (24). Die Diagnosen und Tendenzen der selbsttranszendierenden symbol- und sprachvermittelten Ideen- und Gruppenidentifikation sind artspezifisch menschlich, nur menschlich, allzumenschlich! Die Ubiquität der Menschenopfer, das Fehlen instinktiver Tötungshemmungen gegenüber Artgenossen, die schizoneurophysiologische Kluft zwischen Emotionsantrieben und Vernunftgründen sowie die große Diskrepanz zwischen wissenschaftlich-technisch exponentieller Wissenssteigerung und der Rückständigkeit ethischen Verhaltens – »es läßt sich nicht leugnen, daß der moralische Standard von Laotse und Buddha dem unsrigen keinesfalls unterlegen war« (v. Bertalanffy) – führt Koestler als Beleg für die Artspezifität des Dilemmas und von dessen Ursachenfaktoren an (17). Koestler schließt aus der Artspezifität (31): »Wenn die Symptome unserer Pathologie artspezifisch, das heißt, ausschließlich menschlich sind, müssen die Erklärungen dafür auch ausschließlich in seinem Bereich gesucht werden« – und dementsprechend auch jede potentielle Therapie! Koestler fällt nun nichts anderes ein, als auf die Entwicklung einer »Kombination hilfreicher Enzyme« zu hoffen, »die dem Neocortex ein Veto gegen die Torheit des archaischen Hirns ermöglichen, den krassen Fehler der Evolution korrigieren, die Emotionen mit der Vernunft in Einklang bringen und den Übergang vom Wahnsinnigen zum Menschen einleiten könnte« (31, s. a. 122ff., 126ff.). Wie man den Alpenländlern Jod ins Salz beimischt, um die Kropfbildung zu verhindern, so soll ein alchimistisches »Lebenselexier«, eine Antifanatismus- und Antiidentifikations- oder Antibeeinflußbarkeitspille (ein Antagonist etwa zur die Beeinflußbarkeit erhöhenden Droge Tricyano-Aninopropen [123]) die geistig kranke Menschenspezies retten, die Ideen- und Gruppenidentifikationsmechanismen verringern oder gar aufheben, »geistige und seelische Stabilität« (126) schenken und so erst den »*homo maniacus* in den *homo sapiens*« verwandeln (128). Die kollektive Menschheitsberuhigungspille! Ist dies die einzige »Alternative zur Verzweiflung«, wie Koester glaubt, nachdem alle Versuche, »auf die moralische Überzeugungskraft des Wortes und des guten Beispiels zu setzen«, – »angefangen vom Zeitalter der Propheten bis zu Albert Schweitzer« – gescheitert seien (128)?

Wenn aber – wie Koestler selbst betont – »die Kreativität und die Pathologie des Menschen... zwei Seiten derselben Medaille« sind, »geprägt in demselben evolutionären Münzstock« und basierend auf denselben Produktionsgrundlagen biologischer und kultureller Art, so wäre die allumfassende Sedierung der pathologischen Seite *ipso facto* mit einer Stillstellung der menschlichen Kreativität verbunden. Das Dilemma ließe sich dann nur durch das gleichzeitige Aufgeben der schöpferischen Potenzen des Menschen lösen. Das aber wäre keine Lösung, sondern die Erzeugung eines neuen Dilemmas! Auch ist die Hoffnung auf den großen Tranquilizer nicht viel anders zu beurteilen als jene auf den »Großen Bruder« Orwells. Die große pharmazeutische Emotionengleichschaltung würde analoge Konsequenzen zeitigen wie eine totalitäre Diktatur der Gesellschaft bis in die intimen Mentalitäten. Das Endergebnis wäre von Gruppenfanatismus gar nicht so weit entfernt – jedenfalls was die Gleichförmigkeit, Monotonie, Originalitäts- und Kreativitätsfeindschaft angeht – ganz im Gegensatz zu Koestlers Wünschen und Vorstellungen. Man kann nicht nur die eine Seite einer Medaille einschmelzen. Und ein pharmaideologischer Determinismus, ein Drogenkult der Geistessedierung kann nicht den Gordischen Knoten einer sowohl biologischen wie sozialen und kulturellen Dilemmasituation der komplexen erwähnten Paradoxa durchschlagen. Eine kollektiv verordnete »Valiummanie« (von freiwilliger »Valiummania« sprach vor Jahren bereits die New York Times!) kann allein das Problem nicht lösen, sondern erzeugte nur eine inhumane Emotionen- und Mentalitätengleichschaltung, die den schlimmsten totalitären politischen Programmen der Gleichschaltung gliche. Das darf nicht sein – auch nicht in der Verzweiflungssituation! Das unschöpferische monotone kollektive Dahindämmern in pharmazeutisch erzeugten Glücksillusionen entspräche dem unmenschlichen Diagnoseurteil des Großinquisitors in Dostojewskis *Die Brüder Karamasoff*, wo die Menschen die glückliche Illusion der echten Realitätserkenntnis und der Eigenverantwortung vorziehen. Dann wäre in der Tat das Wort des alten Dubliner Bürgers richtig, der, gebeutelt von Frustrationen des Lebens in der Hauptstadt des Joyceschen Pessimismus, kongenial konstatierte: »Realität ist eine Illusion, die durch zu geringen Alkohol(gehalt) entsteht.« Realitätswiderspiegelung als Drogenprodukt – das kann nicht das A und O der Lösung unserer Menschheitsprobleme im Kreuzungspunkt von biologischen und soziopolitischen Konfliktpotentialen sein!

Dies wie Koester zu hoffen und zu fordern wäre nicht nur ein Palmström-Argument derart, »daß nicht sein kann, was nicht sein darf«. Sondern die einfache medikamentöse Massensedierung würde Sinn, Ziel und Zweck der angestrebten Maßnahmen verfehlen, weil sie sich als zu eng pharmakodeterministisch und als kontraproduktiv erwiese: Sie erzeugte totalitäre Verhältnisse, die sie gerade vermeiden sollte. (Freiwilligkeit der Drogenapplikation würde das Problem nicht lösen können: Wer freiwillig die Antifanatisierungsdroge nimmt, hat sie vielleicht ohnehin nicht nötig; der Fanatismusanfällige, die idealtypische »antiautoritäre Persönlichkeit« nach Adorno und Horkheimer würde das Medikament nicht nehmen, müßte also dazu gezwungen werden – wir wären wieder bei der totalitären Zwangsmaßnahme.)

Die Komplexität der Handlungs- und sozialen Wirkungsparadoxien – insbesondere auch der oben diskutierten sozialen Fallen – ließe sich durch eine Universalanwendung einer Antikonfliktdroge nicht erfolgbringend abdecken. Und der Preis wäre zu hoch, müßten wir mit der »pathologischen« Seite auch die andere, die kreative Seite der Medaille aufgeben. Will Koestler die Kreativität lizensieren, auf wenige Auserwählte, als friedlich ausgewiesene »harmlose« Intellektuelle einschränken? Ganz abgesehen von der Frage der demokratisch-politischen und gerechtigkeitstheoretischen wie der moralischen Legitimation einer derartigen elitären Einschränkung wäre auch die Frage der Durchführbarkeit und der Wirksamkeit zu prüfen. Und in beiderlei Hinsicht ist eine negative Antwort deutlich: Kreativität ist geradezu *ex definitione* unvorhersagbar, unplanbar, unkausalisierbar und nicht auf bestimmte Mentalitäts- und Berufsgruppen zu beschränken. Ein Intelligenzquotient – seinerseits schon fragwürdig als soziales Selektionskriterium – ist kein Kreativitätsquotient! Wirklich originelle Entwicklungen lassen sich nicht vorhersehen – ebensowenig, wie sich intellektuelle Revolutionen voraussagen und vorausdatieren lassen – jedenfalls in den wesentlichen inhaltlichen Grundzügen. Die detaillierte oder nur differenziertere Prognose einer solchen intellektuellen Revolution oder einer revolutionierenden Kreation oder Erfindung zu erstellen, bedeutet schon, diese selbst zu machen. Koestler selbst hat interessante Bücher über die Kreativität, die »Quer-« und »Selbstbefruchtung« und die »Bisoziation« (die integrative Assoziierung) bisher getrennter Einheiten und Ganzheiten geschrieben (z. B. *Der göttliche Funke*, 1966). Er kann die Kreativität nicht kollektiv-künstlich beschränken und stillstellen wollen. Ein Sklave der Kollektivdroge kann ihm nicht als Lösung in den Sinn kommen, wenn die Totenstille des schöpferischen Geistes die Begleitfolge der Behandlung der »pathologischen« Seite der Zerrissenheit wäre. Die Zerrissenheit dürfte die notwendige Bedingung der Kreativität sein. Der satte Spießer in molliger Zufriedenheitsmentalität, ohne jede Leidenschaft der Ideenbegeisterung, der Ideenidentifikation ist nicht kreativ. Die Frage ist eben, ob sich die Komponenten der Ideenbegeisterung von denen der Gemeinschafts- oder (Groß)Gruppenidentifikation pharmazeutisch/pharmakologisch oder neurophysiologisch säuberlich abtrennen lassen. So differenziert dürfte die im Althirn zu verortende Emotionalität, die für die Begeisterungsfähigkeit zuständig ist, nicht sein, daß komponentenweise pharmazeutisch sich unterschiedliche Begeisterungstypen und -impulse trennen ließen. Gerade Vitalität, Emotionen und Begeisterung neigen dazu, zu »überborden«, auf andere angrenzende Komponenten und Impulse auszustrahlen: ein aktivierender Halo-Effekt der Begeisterungsausweitung. Begeisterung dehnt sich in der Psyche aus, strahlt aus, greift auf andere emotionale und motivationale Bereiche über, durchsäuert die gesamte Persönlichkeit, wie man m. E. deutlich erkennen kann. Selbst soziale »Ansteckungs«- und Mitreißeffekte sind ebenso festzustellen. Eine begeisternde, selbst begeisterte Lehrerin reißt ihre Schüler(innen) mit. Begeisterungszündung ist eine notwendige Bedingung jeglicher sozial angeregter Kreativität. M. E. kann man dieses Phänomen belegen, exemplifizieren.

Gibt es nun gar keine andere Alternative als Selbstvernichtung, Untergang der Menschheit oder die große pharmazeutische Zwangssedierung? Ich glaube, die Entwicklung der Bewußtheit hinsichtlich der Konflikte, Spannungen, Dilemmata und der drohenden Teufelsspiralen zeigt, daß die Menschheit doch noch nicht verloren ist. Man beginnt die strukturellen Mechanismen hinter den Paradoxien der Handlungen und Wirkungen, Dilemmata sozialer und andere Fallensituationen und den »teuflischen Dialektiken« zu sehen. Selbst Politiker scheinen lernfähig, reagieren – wenn auch oft spät, fast zu spät! Die alternative asketische und z. T. von einer neuen Solidaritätsmoral geprägte Mentalität vieler

Vertreter der jüngeren Generation gibt Anlaß zur Hoffnung, daß das superolympische, hybrishafte Maximalisierungsdenken und -handeln eingedämmt, eingeschränkt wird, angesichts der immer deutlicher drohenden Katastrophentrends gleichsam sich selbst ad absurdum führt – und somit vielerorts wirksam eingestellt und abgestellt wird. Die neue Moral der Innerlichkeit, Liebe / Solidarität, Verantwortung für die Natur und Umwelt – die »grüne« Mentalität im weitesten Sinne des Wortes (die keineswegs mehr auf die politische Bewegung der »Grünen« beschränkt ist) – ist im Vordringen, hat bereits die Reihen der etablierten Wachstumsfetischisten und deren Parteien »infiziert«. Die Siege des Establishment über die Studentenrebellion, des ökonomischen Erfolgsdenkens (fehlerhaft als »Leistungsdenken« im Sinne der Eigenleistung und selbstidentifizierenden Eigenaktivität verstanden) waren in Wirklichkeit Pyrrhussiege. Die Revolution der Jungen von 1968 ist offiziell gescheitert, sie hat aber höchst wirksam – gerade auch über die jungen Kirchengruppen – die Bastionen der selbstgerechten Reaktion längst unterwandert. Am Umweltbewußtsein, an der Umweltgesetzgebung, an der Entwicklung und nunmehr auch schon weitreichenden Vermarktung der Umwelttechnik läßt sich das *ad oculos* demonstrieren und sehr gut historisch wie soziologisch-sozialpsychologisch studieren. Gegen Umweltschonung und ökologische Erfordernisse kann sich kein Unternehmen (in unserer hochindustriellen Gesellschaft wenigstens) mehr demonstrativ wenden.

Umgekehrt erweist sich der Markt als wahrhaft allumfassend flexibel. Selbst die Sozialrevolution, die Antiökonomieaffekte und -effekte, die Mentalität des Antiestablishments und die Gegenkräfte zum bloßen Marktmechanismus werden vom Markt aufgesogen, werden erfolgsträchtig »vermarktet«. Der Markt ist die Institution, die den größten Magen mit der stabilsten Aufnahme- und Verdauungsfähigkeit hat. Der Markt vermarktet noch seine eigenen Gegnerideologien höchst erfolgreich. Flexibilität und Vielverdaulichkeit sind alles! Ein neues Paradoxon der Vielverträglichkeit, des marktwirtschaftlichen Alles-Freß-Prinzips!

Ist der Mensch, wie Koestler und die MacLeansche Theorie von den drei nur allzu lose verbundenen Gehirnen sowie manche Ergebnisse der Ethologie und Soziobiologie nahelegen, *das konsti-*

tutionell paranoide Wesen, das demzufolge gerade genetisch programmiert auf den Untergang, den Total-Holocaust der atomaren oder ökokatastrophalen Selbstvernichtung, zusteuert – gebannt, erstarrt und hilflos wie das Kaninchen vor der Schlange? Bleibt nur noch die Chance einer umfassenden aufgezwungenen Tranquilizierdiät à la Koestler, also die pharmazeutische Keule für den medikamentösen Befriedigungstrip? Bleibt individuell und gruppenorientiert nur noch eine Als-ob-Strategie, die Vogel-Strauß-Politik, so zu tun, *als ob* der Untergang nicht drohe, weiterzuleben, weiterzuhandeln wie bisher – und die Augen vor dem drohenden Desaster zu verschließen? Und wenn der Weltuntergang am nächsten Tage drohe, so würde er, sagte Luther, dennoch ein Apfelbäumchen pflanzen. Wie ein Jahrzehnt vor ihm Koestler hat auch Hoimar von Ditfurth in seinem letzten Büchlein dem Rund-um-Pessimismus durch diese verniedlichende Trosttherapie des »Trotzdem handle ich im kleinen«, durch diese Konzentration oder eher Ablenkung auf das individualistische illusionäre Augenverschließen des *Als ob* begegnen wollen. *So laßt uns denn ein Apfelbäumchen pflanzen* lautet der Titel und der letzte Satz seines Vermächtnisses. Die illusionäre individualistische Trotzreaktion des kleinen Mannes ist natürlich keine Lösung, sondern eben ein Augenverschließen, wenn man sich auf eine solche Geste der Ohnmacht allein konzentriert, sich selber etwas vormacht, indem man die wahren Probleme gar nicht aufnimmt, gar nicht wahrnehmen und wahrhaben will. Zehn Jahre zuvor hatte Koestler der illusionären Apfelbäumchen-Strategie schon die »entwaffnende« Gegenfrage entgegengehalten: »Wenn aber diese Ansicht wahrscheinlich ist«, daß die Erde vom Menschen in Bälde in ein Geisterschiff, »in einen Fliegenden Holländer« verwandelt werde, »der mit seiner toten Besatzung im Sternenmeer treiben würde«, – »was hat es dann für einen Sinn, daß wir unsere bruchstückhaften Bemühungen fortsetzen, den (vom Aussterben bedrohten) Pandabären zu retten und zu verhindern, daß unsere Flüsse zu Kloaken werden?« Oder Vorsorge für unsere Enkel zu treffen oder auch nur weiterhin Bücher zu schreiben? (DER SPIEGEL 5 / 1978, 161) Bücher zu schreiben, um Appelle zu erheben und zu verbreiten, sich einzubilden, durch geschriebene oder gesprochene Worte allein und ungestützt durch institionelle Macht und Kontrolle ein Einlenken, Einsicht bewirken zu können, grenzt das in der Tat nicht ebenfalls an die Apfelbäumchenillusion, ist das nicht auch geradezu eine selbstinszenierte, bewußt ohnmächtig beschwörende pragmatische Paradoxie, wenn moralische Appelle allein nur Gerede sind – Rederituale der Ohnmacht, der Ohnmächtigen? Sind die Ohren der genetisch bedingt paranoiden Spezies taub für Ermahnungen und Einsichten? Man muß hier feiner differenzieren!

Im Grunde ist gegen die Apfelbäumchen-Strategie nichts einzuwenden: »Es gibt nichts Gutes – außer, man tut es.« Handeln in bezug auf kleine Verbesserungen und Rettungsmaßnahmen ist besser, als nichts zu tun, als die Hände resignierend in den Schoß zu legen oder den Untergang zu erwarten wie das erwähnte Kaninchen vor der Schlange – und somit oder dadurch gerade sein Scherflein zum Desastertrend durch Passivität beizutragen. Der Frosch im Milchfaß strampelt noch. Doch woher wissen wir, daß wir im *Milch*faß schwimmen? Auch Koestler gestand ein, daß er überdramatisierte, wenn er allzu drastisch die drohende Desastergefahr als zwangsläufige Folge der Schizoneurophysiologie der Gehirnteile und der vermutlich durch die frühkindliche, allzu lange Nesthockerlage verursachte Autoritätsgläubigkeit und Unterwerfungs- wie Hingabebereitschaft beim Menschen ausmalte. Er selber betonte, »noch« handele es sich hier um Wahrscheinlichkeiten, nicht um Gewißheiten: Nur mit einer gewissen, nicht spezifierten und gar nicht bestimmbaren Wahrscheinlichkeit führe diese genetisch-konstitutionelle Zerrissenheit des Menschen zum Desaster. Dadurch wird das Zwangsläufigkeitsargument zum Teil – als theoretisch erklärendes – entwertet; dennoch mag/muß es in aller Drastik als »Caveat«, als Warnappell bestehen bleiben. Als hoch eingeschätzte Wahrscheinlichkeiten sind sie ernst zu nehmen. Sind wir mit unserer Overkill-Paranoia (hier ist wirklich von einer »Kollektivparanoia« zu sprechen!) und unserer technologisch forcierten Umweltzerstörung (die keine bloße lokale oder regionale »Störung« mehr ist) über die Fifty-fitfy-Grenze der Wahrscheinlichkeit in den erwähnten Teufelsspiralen (nicht schon weit – wieweit?) hinaus? Wenn es sich um Wahrscheinlichkeiten mittlerer Größenlage handelt, so ist in einem komplexen System der Verlauf durchaus noch beeinflußbar, regelbar – vielleicht gar noch steuerbar (wenngleich die Steuerungsversuche uns nicht unbedingt dahin führen müssen/werden, wohin wir streben!). Wahrscheinlichkeitszusammenhänge und Trends lassen sich in einem *Aktions*- und Wirkungsgefüge (und darum handelt es sich hier – trotz aller scheinbaren »Naturförmigkeit«; denn *wir* haben den Zustand des Overkill in Rüstung und Umweltproblematik durch unser *Handeln* erzeugt) durch überlegungsgesteuerte Maßnahmen beeinflussen. Die schwierige Frage ist nur, inwieweit sich die eingebauten *sozialen* Handlungsfallen, die oben erwähnten Dilemmata und Paradoxa, die einprogrammierten kontraproduktiven Konflikte und Widersprüchlichkeiten vermeiden – oder besser: wenigstens im Bereich nichtchaotischer Zustandsausprägungen, nichtdesaströser Entwicklungen und Rückkoppelungen halten und »einregeln« lassen. Die Paranoia-These Koestlers und von Ditfurths ist fatalistisch – und insofern gefährlich. Sie würde, nähme man sie ernsthaft für bare Münze und unterstellte man den genetischen und ökologischen Determinismus, den sie insinuiert, das Handeln wirklich lähmen, die Vogel-Strauß-Politik fördern und legitimieren. (Doch liefert diese Erkenntnis kein Gegenargument: Palmström-Argumente derart, »daß nicht sein kann, was nicht sein darf«, können keine Gültigkeit beanspruchen, sondern nur die Bewußtheit und Wachsamkeit schärfen und die eigentlichen Hintergrundzusammenhänge enthüllen!) Die Paranoia-These ist spekulativ: Konkurrierende Antriebe, Motive, physiologisch bedingte Bestrebungen im Konflikt müssen nicht zur paranoiden Entartung führen. Wie erwähnt, betont Koestler selbst, die neuroschizoide Verfassung des Menschen habe zwei Seiten: Kreativität und Pathologie seien »zwei Seiten derselben Medaille, geprägt in demselben evolutionären Münzstock« (a. a. O., 29). Insofern kann es sich nicht um einen bloßen Fehler der Evolution – oder um eine ganze Serie von Irrläufermutationen bei der neurogenetischen Ausstattung des Menschen handeln, wenn man überhaupt der Kreativität und auch der menschlichen Kultur generell – und zumal der moralischen Handlungssteuerung – wenigstens als Idee – Wert beimißt. Sollte Kants Bekenntnis zum »moralischen Gesetz« als des göttlichen Zeichens, der göttlichen Spur in uns Menschen bloße Selbsttäuschung gewesen sein? Sind »Moral« und »Menschlichkeit« nur Redefloskeln, geeignet allein zur Beschönigung, zur Scheinrationalisierung von

»natürlichen« Neigungen und egoistischen Interessen im Nietzsche-Universum der Machtdynamik? Auch Koestlers Diagnose – und Appell – verdankt sich moralischen Motivationen: Koestler selbst – wie Ditfurth – ist Moralist. Er kann die Kreativität, das sog. »Höhere« im Menschen nicht einfach desavouieren und in den Mülleimer pathologischer Operationsreste werfen oder mit der pharmazeutischen Keule in Gestalt der Sedierungspille liquidieren wollen. Wenn aber mit der »pathologischen Seite« der Medaille auch die kreative aufzugeben wäre und die pathologische nicht schon deterministisch zum Desaster führt und wenn ohnehin die Paranoia-Hypothese auf schwankenden Füßen steht, dann wäre es übereilt und unverantwortlich, die Kreativität mit der »pathologischen« Seite abstellen, stillstellen, abwerfen, wegwerfen zu wollen. *Kreativität ist geradezu unsere einzige Chance.*

Eine Selbstverstümmelung menschlicher Kreativität kann nicht der Weisheit letzter Schluß sein, sondern öffnete gerade den Gefahren – die auch in der Sedierung stecken, auch in einer pharmazeutischen! – Tor und Tür! Das kreative Wesen kann zwar, aber darf sich nicht selbst aufgeben. Ein intellektueller Selbstmord der Menschheit wäre keine Alternative zum drohenden physischen – solange offen ist, ob dies die erschöpfenden, einzigen Alternativen sind! Wir müssen uns in der Tat etwas einfallen lassen – mehr als pharmazeutische Totalbetäuber oder anthropofugale Untergangsbeschwörungen à la Horstmanns *Untier*! (Es ist mir – und z. T. mag das wohl von diesem Autor gewollt sein – nicht einmal klar, ob die These, der Mensch, das Untier, habe allzu lange schon die schöne Erde verschmutzt und sollte möglichst bald aussterben und sich selbst vernichten, um den einst so schönen blauen Planeten wieder ungestört durchs All ziehen zu lassen, nicht doch ironisch – und nicht nur zynisch – gemeint ist.) Einseitig übertriebene, nicht abgesicherte Paranoiafatalismen können und dürfen Kreativitätschancen nicht überrollen. Die Apfelbäumchen-Strategien können fatalistische Vogel-Strauß-Reaktionen nicht rechtfertigen. Die Apfelbäumchen-Illusion mag für manchen einzelnen im kleineren Handlungsbereich handlungswirksam und -motivierend sein, obwohl die paradoxieerzeugende Sinnfrage im Hintergrund dräut: Wozu noch ein Bäumchen pflanzen, wenn die Welt schon verloren ist, dem Untergang entgegeneilt? Der Apfelbäumchen-Propagierer glaubt eben doch nicht wirklich an seinen umfassenden Pessimismus des Desastertrends – oder er steckt in der Tat nur den Kopf in den Sand! Die Einzigkeit der Apfelbäumchen-Alternative für Gesamtreaktionen oder größere Maßnahmen über den Kleinbereich persönlichen Arrangierens hinaus ist es, die bestritten werden muß. Gibt die Menschheit ihre Handlungsoptionen, ihre Hoffnung auf aktive Beeinflußbarkeit der selbsterzeugten Dilemmasituationen auf, so beginge sie einen kollektiven Handlungsverzicht ohne allerletzte Notwendigkeit, verfolgte sie eine unnötige, ja, selbst desaströse, weil die Teufelsspirale verstärkende Vogel-Strauß-Politik im großen! Handlungserzeugte Dilemmata lassen sich auch durch Handeln beeinflussen, umlenken – hoffentlich zum Besseren, zum rettenden Ufer – auf welchem Kurs auch immer, dem gesteuerten oder dem teils getriebenen, teils gegengesteuerten, der relativ geregeltes Reagieren ermöglicht. Ein Schiff ohne Antrieb ist im Strome steuerungslos – das Ruder greift nicht, erzeugt nicht den nötigen Steuerwiderstand der Anströmung. »Überlaß dein Boot auf dem Meer des Schicksals nicht den Wellen, sondern rudere selbst, aber rudere nicht ungeschickt!« So mahnte zu Recht der Dichter August von Platen. Das läßt sich ins Überindividuelle verallgemeinern. Das gilt auch für unser Lebens- und Umweltsystem auf dem dünnen Rande des Raumschiffs Erde: Ohne Eigenantrieb, ohne Eigensteuerung, ohne Eigenaktivität ist »destination disaster«, ein etwaiger Desastertrend, erst recht verstärkt. Passivität und Untergangsbeschwörung lähmen den Frosch im Milchfaß. Vogel-Strauß-Strategien sind keine Lösungsoptionen. Untergangsbeschwörungen sind nur insoweit sinnvoll, als sie eine (vor)warnende Funktion ausüben, die Besinnung auf die Situation anregen, Bewußtheit schärfen und zum Handeln motivieren. »Mene, mene tekel!« Sobald sie die laszive Verführung zum Fatalismus fördern, wirken Untergangsszenarien destruktiv, kontraproduktiv, bilden sie ihre eigene Variante einer pragmatischen und sozialen Handlungsfalle aus. (Dieser wäre eine eigene Untersuchung zu widmen!)

Haben wir eine genetische Veranlagung zur Vogel-Strauß-Strategie in uns? Ist Fatalismus angesichts einer Bedrohung auch ein genetisch verankertes »artspezifisches Verhalten« des Menschen?

Die Disposition und Tendenz ist zweifellos vorhanden – glücklicherweise beim Menschen aber nicht wie der Totstellreflex bei Käfern und Insekten ausgeprägt.

Das genauere Studium der (Human-)Ethologie und (Paläo-) Neurophysiologie sowie der Psychologie artspezifischer Schranken und eventueller Determinierungen bei Menschen ist nicht nur für die ökologischen Großprobleme, sondern durchaus auch für andere Probleme der endemischen Unangepaßtheit des »Steinzeitjägers« an die Lebensbedingungen der künstlichen supertechnologischen Welt des Menschen von heute äußerst wichtig. Wenn selbst DER SPIEGEL (35/1990, 122 durch seinen Biointellektualexperten Brügge) in dieses Horn tönt, muß das Problem mittlerweile höchste Dringlichkeitsstufen erreicht haben:

»Artspezifisches Verhalten zwingt Insekten zu immer neuem Anflug gegen eine Scheibe, hinter der es Tag ist. Es treibt Fische ins Netz, die Maus in die Falle und die Wirtsvögel dazu, zum Verderben der eigenen Brut einen Kuckuck aufzumästen. Wieweit die Spezies Homo sapiens davon regiert wird, gewinnt im Hinblick auf deren jetzt vorstellbare Selbstbeendigung allgemeines Interesse.

Artspezifisches Verhalten befördert uns der ökologischen Katastrophe entgegen. Es hindert uns überdies daran, das zu begreifen und aus dem, was wir begriffen haben, die Konsequenz zu ziehen.

Unausgesprochenes Thema vieler Ökologie-Debatten sind folglich diese (stammesgeschichtlichen) Handlungsreflexe, Sichtbeschränkungen und Bewertungsweisen der Spezies sowie die Frage, wie man mit ihnen umgehen und sich über sie vielleicht hinweghelfen kann.

Beispielsweise macht sich der Gedanke breit, uns Artgenossen dürfe schon aus ökologischen Erwägungen eine unentwegte und uneingeschränkte Benachrichtigung über das Wachstum der ökologischen Misere nicht zugemutet werden. ›Viele Fakten und Daten‹ drängten zum ›ökologischen Pessimismus‹, sagt der christsoziale Umweltpolitiker Alois Glück, das beeinträchtigte die ›Kraft des Überlebenswillens‹.«

Hugh! DER SPIEGEL hat gesprochen.

Woher aber weiß er, daß es »artspezifisches« Verhalten ist, das uns der ökologischen Katastrophe entgegen(befördert)? Sind die oben erwähnten sozialen Fallen und Dilemmata auch genetisch-konstitutionell? Warum kamen/kommen sie dann in manchen dünn bevölkerten Subsistenzkulturen nicht vor? Hier könnte man noch das Verdichtungssyndrom als Auslösebedingung anführen: Auf engstem Raum – unterhalb einer kritischen Schwelle – werden Ratten stressig, aggressiv, fressen ihre eigenen Artgenossen, vermehren sich nicht mehr – die Forrestersche Systemsimulation ermittelte »katastrophale« Selbstreduzierung der Population, ohne auf genetische Erklärungsursachen effektiv zurückzugreifen/zurückgreifen zu müssen. Gibt es auch für »Steinzeitjäger« – schweifend in einer recht dünn besiedelten Savanne – eine genetische Ballungsabwehr? Sicherlich nicht im Sinne eines Antiballungsgens. Eher schon in Gestalt von kritischen Schwellenwerten der Verdichtungsüberlastung. Die Optimalitäts- oder die weitere »Viabilitätszone« ist offenbar in Schranken eingepaßt: Kritische Grenzwerte dürfen nach *beiden* Seiten – nach jener des Zuwenig wie jener des Zuviel – nicht ungestraft ständig überschritten werden. Schopenhauer schon verglich die Menschen im Hinblick auf ihre Affiliationsneigungen, ihre sozialen »Triebe« und Bestrebungen mit den Stachelschweinen: Diese rücken nahe zusammen, um sich zu »wärmen« (gerade auch sozial!); kommen sie sich aber einander zu nahe, so »pieken« sie sich mit ihren Stacheln. Wir unverbesserlichen Stachelschweine!

Doch wer trennt in einer künstlich verdichteten Welt, der supertechnologischen Artefaktewelt, in der wir – immerhin noch innerhalb einer Hintergrund-, Untergrundnatur! – leben, zwischen den genetisch bedingten »artspezifischen« und den durch die soziale Verdichtung selbst erst strukturell entstandenen Verhaltensreaktionen und -dispositionen? Für weitreichende großmundige Thesen über die Artspezifik unserer Verhaltensgrundlagen wäre eine genauere Kenntnis dieser Unterschiede notwendig. Es scheint ähnlich wie bei den Problemrennern im Kreuzfeuer von Psychologie und (Sozio-)Biologie bzw. Genetik der letzten Jahrzehnte: Bestimmte, quantitativ wie qualitativ nicht zu unterschätzende Teilkomponenten der Aggressionsneigungen und der Intelligenz des Menschen sind »angeboren«, ererbt, genetisch prädisponiert, ohne daß man genau die Komponenten trennen oder das Ausmaß sicher schätzen könnte. »Teils-teils« aber befriedigt als Antwort kaum, rechtfertigt jedenfalls keine vollmundigen Radikalthesen à la Konrad Lorenz' Aggressionstrieb nach seinem theoretischen Dampfkesselmodell allein. Tendenzen sind nicht zu bezweifeln, aber gültige Einsichten im Sinne einer oder der anderen Seite der genetischen Fronten lassen sich daraus nicht gewinnen. (Es gibt Gesellschaften, bei denen im Gegensatz zu unserer das Aggressivitätsverhalten stark reduziert, Aggressionsneigungen nicht ausgelebt werden. Sind das auch wieder die weniger dynamischen, weniger kreativen Gesellschaften – wieder zwei Seiten derselben Medaille? Wie immer dem sei, es zeigt sich, daß die biologisch-genetische Veranlagung *des* Menschen allein nicht ausreichen kann, um die These von der angeborenen überragenden Aggressivität des Menschen zu stützen... Die sozialen Auslösebedingungen und sozialen Strukturen sowie die kulturellen Traditionen [z. B. promiskes Sexualspielen bei Jugendlichen, etwa bei indischen Muria, Samoanern und manchen westafrikanischen Stämmen] scheinen ebenfalls – neben der nicht zu leugnenden Grunddisposition eine entscheidende Rolle zu spielen. [Die Menschheit ist ja wohl nicht in vorwiegend aggressive und wenig aggressive Genpools rassisch zu spalten!]) Ähnlich dürfte der Fall bei der Erbgrundlage anderen vermutlich z. T. »artspezifischen Verhaltens« liegen! Die Ökologiekatastrophen-Neigung dürfte nicht angeboren sein! Auch in manchen recht verdichteten Gesellschaften war traditionell (vor der Europäisierung, Technologisierung, Industrialisierung) kein »Verlustpfad« in Richtung Ökokatastrophe vorprogrammiert: Die Natur- und Lebensverehrung in ländlichen (noch nicht elektrifizierten, noch nicht industrialisierten) Teilen Indiens machte den extensiven Raubbau an der Natur unmöglich. (Erst die Überverdichtung, »Überballungen« in den Städten erzeugten demgegenüber dann auch sozusagen pseudo»natürliche«, nichtindustrielle Verschmutzungsprobleme.) Es gibt kein explizites Ökogen – und wohl auch kaum Kombinationen von solchen. Umweltveränderungen können freilich bestimmte kritische Zuträglichkeitsgrenzen für biologisch vorgegebene Lebensbedingungen, also Schwellenwerte überschreiten, so daß der Scheineindruck einer artspezifischen Ökoverhaltensdeterminierung entstehen konnte. Für einzelne Handlungen im

Umgang mit der technischen Gerätewelt mag man Unangepaßtheit und biologisch evolutionäre Unanpaßbarkeit feststellen – insgesamt, was die Flexibilität der Überlebensanpassungsmöglichkeiten, die Fähigkeit, in unterschiedlichen Umwelten zu leben, betrifft, so ist der Mensch in der Tat bei weitem das genetisch am wenigsten festgelegte, eingeschränkte, »festgestellte Tier« (Nietzsche sprach ahnungsvoll vom »noch nicht festgestellten Tier« – in doppelter Bedeutung des Wortes!). In welch extrem verschiedenen Umwelten der Mensch existieren kann – z. T. durch Ausbildung rassischer Differenzierungen (Hautpigmentierung!) oder spezieller Ökotypen (Höhenanpassung der Sherpas, Hautfettanteile der Eskimos), das zeigt das vergleichende Studium der Humanbiologie deutlich. Einzig für die rein sitzende, faule Lebensweise der sog. Hochzivilisationsgesellschaft scheint der »Steinzeitjäger«, der der Mensch ist – auf absehbare (?) Zeit noch bleiben wird – ungeeignet, unangepaßt zu sein. Ironischerweise hatte die neulinke Sportkritik der sechziger und siebziger Jahre das kleine »Büroherz« als optimale Anpassung an das sitzengebliebene Leben bezeichnet – einschließlich wohl der damit und aufgrund des Bewegungsmangels (sowie anderer Risikofaktoren) vorgebahnten Koronarinfarkte (?).

Wie weit »schon aus ökologischen Erwägungen eine unentwegte und uneingeschränkte Benachrichtigung über das Wachstum der ökologischen Misere« dem Menschen »nicht zugemutet werden« darf, das bleibt wohl Redaktionsgeheimnis des SPIEGEL (a. a. O.), eine pragmatische »Spiegel«-Paradoxie. Eine andere »Spiegel«-Fechter-Variante der Vogel-Strauß-Politik? Der »ökologische Pessimismus« ist zum (Verwundern des Alois) Glück nicht nur an »Fakten und Daten« allein gebunden – und er lähmt den »Überlebenswillen« nur, wenn er zu fatalistischer Vogel-Strauß-Strategie erstarrt. Als »Mene-mene-tekel«-Warnung, zur Aufrüttelung könnte gerade eine kräftige Dosis ökologischer Pessimismus-Realistik (nicht: Pessimismus»mache«!) dienlich sein. Selbst wenn man nicht von tausend gelehrten Ökokonferenzen allein eine Lösung der Ökoprobleme erhoffen darf – und auch nicht von den Oratorien unserer politischen und expertenalerten Orakelakteure –, so ist doch die weltweite Bewußtseinsveränderung eine wichtige und notwendige Bedingung der Ökoregelung zum Besseren. Die junge Generation scheint in weiten Teilen die Lektion besser gelernt zu haben als die wachstumsfetischistischen und ökonomiezentristischen Politagitatoren der sog. etablierten Parteien. (Diese freilich reagieren nunmehr auch auf die gewandelten Wertschätzungen – zumindest und zunächst aus Wahltaktik- und Machterhaltungsgründen.)

Ethische Überlegungen ergeben: Unser Gehirn, unsere biologische Erblast und Erbgut zugleich, das, wie deutlich wurde, zugleich Kreativitätschancen bietet, dürfen wir (selbst wenn wir es dereinst können sollten) nicht mutwillig verändern. Zur Menschenwürde gehört auch die Integrität, die dem manipulativen Zugriff entzogene Konstitution und Identität der eigenen Gattung. »Wer seine DNS nicht ehrt, der lebt verkehrt«, las ich irgendwo bei einem forschen Sprüchemacher und egozentrischen Möchte-gern-Denker. Als Teilnorm des Gebots zur Achtung der Menschenwürde könnte der Satz, bezogen auf die Gattungsverantwortung zur Erhaltung und zum Schutz der biologisch-genetischen Grundlagen der Art, überindividuelle Gültigkeit beanspruchen. Und wohin sollte eine eventuell mögliche – technologisch durchaus in den Bereich und die »verführerische« Reizzone des »Machbaren« rückende – genetische Veränderung des Menschen zielen, einmal gesetzt, gezielte genetische Eingriffe werden dereinst sicher beherrscht? Wer hätte die Ziele der Selbstveränderung der Art vorzugeben? Verändert das Subjekt der Veränderung in Gestalt seiner eigenen Fortpflanzungsgrundlagen gleichsam – jedenfalls, soweit es seine weiterzugebende genetische Identität betrifft – »sich selbst«? Die Selbstanmaßung, die Selbstvergötzung, die Hybris des Menschen hätte einen Höhepunkt erreicht, der jener schon erlangten destruktiven Potenz, der Fähigkeit, alles höhere Leben auf dem Planeten Erde zu vernichten, gliche. Nur fast noch paradoxer als die Fähigkeit zur Selbstvernichtung mutet es an, wenn der Manipulateur sich selber manipuliert und keine Konstanz der Operationsentscheidung, keine dauernde Grundlage mehr verbleibt! Das Wesen Mensch und seine Art, der Gesamtkomplex seines Genpools löste sich auf in die zufälligen Abfolgen eines geschichtlich-evolutionären Prozesses in der Auseinandersetzung mit der jeweiligen ebenfalls sich ändernden, heute schon weitgehend manipulierten Umwelt – und unter ständigen technologisch-genetisch die Evolution verändernden, umlenkenden, »machenden« Eingriffen des jeweiligen »Manipulators« auf dem gegenwärtigen Stand der Lebens- und Artentwicklung. Der Mensch als »Macher« der Evolution, als Mitgestalter wenigstens – diese hybrishafte Vorstellung wäre die Klimax einer Vorstellung vom Menschen als »Macher der Natur«, wie sie bisher in technokratisch-»idealistischer« Deutung in bezug auf die Konzipierung der Naturgesetzlichkeiten durch Moscovici in seinem Buche *Versuch über die menschliche Geschichte der Natur* skizziert und wie sie hinsichtlich der technischen Erzeugung künstlicher, in der Natur nicht vorkommender Elemente ebenso wie im Hinblick auf die Kunststoff- und Artefaktewelt sowie generell auf die Welt als Artefakt (künstliche Lebens-Welt) eine beschränkte Teilgültigkeit beanspruchen konnte. (An anderer Stelle habe ich die antirealistischen Fehlschlüsse in Moscovicis Entwurf kritisiert, die teils auf semantischen Fehldeutungen, teils auf technokratischen Überverallgemeinerungen und auf einem überzogenen Pars-pro-toto-Denken beruhen. Das kann hier nicht wiederholt werden [Verf.: »Homo faber – Demiurg der Natur«, 1984]).

Der »Macher der Evolution« wäre der Gott des Lebens, der Herr über Lebensrichtungen, ein wirklicher »maître et possesseur de la nature« (einschließlich seiner eigenen), wie es Descartes vorschwebte. Aber zugleich wäre er den Zufällen seiner evolutionären »Macher«-Vorfahren ausgesetzt, wie alles Lebendige auf der Erde in der Tat von der Vorgeschichte seiner genetischen Vorfahren und von klimatologischen Wechselfällen abhängig ist. Eine Willkürkomponente in Gestalt von Richtungsentscheidungen über die nächsten genetischen Entwicklungsziele käme hinzu: Es handelte sich um eine in ihrer Groteske unüberbietbare genetische Richtlinienkompetenz, die das Nonplusultra technologisch ermöglichter menschlicher Machtanmaßung wäre. »Der Mensch – die vertikale Anmaßung« – das zitierte Wort de Obaldias wäre wirklich realistisch – und auf den sich aufstülpenden Anmaßer selbst gewendet worden. Der Macher machte sich selbst – genauer: macht die künftigen Macher – und zwar nun gezielt. Einem ähnlichen Geschichtsprozeß der Entwicklung unterliegt das Leben in seinen Arten auf der Erde ohnehin – nur ungeplant, ungezielt, über biologische, ja, geologische Zeitspannen sich erstreckend. Die Paradoxie der Situation und der Handlungsbedingungen wäre beim bewußt ergriffenen Selbstmachertum extrem: Der Macher machte sich selbst. Außer dieser genetisch-hybrishaften »Mache«, der usurpierten »Machermacht«, dem gewollten, geplanten, gezielten, gelenkten Prozeß, außerhalb der Wechselfälle der Manipulation und der einflußreichen Umgebungs- und Umweltfaktoren gäbe es keine Konstanz. *Absolute Autopoiese*, um diese nach Maturana und Varela so modisch gewordenen Begriffe der Selbstorganisation des Organismus ins Genetische und Grandios-Groteske zu wenden. Die Hybris der Selbstvergottung wäre perfekt. Zugleich löste die Würde wie die angemaßte »Göttlichkeit« sich in die schwindelerregende Zufälligkeit der geschichtlichen Wechselschicksale auf. Es bliebe nur ein teilgelenkter, durch intermittierende Eingriffe und Manipulationen beeinflußter Prozeß: Ein Prozeß, der in seinen späteren Phasen und sog. »höchsten« Ausprägungen (der bisher so genannten »Krone der Schöpfung«) zu teilweise bewußt gestalteter Lebens- und Artentwicklung würde. Der Manipulator manipuliert sich selbst. (Tut er das nicht schon in vielfacher Weise – großenteils ungeplant?) Die Handlungsdialektik spiralte, bewußt geworden, in sich selbst zurück, überschlüge sich, geriete in absolute prozessuale Absurdität.

Glücklicherweise arbeitet die Evolution nicht so schnell; und auch genetische Eingriffe müßten erst zum Exprimieren, zur Expression, zur Ausprägung und Austragung, gelangen und sich pseudorevolutionär in der Dynamik der Artefaktewelt durchsetzen können. Der genetische Horrortrip wird – wie überpointiert geschildert – nicht stattfinden. Doch die Gefahren scheinen real: Ein biotechnokratischer Imperativ, der aufforderte, das genetisch Machbare auch zu machen, wäre eine besonders perverse Version systemtechnokratischer Tendenzen. Die Verführung durch das biotechnologisch und genetisch Machbare dürfte freilich in der Tat als Menetekel an der Wand künftiger Genforschung und Gentechnik stehen – vielleicht nicht einmal erst im nächsten Jahrhundert. Schon vor fast zwanzig Jahren habe ich (in *Technokratie als Ideologie*) versucht, im Rahmen der damaligen, meist eher sozialwissenschaftlichen Technokratiedebatten die systemtechnokratischen Tendenzen in unserem supertechnologischen Zeitalter (das ich damals – schon vor Daniel Bell und Lothar Späth – das »informations- und systemtechnologische Zeitalter« nannte) herauszukristallisieren – wenigstens in einigen Grundzügen. Statt von der »Verführung durch das Machbare« (wie es ein Buchtitel von Spaemann, Löw, Koslowski hinsichtlich der Gentechnik will) habe ich damals von der »Normativität technologischer Möglichkeiten« gesprochen: Das Machbare gewinnt gleichsam und somit faktisch normative Kraft. Dieser »technokratische Imperativ« – den Ozbekhan bei den Hochschulwochen in Alpbach und in einem, obwohl unveröffentlichten, doch berühmt gewordenen Vortrag schon im Titel mit dem Slogan »Can implies Ought« (»Können impliziert Sollen«) umschrieb – dieser Effekt ist nach wie vor wirksam. Zumal in der Gentechnologie gewinnt er so dramatisch realistische Aktualität, daß man diesbezüglich von einem »biotechnokratischen Imperativ« sprechen sollte. Homunculus ad portas – in genetischer Variante statt der traditionsgeschwängerten alchemistischen! Doch der drohende Homunculus geneticus ist auch ein Homunculus, ebenso artefiziell und »teuflisch« verführerisch wie jener faustische der Traditionsmythen. Und tendenziell ist er – zum Teil, pars pro toto! – realistisch. Genetische Abänderungen stehen vor der Tür. Die Gen-Ethiker in den USA diskutieren bereits heiß über die Zulässigkeit der Gentherapie. Somatische Gentherapie zur Vermeidung des Ausbruchs einer etwa untherapiert tödlich verlaufenden Erbkrankheit stößt auf weit geteilten Konsens. Bei der Keimbahntherapie teilen sich die Meinungen. Unterstellte man die Eingriffssicherheit und die gegenwärtig und auf absehbare Zeit ebenfalls nicht zu erwartende Folgen- und Nebenfolgenbeherrschung (mit hinreichender (?) praktischer Sicherheit / Wahrscheinlichkeit), so wäre die Auslöschung einer tödlichen Erbkrankheit für die Nachkommen wohl ein Ziel, das des Schweißes der Genetiker wert wäre. Doch ist die Marge zur eugenischen »Verbesserung« dann nur noch sehr gering, vielleicht nur noch terminologisch/logisch. Der »Krieg der logischen und der biologischen Konstanten« wäre in eine neue Fronteskalation geraten. »Wenn Gott nicht existiert, ist alles erlaubt« – dieser Satz des Großinquisitors (?) in Dostojewskis *Die Brüder Karamasoff*, den auch Nietzsche sinngemäß – und affirmativ gewendet! – vertrat, kann rein moralisch gedeutet werden – im Sinne von Kants Nachlaßsatz »Gott – das ist die moralisch-praktische Vernunft«. Wenn moralische Schranken,

Grenzen, Regeln, Normen, Rücksichten nicht mehr existierten, wäre alles zulässig, was gentechnisch machbar ist. Respekt und Ehrfurcht vor der Würde, ja, einer gewissen »Heiligkeit«, Unantastbarkeit des existierenden Lebens und seiner Arten (zumal der eigenen, der menschlichen Gattung) würde zu fast leeren Floskeln herabgewertet oder jeweils situations- und trendangepaßt ideologisch umgedeutet, manipuliert, legitimiert im Sinne des je obwaltenden Dernier cri einer Lebens- oder Übermenschenideologie. Durchdacht wurde dieses alles schon, wenn auch ohne gentechnische Aktualisierungschance und Bezugnahme – nämlich wiederum von Nietzsche, dem wohl anstößigsten aller Lebensphilosophen. Doch Nietzsche war Opfer einer Lebensideologie, seiner Machtideologie, die oben bereits kritisch beleuchtet wurde.

Durch logische Kontraposition folgt aus der umgedeuteten Dostojewski-Sequenz, daß wenn *nicht* alles erlaubt ist, Moralität existieren muß, Moralität kein bloß leerer Wahn, kein bloßes Gerede sein kann. Der präpotent sich aufwerfende »Macher«, selbsternannte »Meister und Besitzer der Natur« (einschließlich seiner eigenen) kann sich gerade auch angesichts seines eigenen technikmultiplizierten Machtzuwachses nicht von moralischer Verantwortung, von ethischen Rücksichten freisprechen oder freisetzen. Im Gegenteil: mit dem Maß der Macht – und des Wissens! – wächst seine moralische Verantwortlichkeit. Es fragt sich natürlich, welche Verantwortlichkeit – vor wem (Instanz), für wen (Verantwortungsobjekt), wofür (Handlungsresultat oder Gesamtzustand), unter welchem Beurteilungsgesichtspunkt oder Wertaspekt und für welche möglichen Folgen und bei welchen Verantwortungsträgern – seien es nun individuelle oder kollektive (Gruppe, Institution) oder gar gattungsmäßige (*der* Mensch) – gemeint ist. Seit fast einem Jahrzehnt untersuche ich schon die Verantwortungsbegriffe als Beziehungs-, als Relationsbegriffe auf analytisch unterschiedlichen Abstraktions- bzw. Konkretisierungsebenen – etwa der schematisch-formalen der Handlungsergebnisverantwortung (Kausalfolgen- und Zustandsverantwortung), der rechtlichen, der Rollen- und Aufgabenverantwortung, der korporativen oder institutionellen Verantwortung und Gruppenmitverantwortung sowie besonders der universalmoralischen (oft »ethisch« genannten) Verantwortung.

Die Typen lassen sich nur analytisch rein voreinander abtrennen: In der Realität überlappen sie; und es treten auch Stufungen auf: Gesetze (eines Rechtsstaats!) einzuhalten beispielsweise ist auch eine universalmoralische Pflicht. Versprechen zu halten ist eine moralisch höherstufige Verantwortung. Schließlich gibt es dieser Stufung zufolge auch eine Verantwortung der Ethiker zur (Weiter-)Entwicklung der Verantwortungsethik – etwas, was Kurt Bayertz später plastisch (aber vielleicht etwas semantisierend-mißverständlich) »Metaverantwortung« genannt hat. Die unterschiedlichen analytischen Verantwortungstypen und -ebenen können zur klareren Erfassung, Beschreibung und Analyse von moralischen und anderen Verantwortungskonflikten dienen, ohne diese bereits durch die bloße analytische Aufbereitung lösen zu können. Hierzu bedarf es normativer Systemregeln und Prioritäten wie etwa jener, daß (universal)moralische Verantwortung für Folgen (und Fürsorge/Zustände/Befindlichkeiten bezüglich Abhängiger, auch von technischer oder politischer Macht Abhängiger!) der bloßen Rollen- oder Aufgabenverantwortung z. B. einer vertraglichen Bindung voranzustellen ist, daß Schadensabwendung und Sicherheit vor Nutzenmehrung geht usw.

Hier gibt es noch sehr viele Verzweigungen und Verknüpfungen zwischen unterschiedlichen Typen und Ebenen der Verantwortlichkeiten – gerade auch hinsichtlich ihrer Stufungen, Kombinationen und etwaigen Prima-facie-Verbindlichkeiten (Versprechen können durch dringlichere moralische Gebote, etwa der Hilfeleistung in Lebensgefahr, überrollt werden!) zu untersuchen. Die differenzierte Typologie der Verantwortungsarten und der Prioritätsregeln erlaubt es erst, Konfliktstrukturen, Verknüpfungen, Kombinationen, Überlappungen, Konkurrenzen und Prioritäten zwischen unterschiedlichen Verantwortlichkeiten näher zu beschreiben und zu untersuchen. Eine zugleich integrierte und differenzierte sowie pragmatisch verwendbare, realistische Theorie der Verantwortung, des Menschen als *des* verantwortlichen Wesens par excellence und besonders der (universal)moralischen Verantwortung ist erst aufgrund solcher notwendiger Vorarbeiten möglich. Das Reden von »*der* Verantwortung« freilich ist zunächst einmal wohlfeil, kann allzu leicht politisch als Alibi mißbraucht werden: Der amerikanische Präsident Reagan beispielsweise übernahm »die volle Verantwortung« für die »Irangate«-Affäre – und nichts passierte – keine wirkliche, persönliche Konsequenz wurde gezogen – außer der Anhörung und Verurteilung untergeordneter Chargen wie des sich als »sunnyboy hero« des Patriotismus selbst stilisierenden Oliver North, der die Medienöffentlichkeit so offensichtlich genoß, daß ihm die Rolle des Angeklagten zu entweichen, jedenfalls seinem Bewußtsein zu entschwinden schien. »Verantwortliche« Politiker – gerade auch, wenn sie verbatim die Verantwortung »übernehmen« – neigen dazu, wirkliche Konsequenzen zu umgehen oder zu übergehen, mit Verbalritualen scheinbar Probleme anzugehen oder zu »lösen«, in Wirklichkeit aber durch Rhetorikexerzitien effektiv Verantwortlichkeiten zu verdecken, abzulenken oder zu entwerten. Allenfalls schicken sie den niedrigstmöglich Untergebenen, dem der Schwarze Peter der Verantwortlichkeit zugeschoben werden kann, in den hochdotierten Vorruhestand. Wenn es sich gar nicht umgehen läßt – angesichts der drohenden öffentlichen Reaktion –, dann suspendiert man den Staatssekretär vom Dienst. Daß einmal ein Minister selbst den Hut nimmt, ist ein äußerst seltener Ausnahmefall – jedenfalls und besonders in Deutschland (in England scheint eine bessere demokratische Kontrolltraditon und Verantwortungskonsequenz zu bestehen). Die bloß politische Jongliererei mit dem Schwarzen Peter »Verantwortung« ist eigentlich nicht gemeint, wenn von einer ethischen Analyse der Verantwortlichkeitsrelation gesprochen wird. Nur das Gesicht nicht zu verlieren bzw. einem die Verantwortung zuzuschieben – einer muß diese tragen, ob es der eigentliche Verursacher oder Sünder sei, spielt eine eher nachgeordnete Rolle –, diese anscheinend einer publicityorientierten Imagemache verbundene Verantwortlichkeitsmanipulation ist hier gerade nicht gemeint. (In Japan hat diese Strategie auch moralische Tradition: Der Begriff »giri« umfaßt diese Verschiebbarkeit der Verantwortlichkeit – einer hat die persönlichen Konsequenzen zu ziehen, die Verantwortung zu übernehmen, und wenn er ehrenhaft Seppuko, rituellen Selbstmord – bei uns oft fälschlich »Harakiri« genannt – begehen zu müssen glaubt.) Im politischen Geschäft erhält die Verantwortung häufig einen Zug von schicksalhafter Betroffenheit: Man hat eben u. U. gegen das Elfte Gebot (»Du sollst dich nicht erwischen lassen!«)

verstoßen und muß, wenn es denn unumgänglich wird, die Konsequenz des Rücktritts als ultima ratio in Erwägung ziehen, wenn es sich denn publizitär gar nicht mehr umgehen läßt. Die gut- bis hochdotierte Frühpension läßt die gravierenden Konsequenzen des rein symbolischen »Seppuko« leicht vergessen, zumal ein nächstes Amt mit ähnlicher Ehre und Extras entweder in der Industrie oder im politischen Comeback-Betrieb in der Regel (nach einer manchmal angemessenen Pflichtvakanz oder Abstinenzzeit) bereitzustehen scheint. Rechtskräftige Verurteilungen *be*hindern allenfalls, aber *ver*hindern nicht einmal notwendig ein politisches Comeback. Und wo ungestraft, ungesühnt ein Minister das Parlament belügen konnte, ist es mit der moralischen, nicht einmal mit der moralin-getränkten politisch-demokratischen Kultur wohl doch nicht so weit her! Politisch Lied, garstiges moralisches Geschäft! So ist es eben – bedauerlich, aber wohl realistischerweise nicht zu ändern. Hier ist Moraldebatte wirklich bloß Gerede, moralinsäuerliches Zweck-, Taktik- und Imponiergehabe. Politische Moral ohne institutionelle Kontrolle, ohne rechtlichen Druck, ohne operational wirksamen Nachdruck – ist keine Moral überhaupt, sondern nur die Vortäuschung, der Schein der wirksamen, der wirklichen Moral: Scheinmoralität.

Das ist in persönlichen, strafrechtlich relevanten oder natürlich-ökologischen Zusammenhängen anders. Soweit Kollektivitäten betroffen und beteiligt sind, gibt es die Schwarze-Peter-Spielchen, die Abschiebungsversuche auch hier. Doch die Folgerelationen lösen sich nicht schlicht in Schein oder bloße Lippenbekenntnisse auf. Verantwortlich ist verantwortlich ist verantwortlich – da helfen keine Ausflüchte, wenn die Folgen offensichtlich und eingetreten sind. Und Macht bedeutet effektive Verantwortlichkeit – gerade auch bei technologischer Macht und Macht des Wissens. Die Experten des Wissens haben sich lange mit Hilfe raffinierter und sophistischer Ausflüchte unter Berufung auf die totale Wertfreiheit der Forschung oder auch nur der Grundlagenforschung ihrer Mitverantwortlichkeit entziehen wollen – auch indem sie nur eine unmittelbar persönliche Handlungsverantwortung, aber weder eine institutionelle Verantwortung der wissenschaftlichen Zunft oder der Gelehrten-Gesellschaften noch eine Gruppenmitverantwortung noch eine Mitverantwortung des Wissenden anerkennen wollten. Verantwortungsbegriffe sind Zuschreibungsbegriffe – insofern einer gewissen Interpretationsflexibilität geöffnet. Dennoch scheint sich das öffentliche Urteil auch in dieser Hinsicht gewandelt zu haben: Man beginnt den *relativen*, zuvörderst *methodologischen* Charakter des Wertfreiheitspostulats (normative Wertungen in der Objektsprache einer inhaltlichen erfahrungswissenschaftlichen Theorie würden deren Erfahrungsgehalt und Überprüfbarkeit herabsetzen oder gänzlich annullieren) sowie dessen interessengeleitete ideologische Mißbrauchbarkeit zu sehen. Auch wächst der Sinn für korporative und institutionelle Verantwortlichkeiten – sogar in deren moralischer Bedeutung. Und dies wirkt sich auf eine neue, gewandelte, empfindsamere Deutung der moralischen Mitverantwortung wissenschaftlicher Standesorganisationen und technisch-wissenschaftlicher Gesellschaften aus. So mag interpretativ, genauer: interpretationskonstruktionistisch auch *dem* Menschen als (gen)technologisch mächtig gewordener Gattung eine bestimmte prekäre Verantwortlichkeit für die weitere Evolutionsentwicklung zugeschrieben werden: Wer Macht und Wissen hat, hat auch Verantwortung zu tragen – sei es individuell-persönlich, sei es kollektiv im Sinne einer grundsätzlichen Mitverantwortlichkeit. Diese Verantwortungszuschreibungen sind interpretativ konstruiert – das eben besagt die Erkenntnis vom Zuschreibungscharakter. Doch gibt es Perspektiven, unter denen jener, der die Macht beziehungsweise die Einflußmöglichkeit hat, sich nicht einfach seiner Mitverantwortlichkeit entziehen kann. Mitgefangen, mitgehangen. Konsequenz und Ehrlichkeit von Wissen und Gewissen sind nötig. Der »Macher« (Mitlenker, Mitgestalter) evolutionärer Neuentwicklungen übernimmt die Verantwortlichkeit für die absehbaren und gar für die abschätzbaren Folgen gegenüber den potentiell Betroffenen – auch gegenüber den potentiellen Betroffenen künftiger Generationen. So wie wir uns verantwortlich wissen dafür, daß wir kommenden Generationen eine nicht verwüstete, nicht total ausgebeutete und aller Rohstoffreserven beraubte sowie eine »lebbare« Umwelt hinterlassen, so haben wir als heutige Generation auch eine Verantwortung für die Weiterexistenz der Menschheit und für deren relativ unbehelligt belassene Genpools. Die generelle Verantwortlichkeitszuschreibung spezifiziert natürlich noch keine konkreten moralischen oder gar rechtlich relevanten Einzelverantwortungen bei allen einzelnen Forschern – außer bei solchen in strategisch wichtigen Entscheidungspositionen und prekären relevanten Entscheidungssituationen. Die Verantwortungsverteilung und -konkretisierung gilt hier generell ebensowenig wie beim Analogfall des Rechts auf Arbeit, das allgemein und international anerkannt, aber im Einzelfall nicht rechtswirksam eingeklagt werden kann. Unbestimmte Quasirechtsbegriffe existieren auch im Reiche der Moralität. All das tut der generellen Mitverantwortlichkeit keinen Abbruch.

Was können, was sollen wir nun angesichts der relativ prekären evolutionären und ökologischen Situation und der von MacLean, Koestler und anderen festgestellten konstitutionellen Zerrissenheit, Konfliktträchtigkeit und Ungesichertheit des Menschen tun? Gibt es eine Lösungsstrategie für die paradoxalen Gegensätzlichkeiten, für den endemischen »Krieg der logischen und der biologischen Konstanten«, zwischen Rationalität und biologisch-genetischer Grundlage und für die sozialstrukturellen Engpässe oder Widersprüche der oben erwähnten Rationalitätsfallen? Läßt sich durch Denken etwas ausrichten oder beitragen?

Aktualität der Philosophie?

»Philosophie der Gegenwart – Gegenwart der Philosophie«: dieses so harmlos-betuliche Gesamtthema des 15. Deutschen Kongresses für Philosophie (bei dem ich übrigens für die drei folgenden Jahre zum Präsidenten der Allgemeinen Gesellschaft für Philosophie in Deutschland gewählt wurde – und somit in eine anspruchsvolle Aufgabe und Verantwortlichkeit im Sinne dieses Themas) erweist sich in der Tat als eine ernsthafte Herausforderung der Philosophie, wenn es mehr als Wunschdenken widerspiegeln soll – und das sollte es doch wohl nach Absicht des für die Themenwahl verantwortlichen bisherigen Präsidenten Herbert Schnädelbach (Hamburg). (Den nächsten Kongreß werde ich zu planen, zu leiten und zu verantworten haben...)

Die Gegenwärtigkeit und Aktualität der Philosophie versuchten die Referenten in thematischen Spezialkolloquien und -sektionen aufzuweisen, die sich von der »Philosophischen Gegenwart des Mittelalters« (sic!) bis zur Forschung über künstliche Intelligenz spannten, philosophische Probleme der Politik, Technik, Wirtschaft einbegriffen. Die öffentliche Reaktion war wie üblich gespalten: Der Rezensent einer großen überregionalen Tageszeitung, die sich auf ihr nur teilweise ausgewogenes, aber von spätadornistischen und nachritterlichen Redakteuren mit ihren Schulenlieblingen doch etwas einseitig geprägtes Feuilleton viel zugute hält, besuchte die praxisnahen Kolloquien gar nicht und verschwieg sie dementsprechend fast gänzlich – außer »Politik und Moral«. Ihm hatte es das zweifellos an sich auch interessante Erbe der Metaphysik angetan, das freilich vorwiegend bloß vergangenheitsgesättigt anmutete. Der Schreiberling einer technischen Wochenzeitung hingegen besuchte nur die Sektionen über Wirtschaftsethik und Technikethik und meinte zudem nach der von Hilary Putnam, dem Harvardphilosophen, vorgetragenen, auch ihm zufolge nicht ganz neuen Einsicht, »auch von Philosophen dürfe man nicht erwarten, daß sie dauerhaft unfehlbare Lösungen von Problemen wüßten, deren Voraussetzungen noch weitgehend im Dunkeln liegen«, die Philosophen hätten sich mit dieser Ausrede, Ausweichstrategie »wieder in den Elfenbeinturm zurückgezogen«: »Im Elfenbeinturm, da lebt es sich so schön und warm: Die Nachdenker hinken der Zeit hinterher« – so heißt der Titel des Artikels (VDI-Nachrichten 41 / 17. 10. 1990).

Hegels vielzitiertes Wort über die Funktion und Leistung der Philosophie, die Eule der Minerva begönne ihren Flug erst in der Dämmerung (»... wenn die Gestalten des Lebens alt und grau geworden sind«, meint der Schreiberling), wird als greuliche Selbstdiagnose über die selbstgewählte gräuliche Muffeligkeit der Philosophenvertreter vergrault. Dabei hatte sich das Kongreßthema doch gerade den Herausforderungen von Gegenwartsfragen gestellt, bewußt geöffnet – bis hin zur Podiumsdiskussion über die Rolle der Philosophie im Fernsehen: Eins, zwei – Klappe auf – oder: Lämpchen glüht, auf Sendung: »Philosophieren Sie!« –: »Nun philosophieren Sie man schön!« Es gab, höre ich gerade, neuerdings schon Talkshows über das Philosophieren, über die Situation der Philosophie in Deutschland (in Bremerhaven am 15. Oktober 1990). Sollte die öffentliche Funktion und Rolle der

Philosophie zu und in Talkshowauftritten verkommen (sein)? Das denn doch wohl nicht! Gegen eine schmissigere Selbstrepräsentation der Philosophie in der Öffentlichkeit ist damit natürlich gar nichts gesagt und einzuwenden! Hier hat die Zunft in der Tat oftmals grandios versagt. Besonders deutlich etwa vor sechs Jahren beim Deutschen Philosophiekongreß in Bonn, als ein Gelehrter vom alten Stil, alternden und leicht altertümlichen Zuschnitts im öffentlichen Abendvortrag in gelehrten Traditionssentenzen altidealistischer Art die Schellingsche Philosophie als das Nonplusultra für die philosophischen und philosophierelevanten Gegenwartsprobleme empfahl – in Anwesenheit des Bundespräsidenten und dementsprechend vieler »Stimmen« der öffentlichen Meinung. Man konnte nur sagen: Wenn die Philosophie das, was sie zu Gegenwartsproblemen zu sagen hat, so vorstellt, dann wird die öffentliche Meinung über sie hinweggehen, als habe sie nichts dazu zu sagen: »Wenn das die gegenwärtige aktuelle Philosophie ist, dann ist sie zu Recht (zu) vergessen!« So oder ähnlich müssen Öffentlichkeitsvertreter gedacht und Schlüsse daraus gezogen haben. »Philosophie – unverständliche Behauptungen über unlösbare Probleme«, so hat ein Ironiker vor langem schon geurteilt. Die öffentlich exponierten Philosophen haben offenbar alles getan, um diesen Eindruck zu verstärken. Neulich wieder hielt ein selbsternannter Papst der Diskursethik beim Kongreß einen öffentlichen Vortrag, der keinerlei terminologische Rücksicht auf die Außenstehenden nahm – ihnen zu Recht als Zumutung erscheinen mußte. Die Philosophen haben wenigstens zum Gutteil selber schuld, wenn sie ihre Öffentlichkeitsresonanz verloren haben. Andererseits spielt natürlich die Eskalation der Erwartungen und Überforderungen ebenfalls eine gewichtige Rolle: Unter dem Eindruck des deutschen Idealismus des letzten Jahrhunderts hatte die Philosophie sich eine lange Zeit in einen Sicherheitstraum der Schreibtischdenker gewiegt: Man glaubte, (fast) alle realen Probleme der Welt (allein) durch Nachdenken lösen zu können. (»Mens agitat molem«, zitierten selbst die Ingenieure, die dieses Wort freilich anders interpretierten.) Man weckte groteske, übersteigerte, teil verstiegene Erwartungen, die noch heute nachwirken – etwa deutlich auch noch in der erwähnten Kongreßbesprechung der Ingenieurszeitung. Man hatte Unerfüllbares versprochen,

Selbsttäuschungen zu Versprechungen stilisiert und in Erwartungen anderer projiziert. Die Reaktion muß ernüchternd erfolgen. Seitdem schwankt das Bild der Philosophie zwischen Überbeanspruchung und Unterbeachtung. Auch das haben zum großen Teil die Philosophen selbst bewirkt – vielfach freilich unbewußt und guten Gewissens (in dem sich Selbsttäuschung manchmal stabilisiert). Wenn jemand die Übersteigerung der Erwartungen auf Patentlösungen für alle intellektuellen Orientierungsprobleme wieder herabzuschrauben versucht, wird er angesichts des Orientierungsproblemdrucks leicht des Ausweichens vor den realen Problemen geziehen: Er säße immer noch im Elfenbeinturm oder zöge sich wieder in die schulterzuckende Akademikerpose zurück. Man macht sich selten deutlich klar, daß Erwartungsüberfrachtungen Enttäuschungen provozieren müssen. Das ist nicht anders mit der Philosophie und ihrer Praxisrelevanz. Nach dem guten alten deutschen Brauch, das Kind mit dem Bade auszuschütten, beklagt man dann die Erwartungsenttäuschungen als »Versagen« der Philosophie – und schiebt sie allzu schnellfertig mit dem Wort »Elfenbeinturm« zur Seite oder in den intellektuellen Abstellwinkel, wo sie fürderhin mit sich selbst beschäftigt schmollen darf. Wer zuviel verspricht, bewirkt, daß zuviel verlangt wird, – und erzeugt den Fall ins andere Extrem. Man erkennt dann im »Falle« der Philosophie (im doppelten Sinne des Wortes) nicht mehr die großen Gründungsleistungen dieser Disziplin: Vernunft, Humanität, Menschenrechte, Freiheit – alles Ideale, Programme, Ergebnisse originär philosophischen Denkens (natürlich un-endliche Aufgaben!). Es kann nur um eine realistische öffentliche Wiedererweckung der allzu verschlafenen akademischen Philosophie gehen, die in Teilen durchaus besser ist als ihr Ruf. Ein bißchen Imagepflege, »Promotion« könnte der Philosophie wahrlich nicht schaden. Aber dies darf nicht in marktschreierischer Selbstaufstülpung geschehen – dann würden wieder zu hohe, nur zu enttäuschende Erwartungen geweckt. Eine Gratwanderung also zwischen Soliditätsbewahrung, Erwartungsüberfrachtung und Etikettenschwindel. Keine einfache Aufgabe für künftige Amtsinhaber der Philosophengesellschaft bei der künftigen Öffentlichkeitszuwendung. (Ich werde wohl noch häufiger mit diesen Sondierungs- und Balanceproblemen in Sachen

»Image« und Öffentlichkeitswirkung der Philosophie konfrontiert werden...)

Prometheisches Philosophieren

Zurück zum Nach-Denken der Nachdenker, wie sie in die Metapher von der Minervaeule hineingelesen wird. Trotz aller Übertreibung des Urteils, trotz der allzu beschränkten Kenntnis der relevanten Kolloquien, trotz der einseitigen Erwartungsüberforderung hat der erwähnte, betont bissig naßforsch formulierende Schreiberling der Technikerzeitschrift tendentiell recht – nur tiefer, als er dachte: Wir haben allzusehr Epimetheus, den nach-denkenden, den »Hinter-her-Denker«, zum mythischen Leitbild des Philosophierens gemacht – statt seines Bruders Prometheus, des Vordenkers, Vorausdenkers, des erkennenden Praktikers unter den Titanensöhnen, der sich der προμηϑια, der Voraussicht und Vor(her)sorge widmet und somit den Menschen hilfreiche Dienste leistet: Prévoir pour savoir – pour savoir vivre! Da wir technische Titanen geworden sind, sind wir auf Voraussicht und Planen im großen Stile angewiesen – und dies, obwohl die Sicherheit und Übersicht von Systemvoraussagen im Großen immer weniger verläßlich erscheint als die von Kleinprognosen beschränkterer Bereiche. Auch hier eine Art paradoxaler Systemauswirkung, eine neue Unübersichtlichkeit der ungemein verwickelten Verzahnungen, bei Wechselwirkungen und teils ungesehenen, teils ungewollten Nebeneffekten in umfassenderen komplexen dynamischen Systemen und Problem- sowie Faktorenvernetzungen, die dem traditionellen linearen Kausaldenken in Ein-Faktor-Theorien spotten. Die Sicherheit und Absolutheit der einlinigen Kausaldeterminismen der klassischen Physik und der an ihr orientierten Modelle werden wir in komplexeren größeren Zusammenhängen nicht mehr erreichen können, gar nicht mehr erstreben sollen. Das höchst Unwahrscheinliche wird nicht mehr zum Ereignis werden! Absolute Sicherheit und Realitätsnähe, Determiniertheit und Kreativität schließen sich in komplexeren Kontexten aus. Die Wissenschaftslehre der Tradition und die an ihr ausgerichtete oder mit ihr verbundene Philosophie waren zu sehr auf

Sicherheit und absolute Begründungssicherung aus! Die »certezza« Leonardo da Vincis, der große rationalistische Rettungsstern der Rechtfertigungen im absoluten Sinne, hat sich, indem man das Sichverlassen auf seine Führung verabsolutierte, als Fehlweisung entlarven lassen. Im *Ex-post-facto*-Analysieren, im »Nach-Denken«, im Hinterher-Aufdecken schien der Ansatz auch Sicherheit der Praxis zu garantieren. In Grenzen und als notwendiges Ingrediens wirkte Galileis »auflösende« Methode freilich auch für das darauf aufbauende synthetische, das komponierende Vorgehen: die »dissolutive« geht der »kompositiven« Methode voraus – aber eben nur das. Sie ist notwendig, aber nicht allein hinreichend für die Konstruktion, Manipulation, technische Veränderung der Welt. Das »epimetheische« Denken und Analysieren reicht nicht aus. Wir haben zu einseitig, zu absolut allein auf Epimetheus, auf Sicherheitsdenken, auf sichere Gründe und Letztrechtfertigungsargumente im theoretisch-abstrakten Sinne gebaut (und selbst der oben zitierte Schreiberling der Technikerzeitung tat dies dem Anspruch nach noch heute – wie auch viele Philosophen der transzendentalen Richtungen, einschließlich der plausibel ansetzenden, aber ihren Punkt auf der Suche nach der Sicherheit verabsolutierend überziehenden Transzendentalpragmatiker). Auf der Suche nach Sinn und Zukunftsweisung haben wir fälschlich Zukunftssicherung erstrebt, uns auf die Suche nach der Sicherheit begeben, diese ständig verabsolutiert, einzig nur verfolgt. Die Suche nach Sicherheit, nach absoluter theoretischer Sicherung löste zwar eine großartige und sehr erfolgreiche analytische Anstrengung aus, die gar die ganze Welt – unsere abendländische Welt, versteht sich – veränderte, die den Experimentalismus und Industrialismus durch Konzentration auf die analytisch zu ermittelnden Einzel- und Teilfaktoren ermöglichte. Doch die Suche nach absoluter Sicherheit erwies sich als Fehlleitung. Absolute Sicherheit schließt Realistik und Kreativität aus. So wurden die Erkenntnisse der sicherheitsfanatischen Analytiker, die sich gleichwohl immer noch als Philosophen verstanden, immer abstrakter, formaler, inhaltsleerer, bedeutungs- und »sinn«loser. Philosophieren schien sich in technisch-formales Analysieren aufzulösen, in der Begriffsanalyse aufzugehen... Epimetheus obsiegte. Das epimetheische Philosophieren, das bürokratischkleinkarierte Sicherheitsstreben der absolut unanfechtbaren, möglichst schon *logisch* sicheren Argumente und formal gesicherten Letztrechtfertigungen galt allein noch als vertretbares, als »wissenschaftliches« Philosophieren. Philosophie sollte sich als strenge Wissenschaft, Philosophieren sich in strenger Formalwissenschaftlichkeit bewähren. Praktisch »Unmögliches« aber ließ sich nur im Irrealen oder Gehaltleeren erlangen, in Glasperlenspielen logischer Kalküle, formaler Begriffsanalysen und allzu abstrakter theoretischer Modelle sowie in der bloß narrativen Reproduktion vergangener Entwicklungen. Epimetheisches Philosophieren geriet in die Planwagenspuren der Formalismen oder der historischen Selbsterforschung bzw. Selbstbefriedigung. Epimetheus, der Bruder des Prometheus, war es auch, der den Reizen der Pandora erlag, die ihre Büchse mit allen denkbaren Übeln öffnete, welche dann über ihn und die Menschheit kamen. Prometheus, der andere Titan, hingegen war es, der den Menschen in Lehm geformt hatte – und *Athene*, die eulenäugige Göttin der Weisheit und der Philosophen, hatte ihm Leben eingehaucht, auch das philosophisch-metaphysische Streben; so können wir die symbolische Deutung des Hesiodschen Mythos fortspinnen. Prometheus, der Menschenfreund, der Vor-Denker und der Herausforderer der Götter (überstilisiert in Goethes unnachahmlichem »Bedecke deinen Himmel, Zeus...«), ist die eigentliche symbolträchtige Leitfigur der Philosophen. Er sei es von neuem. (Für den vornehmsten philosophischen »Heiligen« hielt ihn ja schon Marx, der Technik- und Praxisphilosoph, den man allzu einseitig zum Politökonomen umstilisierte – er sich freilich auch selbst!) Sind wir schon zum Titanischen verdammt, so folgen wir doch dem *aktiven*, dem vorausdenkenden Titanen, der den Menschen Kultur und Feuer – auch inneres Feuer? – gab und, symbolisch-metaphorisch verstanden, heute noch geben kann. Philosophieren könnte/sollte feuriger sein und wieder werden. Philosophie im Zeichen des »voraussinnenden« Prometheus – ein *prometheisches Philosophieren* tut not. Wir müssen uns entschließen, prometheischer, feuriger, selbständiger zu philosophieren. Das Kleinkarierte des pseudobürokratischen Begriffeabklopfens, der Begriffskärrnerei – so nötig diese auch in und für Einzelanalysen ist – sollte nicht als Prototyp des Philosophierens schlechthin gelten. *Pro-*

metheisch Philosophieren! Was heißt das? Gibt es radikal mutige, prometheische Philosophen – heute noch? Nietzsche freilich war einer, der die prometheische Herausforderung des »Bedecke deinen Himmel, Christ« zum Extrem trieb, zu einem nur ästhetisch zu fundierenden Heroismus, der sich ansatzweise auch beim Existenzialismus Sartres (wir sind zur totalen Freiheit und zur Selbstbestimmung verdammt!), aber auch im Grundpathos Heideggerschen Philosophierens im »Vorlaufen« zum Tode wiederfindet.

Von extremistischen Übertreibungen wie vom unechten heroistischen Pathos sollte man das prometheische Philosophieren freilich freihalten. Goethes Sturm-und-Drang-Deutung des Prometheus, der tollkühn von Angesicht zu Angesicht den höchsten Gott in die Schranken fordert, ist keineswegs die einzige, jedenfalls keine heute vertretbare Leitlinie eines prometheischen Philosophierens! Das »Vorausdenken«, die Zukunfts- und Handlungsorientierung des Philosophierens ist viel wichtiger für ein prometheisches Programm. Wir sind viel stärker als je zuvor dazu verurteilt, unser und unserer Erde und ihrer Arten Schicksal selbst »in die Hand« zu nehmen: Kein Gott mehr sagt uns allgemein, über alle Kulturen hinweg, was wir tun und anzielen sollen. Das Schicksal selbst der Natur und die Biosphäre dieses Planeten ist zum großen Teil – und zwar »entscheidend« auch im negativ möglichen Sinne – von uns abhängig: Wir können die Bewohnbarkeit der Erde für Menschen und höhere Arten irreparabel schädigen oder gar zerstören. Die Lebenssphäre und das höhere Leben auf diesem Planeten sind von unserer technologischen Macht abhängig geworden und auf deren »weise« Verwendung und Beschränkung angewiesen. Durch technische Machtmultiplizierung und -erhöhung ins Gigantische sind die Menschen zu Titanen der Zerstörungsmöglichkeiten geworden: technogene Titanen, die geneigt waren und es vielfach noch sind, ihre Herkunft als Kinder der Gaia und des Uranos, der Erde und des Himmels, zu vergessen oder gar trotzig zu leugnen. Unbändigkeit und Trotz waren die Charakterzüge der mythischen Titanen. Titanen mit zerrissenem Gehirn scheinen wir – das Stammhirn mit seinen »reptilischen« Triebanteilen (s. o.) wird oberflächlich, nur schwächlich vom Großhirn überformt, übertüncht: Die Vernunft, deren wir so nötig bedürfen, um das Titanische unserer Technik und unseres Strebens zu bändigen und im Griff behalten zu können, ist zu schwach in ihren Kontroll-, Regelungs- und Koordinierungsmöglichkeiten: Die oben erörterten System- und Handlungsparadoxien künden davon. Uns führt kein göttlicher Ratschluß: Wir sind auf uns und unsere, von Koestler als zu leicht befundene, zu zerrissene schwächliche Koordinierungsfähigkeit und moralische Konstitution angewiesen – und die technische Macht und Selbstermächtigung nehmen ständig zu, verschärfen das Problem. Die Diskrepanzen zwischen technischem Können und »vernünftiger« moralischer Regelungsfähigkeit wachsen – zumal im sozialen Wechselspiel vieler unabhängig voneinander handelnder und strategisch gegeneinander wirkender Akteure. Die »weise« Regulierbarkeit scheint angesichts der technogenen Macht- und Komplexitätszuwächse eher abzunehmen. In Bälde werden wir in die Situation geraten, gentechnisch selbst in die biologische Artausstattung des Homo sapiens sapiens einzugreifen – zunächst und vor allem im heilenden und verhindernden Sinne: Gentherapeutische Verhinderung von Erbkrankheiten ist zweifellos eine gute Sache – ein »Ziel«, das zu verfolgen wirklich aller Bemühungen wert ist. (Schon heute gründet sich die Hoffnung auf Milderung oder Heilung vieler ernster Krankheiten, darunter aller todbringenden Erbkrankheiten und zumal etwa auch der Aids-Epidemie praktisch ausschließlich auf die genbiologische Forschung.) Die prinzipielle Ermöglichung der Keimbahnentherapien – vorerst noch scheinbar Science fiction, aber hat nicht die technologische Anwendung wissenschaftlicher Möglichkeiten vielfach die Science fiction von gestern längst überrollt? – wirft Fragen nach der Zulässigkeit und Möglichkeit, ja, eventuell der ethischen Begründbarkeit oder moralischen Dringlichkeit einer Dauerverhinderung mancher Erbkrankheiten durch gentechnologische Eingriffe auf. Solcherlei Eingriffe kämen schon negativ-eugenischen Änderungen der Genpools gleich: Zur positiv-eugenischen Veränderung im Sinne einer »Verbesserung« von Erbanlagen wäre es dann nur ein Schritt, der aber eine titanisch-anthropologische Revolutionierung bedeutete und die moralisch-ethischen Probleme radikalisierte: Wer sollte über Standards entscheiden, nach denen über genetische Ausstattungsverbesserungen zu urteilen wäre? Kann, darf der Mensch das genetische Schicksal, die Genpoolzukunft seiner eigenen Gattung in die »Hand« technologischer Verfügbarkeit nehmen? Wenn wir unser biologisches Erbe selber verändern, »machen« wir – in Grenzen – uns biologisch selbst. Der Möglichkeit nach sind wir nicht nur in der äußeren Naturbeherrschung über unsere Ökosysteme und die Lebenssphäre des Planeten, sondern wir wären dann auch in der eigenen Artgestaltung »Meister und Besitzer der Natur« geworden – in einem radikalen Sinne, wie es Descartes und Bacon, die Propheten der technologischen Naturbeherrschung, nicht einmal vorausahnen konnten. Titanische Selbstvergottung durch technologische Macht, der die Gefahr einer entsprechenden Selbstvergötzung entspränge? Der Mensch »die vertikale Anmaßung« (de Obaldia), die Fleisch, »Kultur« und Macht gewordene Hybris? Das Titanische bedarf des Prometheischen – des Vorherrschens des Vor-Denkens, der »prometheischen Ethik«, wie sie der oben viel zitierte Biologe und Humanökonom Garett Hardin in seinem Buche *Promethean Ethics* (1980) forderte, um dem Wildwuchs des »technologischen Imperativs«, der technokratischen Normativität technologischer Möglichkeiten Einhalt gebieten zu können – also der Quasi- oder Pseudonorm zu wehren: »Wenn wir es erfinden, ist es erforderlich, daß wir es anwenden« (»when we invent it, we are required to use it«). Hatte nicht der sog. »Vater der Wasserstoffbombe«, Edward Teller, gefordert, der technische Mensch solle all das, was er herstellen kann, auch herstellen und, was er herstelle, auch anwenden? »Experimentiere jetzt – bereue später«, formulierte der berühmte theoretische Physiker Freeman Dyson. »Können impliziert Sollen«. (»Can implies Ought«) – so drehte – wie erwähnt – der Systemanalytiker Hasan Ozbekhan das Kantische Motto des »Brükkenprinzips« »Sollen impliziert Können« (also das moralische »Ultra posse nemo obligator«) einfach um – wendete es ins Technologische als Beschreibung eines sozial sehr wirksamen Imperativs. Bereits anfangs der siebziger Jahre hatte ich – wie angedeutet – in *Technokratie als Ideologie* (1973) und schon in *Philosophie im technologischen Zeitalter* (1970) von dieser »Normativität technologischer Möglichkeiten« gesprochen – davon, daß technische Entwicklungen und wissenschaftliche Entdeckungen mit Anwendbarkeitspotenzen gerade eine normative Kraft gewännen. »Was möglich ist, muß auch gemacht werden« – in etwas, aber nur etwas harmloseren Bereichen beruft sich mancher Techniker (so ein ehemaliger Informatiker-Kollege meiner Universität [Baitinger]) und mancher Politiker (wie der deutsche Postminister) noch heute darauf – etwa in der Verkabelungsdebatte!

Hardin stellt dem Mythos des technologischen Fortschritts noch eine andere Sentenz voran, das ebenso grundlegende Dogma von Aladins Wunderlampe: »Wenn wir von ihm träumen können, können wir ihn erfinden« – den jeweiligen Fortschritt. Beide Sentenzen zusammen machen ein sozial und sozialpsychologisch brisantes Gemisch aus – einen Zündsatz, der nicht nur motivational und fiktional wirkt(e). Hardin fordert daher, die traditionelle liberalistische epimetheische Ethik des »Nach-Denkens«, des Hinterher-Denkens mit dem Grundsatz »Unschuldig bis zum Schuldbeweis« zu ersetzen durch die prometheische Ethik des Satzes »Schuldig bis zum Beweis der Unschuld«. (Die Beweislastumkehrregel ist mittlerweile in der Umweltethik und im Umweltrecht zu einiger Prominenz gelangt – bei letzterem besonders in Japan.) Die epimetheische Ethik mag nach Hardin für eine Zeit des Umweltüberflusses und des Bevölkerungsmangels hinzunehmen oder gar vorteilhaft gewesen sein, für eine Überbevölkerungssituation angesichts schwindender natürlicher Ressourcen und Reserven kann diese Moral kein Passepartout mehr darstellen. Vorsichtige Vordenklichkeit im prometheischen Sinne empfiehlt sich statt dessen, wird geradezu unverzichtbar – und das nicht nur in der Ethik. Wir können es uns einfach nicht mehr leisten, nur »nach-denkliche« Philosophie im Sinne des epimetheischen Traditionsmodells zu treiben und etwa nur logische Glasperlenspiele der begrifflichen Begründungen und absolutistischen Letztrechtfertigungen zu veranstalten. Sicherheitserhöhungen durch experimentelle und argumentative Stützungen sind richtig und wichtig, doch sie dürfen nicht neurotisch fixiert oder zu hoch angesetzt, gar utopisch werden. Prometheisches Philosophieren heißt verantwortliches, vorausschauendes, vorausentwerfendes und im voraus beurteilendes und abschätzendes Bedenken. Irreführende Sicherheitsversprechungen und -forderungen utopischer Provenienz sollten wir beiseite lassen. Verantwortliches Vorausdenken, tastend kontrollierendes Vorausschreiten ist nötig, unerläßlich. Nochmals: *Vor*-Denker sind gefragt. Nachdenkende müssen

Vor-Denker sein, dürfen nicht bloße Nach-Denker (im mehrfachen Sinne des Wortes!) bleiben. Philosophie ist im tiefsten Sinne Kreativität, kein bloßes Widerspiegeln, Nach(ab)bilden, Wiedergeben. Prometheus in *diesem* Sinne – und nicht (nur) im Goetheschen und Marxschen der Revolte gegen die Götter – sei und bleibe der »vornehmste Heilige« für die Philosophen.

In einer ironischen Paraphrase auf den Platonischen Mythos, der von Protagoras im gleichnamigen Platonischen Dialog (320c–323a) vorgebracht wird, wie der Mensch durch Prometheus seine technischen und handwerklichen Fähigkeiten erlangt haben sowie durch das Eingreifen des vom Schicksal des Menschengeschlechtes doch etwas betroffenen Zeus geschickten Hermes zu den politischen und bürgerlichen Tugenden gekommen sein soll, beschreibt Michael Sonntag in einem Band mit dem kennzeichnenden Titel *Denkzettel Antike* (1989) besonders den weiteren Fortgang des Mythos. Epimetheus, der »Hinterherdenker«, der sich vorgedrängt hatte, den geschaffenen Wesen die Fähigkeiten zuzuteilen, ließ nach Verteilung aller spezialisierten Gaben an die Tiere für den Menschen nichts mehr übrig, so daß dieser »nackt, unbeschuht, unbedeckt, unbewaffnet« blieb – ein wahrhaftes Mängelwesen nicht nur Gehlenscher, sondern schon Poseidonios'scher Provenienz.

Prometheus, dem die Aufgabe zugefallen war, die Verteilung zu beurteilen, suchte nach Mitteln zur Rettung und Erhaltung des Menschen und stahl dem Hephaistos und der Athene deren Handwerk samt dem Feuer, um beides dem Menschen zu schenken und ihm eine Lebensfristungsmöglichkeit mithilfe der Technik und Handwerkskunst zu geben. Freilich besaßen die Menschen immer noch nicht die im Verfügungsbereich von Zeus befindlichen politischen Tugenden, die »bürgerliche Kunst«, taten einander Schaden und Unrecht an und gerieten in die Gefahr des berüchtigten Krieges aller gegen alle. Der besorgte Zeus schickt nun also den Hermes, um den Menschen »sittliche Scheu und Rechtsgefühl zu bringen« (wie Gigon besser als Schleiermacher, der von »Scham und Recht« spricht, übersetzt), und er gibt dem Götterboten die Anweisung, alle Menschen in gleicher Weise an dieser bürgerlichen Tüchtigkeit teilhaben zu lassen und ihnen allen, d. h. den griechischen freien Bürgern, Mitsprache- und Mitbestimmungsrecht zu geben. Epimetheus fiel, »wie es scheint, mit Fug und Recht, der schimpflichen Vergessenheit anheim«: »der nur nachträglich Erkennende«, der »Hinterherdenker«, hatte das Nachsehen. Doch sein eigentlicher Beitrag sei schon im Mythos selbst und besonders in der Rezeptionstradition, meint Sonntag, allzu leichthin vergessen worden. Der technische Aufbruch, der großenteils ein kriegerischer Aufbruch und eine Vervielfältigung der Weltbeherrschungsmittel durch technische Weltveränderung und Weltbeherrschung umfaßte, stand hinfort ausschließlich unter dem Signum des Prometheus, des stürmisch voranschreitenden »Vorausdenkers«.

Es sei nun aber »an der Zeit, dem Epimetheus die gebührende Gerechtigkeit widerfahren zu lassen. Ihm ist ein tiefes Unrecht zugestoßen, als er im Gegensatz zu seinem Bruder der Vergessenheit anheimfiel«, schreibt Sonntag (ebd. 31): »Denn wie man die Dinge auch dreht und wendet, man kommt nicht umhin zu konstatieren, Epimetheus habe gewußt, was er tat, und mit Fug und Recht gehandelt. Ist man angesichts aller späteren Geschichte des Mängelwesens unverbesserlicher Optimist, wird man sagen müssen, er habe dem nackten Menschen aus guten Gründen die bloß tierischen Kräfte und Fähigkeiten verweigert, so daß dieser durch des Bruders Tat erlangen konnte, was im weiteren Verlauf er seine ›Kultur‹ nennen sollte, auf daß diese ihn von den Tieren unterscheide. Neigt man angesichts der gleichen Geschichte eher zu pessimistischen Einschätzungen, so wird man zugeben müssen, es sei immerhin den Versuch wert gewesen, dieses sonderbare Wesen nackt und bloß zu lassen, um größeres Unheil abzuwenden.

In der Tat kann es nicht darum gehen, das abwägende nachdenkende Vorgehen zu desavouieren – im Gegenteil. Nachdenklichkeit und Nachdenken, »nachträgliches Erkennen« sind heute wichtig wie eh und je. Doch das vorsichtige, abwägend verteilende »nachdenkliche«, also in diesem nicht zeitlichen Sinne gemeinte »epimetheische« Beurteilen ist heute sogar wichtiger denn je, da die Auswirkungen und Ausweitungen unserer Handlungen so drastisch, ja, dramatisch und folgenreich geworden sind, daß wir uns ein ungestümes, im klassischen Sinne prometheisches In-die-Schranken-Fordern der Götter und der Natur nicht mehr leisten können. Zwar setzen prometheische kulturelle Entwicklungen und Fähigkeiten sowie die natürliche Mängelausstattung des Menschen einander voraus, doch in der Tag obsiegte Prometheus insofern, als der Mensch die Götter abschaffte, abwählte, sich auf sich selbst stellte, sich allein auf sein Geschlecht verlassen und seine Geschichte selber gestalten mußte und muß. Freilich kann er dieses Selbermachen der Geschichte nicht mehr unter Absehung von jeglicher Naturentwicklung, von der Geschichte der Biosphäre auf unserem Planeten veranstalten, wie es der besonders technikoptimistische Philosoph dieser vorwärtsstürmenden Entwicklung, der im Goetheschen Sinne prometheische Philosoph Karl Marx, der Prometheus ja auch, wie erwähnt, zum »vornehmsten Heiligen« der Philosophie ernannt hatte, sich vorgestellt hatte. Ohne die Götterverachtung zu forcieren und die Natur und ihre Eigengesetzlichkeiten (unter Einschluß der menschlichen Eingriffe in halb künstlichen, halb natürlichen Ökosystemen) zu mißachten, ist der Mensch auf das »vorausdenkende«, prometheische Gestalten seiner eigenen Welt und Zukunft angewiesen. Wir sind zum Prometheismus verdammt, ohne uns das epimetheische Nachdenken versagen zu dürfen. Beides gilt heute mehr denn je.

In der Tat ist im vorliegenden Zusammenhang das Prometheische auch unter Absehung von dem zornig-trotzigen In-die-Schranken-Fordern des Übergottes Zeus oder, wer auch immer dessen Stelle einnimmt, zu verstehen: Nur im zeitlichen, vorwärtsdenkenden, antizipatorischen Vorsorgen, also im geradezu rücksichtsvoll-»nachdenklichen« Vorausdenken ist hier das (sozusagen moderierte, abgeschwächte) Prometheische zu deuten. Wir sind zum vorausschauenden Nachdenken, zum vorsorglichen, vorsichtigen Antizipieren um so mehr gezwungen, je mehr wir prometheisch unser künftiges Schicksal selbst gestalten müssen. Der technologische Prometheus *muß* sich der *Nach*denklichkeit im doppelten Sinne dieses Wortes öffnen. Prometheisches Denken und prometheische Philosophie sind nur im eingeschränkt methodologischen, nicht im heroisch-herostratischen arroganten Sinne zu verstehen. Wenn aber Epimetheus »gewußt (habe), was er tat und mit Fug und Recht gehandelt« habe, wie Sonntag meint, so war er wohl kein Menschenfreund, wenn er den nackten und unbewaffneten Menschen angeblich »aus guten Gründen« sich selbst und seinem Schicksal überlassen hatte. Nur im Zusammenhang mit des Bruders Tat konnte diese unüberlegte Verteilung wettgemacht werden und vielleicht deswegen im Gesamtzusammenhang wiederum einen gewissen Sinn annehmen, weil so durch den Zwang zur Kultur- und Technologieentwicklung eine nötige Überkompensation entstand, die trotz ihrer zwei Seiten doch auch den Aufstieg des Menschen zum kulturellen Wesen ermöglichte. Ein Zurückschwenken auf das Epimetheische allein kann kein Allheilmittel sein – ebensowenig wie es eine Forcierung der trotzigen Tradition des Sturm- und Drang-Prometheus wäre. Generell geht es nicht ohne epimetheisches *und* prometheisches Denken: Nachdenklichkeit und Vorausdenken sind gleicherweise unerläßlich, ja, in unserer Situation dringlich überlebensrelevant.

Was allerdings die Philosophie und die Philosophen anbetrifft, so haben sie lange genug vorwiegend rein »epimetheisch«, sichernd, hinterherdenkend, letztbegründend, re-flektierend, geradezu »nachklappernd«, sei es konservierend-bestätigend oder negativistisch kritisch, gearbeitet. Für das Philosophieren wäre es wichtig, einen mutigen Akzent auf das »Vorausdenken« zu legen, gerade um das nötige humane Abwägen und »Nachdenken« im Vorausschauen, Vorausdenken, Vorausplanen schon zu bestärken.

Prometheisches Philosophieren muß pragmatisch sein, praxisorientiert, praxisnah und auf Sprecher, Empfänger und Interpreten, auf Handelnde bezogen. Es muß die sog. »reale Welt« und deren Verständnis erfassen, was immer die Facetten des Realitätsbegriffs auch sein mögen: Ist soziale Wirksamkeit, fingierter verbreiteter Konsens schon ein Kriterium (sozialer) Realität? Ist Widerständigkeit gegen Durchdringung, gegen Eingriffsversuche *das* Realitätskriterium? Oder gelten die künstlichen Phantomwelten der optischen Medien und der technischen Artefakte als neuartige Wirkrealitäten – und warum etwa die letzteren eher als die ersteren? Prometheisches Philosophieren muß offen sein für das Nachspüren, Aufspüren, Analysieren und Deuten solcher Alternativentwürfe, ohne etwa mit großer Gestik die errungenen methodischen Feinheiten und begrifflichen Differenzierungsmöglichkeiten der analytischen Philosophie beiseite zu schieben oder verleugnen zu wollen. Man sollte sich der geschärften Instrumentarien begrifflich-theoretischer Analyse versiert bedienen, ohne sie zu verabsolutieren, ohne analytische Scheuklappen gegenüber umfassenderen, schwieriger zu formulierenden Komplexproblemen aufzusetzen und ohne die Philosophie dogmatisch auf absolut gesicherte Erkenntnis und Erkenntnisforschung festzulegen. Antidogmatismus ist das Signum prometheischer Kreativität. »Philosophieren ist Transzendieren« (so betonte Heidegger, wie erwähnt, in seiner Vorlesung zur Einführung in die Philosophie im Wintersemester 1928/29) – das gilt gerade auch in dieser dogmenüberschreitenden Hinsicht. Prometheisches Philosophieren schließt intellektuelle Kleinkariertheit aus, transzendiert kleinliche Selbstbeschränkungen und bürokratisches Denken in rein logischen und methodologischen Sicherheitsgarantien (obwohl sie Logik und Methodologie ebenso wie die analytische Philosophie in deren Zuständigkeitsbereichen keineswegs geringschätzen darf, sondern als Analysemittel gezielt verwenden sollte – zu besonderen Zwecken in bestimmten Problemzusammenhängen). Prometheisches Philosophieren muß generell offen und pragmatisch auf die schnell wechselnden Realitäten, Kontexte und Situationen der heutigen dynamischen Welt bezogen sein – nicht nur anpasserisch oder rein reaktiv, eben nicht nur »nach-denkend«, nicht mehr nur, aber wesentlich auch epimetheisch. Die pragmatische Flexibilität prometheischen Denkens kann dieses und somit die Philosophie wieder vermehrt zum intellektuellen Initiator oder zur mitbeeinflussenden Wirkinstanz bei der und für die Entwicklungen neuerer Perspektiven und Beurteilungsgrundlagen machen.

Beispiele hierfür gibt es nicht nur in der Geschichte: Die Entwürfe politischer Verfassungsmodelle, sozialer und ökonomischer Gesellschaftsmodelle und der Menschenrechte gehen auf die Vorschläge von Philosophen zurück – die Namen Aristoteles als Politiktheoretiker, Adam Smith (der eine Professur für Moralphilosophie innehatte) sowie John Locke (dessen Menschenrechtsformulierungen in die Verfassung von North-Carolina, die Bill of Virginia und später in die demokratischen Verfassungen der Vereinigten Staaten und indirekt auch Frankreichs eingingen) mögen für viele andere ebenso wichtige Vorentwürfe »prometheischen« Denkens stehen.

Auch derzeit gibt es Beispiele von Problembereichen, in denen akut der Beitrag prometheischen Philosophierens gefordert ist: Die kurz zuvor erwähnte neue Lage in der Gentechnik macht deutlich, daß hier Fragen und Beurteilungsgesichtspunkte philosophischer Art nicht erst im Nachhinein gestellt oder erarbeitet werden können. Man darf hier nicht einfach die Entwicklung der Grundlagenforschung und der Technologie abwarten, um dann bestimmte Anwendungen und Anwendungsmöglichkeiten moralisch zu beurteilen und ethisch zu analysieren: Zu nah sind Grundlagenforschung und Anwendung hier miteinander verzahnt (wie allgemein zunehmend in den High-tech-Forschungen, etwa auch in den informationstechnologischen), als daß sie fein säuberlich voneinander noch getrennnt werden könnten.

Zudem gibt es einen moralischen Druck von seiten der unter bisher unbehandelbaren Krankheiten Leidenden: Zur Aids- und Erbkrankheitsbekämpfung sollten die einzigen aussichtsreichen Forschungswege auch möglichst umgehend verfolgt werden. Die bereits erwähnte Problematik über das neue gentechnologische Veränderungspotential des Menschen in Richtung auf gezielte Eingriffe zur Änderung von Erbgut der eigenen Art, aber auch vieler anderer Spezies (dies letztere ist freilich nur hinsichtlich der *Ziel*genauigkeit ganz neu: Züchtungen gab es lange schon) verweist auf die Notwendigkeit einer »vorgreifenden« Kriterien-, Standard- und Normdebatte. Und diese Debatte hat bereits – anders als etwa im Hinblick auf die Atomenergie seit den dreißiger Jahren – eingesetzt. Hier einmal haben die ethischen Denker nicht »geschlafen«, wie sie es taten, als es an den Kern der Urkräfte und des Materiezusammenhalts ging. Wenn es um den »Kern« des Lebendigen geht, scheinen religiös inspirierte Denker – und andere – eher auf dem Quivive! Die »Machbarkeit« des Lebens ist augenscheinlich eher geeignet, traditionelle Tabus zu sprengen und diesbezügliche Debatten über angemaßtes Schöpfertum zu provozieren, als die Entfesselung von Urenergien es vermochte (bei der Atomenergie begann die Debatte erst mit den Bombenabwürfen und den Verstrahlungsgefährdungen öffentlich zu werden).

Je mehr der Mensch sich zum »Nachschöpfer« aufwirft, je prometheischer er – im Goetheschen Sinne des In-die-Schranken-Forderns der Götter – in der technischen Welteroberung und Weltgestaltung wird, je mehr er sich »prometheischer Scham« (nach Günter Anders) über eigenes Versagen und Ungenügen angesichts der Perfektion seiner technischen Artefakte und über die »Selbstverdinglichung« des Menschen ausgesetzt sieht, desto mehr ist »pro-metheisches Denken« im eigentlichen, methodischen, im fürsorglichen und vorsorglichen Sinne erforderlich – und zwar rechtzeitig – und das heißt heute, angesichts der rasanten Entwicklungsdynamik: frühzeitig. Verglich Otto Neurath noch die theoretische Wissenschaft und deren Umbau mit einem Schiff, das auf voller See stückweise repariert werden muß, so hat die Dramatik heute beträchtlich zugenommen: Das Schiff schaukelt nicht nur in stürmischen Kreuzseen, sondern es treibt auch auf einem untergründig starken Strom beschleunigt auf Skylla oder Charybdis der potentiellen Öko- oder Technokatastrophe zu und hat offensichtlich – außer der sich exponentiell selbstverstärkenden lokalen Fortschrittsweisung auf allen Gebieten – die Gesamtorientierung bzw. die Schätzkriterien für die von Politikern so oft wie inhaltsleer beschworene »richtige Richtung« verloren. Wir müssen den Kompaß je wieder neu adjustieren, wenn Orientierungspole wandern oder schwinden. Die Adjustierungen hier und jetzt müssen sehr vorsichtig, tentativ mit jeweiligem Großbildspektrum auf die nächsten Klippen und Teilziele bei einer Gesamterhaltungsbedingung vorgenommen werden. Bloße Prognosen klassisch-deterministischer Art reichen nicht mehr in einem komplex vernetzten interaktiven System, in dem viele strategisch mit- und gegeneinander handelnde Akteure mitwirken und in dem nicht alle Nebenwirkungen und systemempfindlichen natürlichen Rückwirkungen von vornherein eingeschätzt werden können, in dem (wie oben diskutiert) sogar viele Wechselwirkungsparadoxa und Systeminstabilitäten auftreten können – bis hin zur Zerstörung der Systeme. Nicht nur zieladaptives, sondern mit wandelnden Zielen und eventuell unvorhergesehenen Zwischeneinflüssen flexibel zu veränderndes Vorausdenken ist hier vonnöten: also ziel- und intermissionsdynamische Prognosen einer gemischt erklärend-genetischen Form. Dieses Vordenken muß situationssensitiv, flexibel, schnell korrigierbar – also veränderungsoffen und pragmatisch sein.

Je allgemeiner und normative Bewertungen einschließend (in Sinne der alternativen Weichenstellungen und Zwischenentscheidungen für das zielsensitive sog. »normative Vorausschauen« [Erich Jantsch] [»normative forecasting«]) dieses Vordenken zu sein hat, desto stärker muß sich das Philosophieren, pro-metheisches pragmatisches Philosophieren, dabei engagieren. Falsche Sicherheitsversprechungen und absolute Garantien sind dabei als unrealistisch zu verabschieden und von vornherein so zu kennzeichnen. Das prometheische Philosophieren muß nicht nur pragmatisch und flexibel, sondern auch postdogmatisch sein. Die Zeit absoluter Dogmatismen ist vergangen. Es bleiben nur einige sehr allgemeine Werte als Richtsterne – wie Menschenwürde, Menschenrechte, Werte des Lebens und der Natur wie deren Arten und gewisser ökologischer sowie sozialer Grunderfordernisse. (Soziale Leitziele mögen sich jedoch durchaus auch utopischer Formulierungen und Ausmalungen bedienen: Utopien können kritisch und normativ wirken).

Die Philosophie sollte die mit dieser postdogmatischen Öffnung gesetzte Herausforderung und weltpraktische Aufgabe bewußt erkennen und anpacken, die neue Freiheit prometheischen pragmatischen Philosophierens wahrnehmen und kreativ nützen. Prometheisches Philosophieren ist prinzipielles (Sich-)Offenhalten für pragmatische und theoretische kreative Möglichkeiten. Prometheisches Philosophieren ist Kreativitätsanspruch in Permanenz.

Literaturverzeichnis

Allman, W. F.: Menschliches Denken – Künstliche Intelligenz. Von der Gehirnforschung zur nächsten Computer-Generation. München 1990.

Apel, K.-O.: Sprechakttheorie und transzendentale Sprachpragmatik zur Frage ethischer Normen. In: Apel, K.-O. (Hg.): Sprachpragmatik und Philosophie. Frankfurt a. M. 1976, S. 10–173.

Bateson, G.: Ökologie des Geistes. Frankfurt a. M. 1985.

Birnbacher, D.: Verantwortung für zukünftige Generationen. Stuttgart 1988.

Churchland, P. S.: Neurophilosophy: Toward a Unified Science of the Mind-Brain. Cambridge/Mass. 1989.

Ditfurth, H. von: So laßt uns denn ein Apfelbäumchen pflanzen! München 1986² (Orig. Hamburg 1985).

Dörner, D.: Die Logik des Mißlingens. Reinbek 1989.

Dretske, F. I.: Knowledge and the Flow of Information. Cambridge/Mass. 1981.

Dretske, F. I.: Précis of Knowledge and the Flow of Information. In: Kornblith, H. (Hg.): Naturalizing Epistemology. Cambridge/Mass. – London 1987, 169–187.

Erben, H. K.: Die Entwicklung der Lebewesen. Spielregeln der Evolution. München–Zürich ³1988.

Erben, H. K.: Ökokatastrophe in der Erdgeschichte: Was ist belegbar? In: Universitas 45 (1990), Nr. 8, 776–784.

Falletta, N.: Paradoxon. Frankfurt a. M. 1988 (Orig. 1983).

Flohr, H.: Brain Processes and Phenomenal Consciousness. A New and Specific Hypothesis. Universität Bielefeld: ZIF-Schwerpunkt »Mind and Brain«, Nr. 52, 1989/90.

Fodor, J. A.: The Language of Thought. New York 1975, Hassocks 1976.

Fodor, J. A.: Psychosemantics. Cambridge/Mass.–London 1987.

Fodor, J. A. – Pylyshyn, Z. W.: Connectionism and Cognitive Architecture: A Critical Analysis. In: Cognition 28 (1988), 3–71.

Føllesdal, D.: Indeterminacy and Mental States. In: Barrett, R. B. – Gibson, R. F. (Hg.): Perspectives on Quine. Oxford 1990.

Goleman, D.: Lebenslügen und einfache Wahrheiten. Warum wir uns selbst täuschen. Weinheim–Basel 1987.

Goschke, Th. – Koppelberg, D.: The Concept of Representation and the Representation of Concepts in Connectionist Models. Universität Bielefeld: ZIF-Schwerpunkt »Mind and Brain«, Nr. 36, 1989/90.

Gottl-Ottlilienfeld, F.: Wirtschaft und Technik. Tübingen 1923.

Günzler, C.: Ehrfurcht vor dem Leben – Albert Schweitzers Ethik als Grundimpuls für die Umwelterziehung. In: Günzler, C. – Kerstiens, L. – Mauermann, L. – Pöggeler, F. – Werner, H.-J.: Ethik und Erziehung. Stuttgart–Berlin–Köln–Mainz 1988, 171–199.

Günzler, C.: Ehrfurchtsethik und Umwelterziehung. Zur pädagogischen Fruchtbarkeit der Schweitzerschen Ethik. In: Günzler, C. – Gräßer, E. – Christ, B. – Eggebrecht, H. H. (Hg.): Albert Schweitzer heute. Brennpunkt seines Denkens. Tübingen 1990, 110–124.

Hardin, G.: Filters Against Folly: Exploring New Ethics for Survival. New York 1985.

Hardin, G.: Promethean Ethics: Living with Death, Competition, and Triage. Seattle–London 1980.

Hardin, G.: The Tragedy of the Commons. In: Science 162 (1968), 1243 bis

1248 (deutsch als »Die Tragödie der Allmende« in: Lohmann, M. (Hg.): Gefährdete Zukunft – Prognosen angloamerikanischer Wissenschaftler. München 1970, 30–48.
Heijenoort, J. van: Gödel's Theorem: In: Edward, P. (Hg.): The Encyclopedia of Philosophy. New York–London 1967, Band III, 348–358.
Heijenoort, J. van: Logical Paradoxes. In: Edward, P. (Hg.): The Encyclopedia of Philosophy. New York–London 1967, Band V, 45–51.
Horstmann, U.: Das Untier. Konturen einer Philosophie der Menschenflucht. Wien–Berlin 1983.
Hughes, P. – Brecht, G.: Die Scheinwelt des Paradoxons – eine kommentierte Anthologie in Wort und Bild. Braunschweig 1978.
Kahneman, D. – Tversky, A. (Hg.): Judgement under Uncertainty: Heuristics and Biases. New York 1982.
Körner, St.: Categorial Frameworks. Oxford 1974.
Koestler, A.: Der göttliche Funke. Bern–München 1966.
Koestler, A.: Der Mensch – ein Irrläufer der Evolution. In: DER SPIEGEL Nr. 5, 1978, S. 160–67.
Koestler, A.: Der Mensch – Irrläufer der Evolution. München ²1981.
Kripke, S.: Outline of a Theory of Truth. In: Journal of Philosophy 6 (1975), 690–715.
Kutschera, F. von: Die Antinomien der Logik. Freiburg–München 1964.
Lenk, H.: Eigenleistung. Zürich–Osnabrück 1983.
Lenk, H.: Homo faber – Demiurg der Natur? Kritische Bemerkungen zu neueren naturphilosophischen Fehlschlüssen. In: Kanitscheider, B. (Hg.): Moderne Naturphilosophie. Würzburg 1984, 107–124.
Lenk, H.: Kants soziomorphe Begründung des Gottespostulats. In: Korff, F. W. (Hg.): Redliches Denken. Festschrift für Gerd-Günther Grau zum sechzigsten Geburtstag. Stuttgart 1981, 51–63.
Lenk, H.: Kritik der kleinen Vernunft. Frankfurt 1987 (TB: ²1990).
Lenk, H.: Philosophie im technologischen Zeitalter. Stuttgart ²1971.
Lenk, H.: Sociomorphic Arguments for a Moral God: Kant's Second and Third Moral Argument for the Postulate of God's Existence. In: Man and World 22 (1989), 97–111.
Lenk, H.: Tagebuch einer Rückreise an einen nie zuvor besuchten Ort: Lambarene. Stuttgart 1990.
Meyer-Abich, K. M.: Wege zum Frieden mit der Natur. Praktische Naturphilosophie für die Umweltpolitik. München–Wien 1984.
Musil, R.: Der Mann ohne Eigenschaften. Hamburg 1952.
Norman, D. A. – Rumelhart, D. E. u. a.: Strukturen des Wissens: Wege der Kognitionsforschung. Stuttgart 1978.
Parsons, Ch.: The Liar paradox. In: Parsons, Ch. (Hg.): Philosophy of Mathematics. Ithaka/N. Y. 1987.
Pribram, K. H.: Languages of the Brain. Englewood Cliffs/N.Y. 1971.
Putnam, H.: Realismus. In: Dialektik 1 (1991), Nr. 1, 65–86.
Putnam, H.: Representation and Reality. Cambridge/Mass. 1988.
Quine, W. v. O.: The Ways of Paradox. New York 1966.
Rosch, E. H.: Human Categorization. In: Warren, N. (Hg.): Studies in Cross-Cultural Psychology. Band I, London–New York–San Francisco 1977, 3–49.
Rosch, E. H. – Mervis, C. B. – Gray, W. T. – Johnson, D. M. – Boyes-Braem, P.: Basic Objects in Natural Categories. In: Cognitive Psychology 8 (1976), 382–439.

Rumelhart, D. E.: Schemata – The Building Blocks of Cognition. Nr. 79 Centre for Human Information Processing. San Diego, University of California La Jolla 1978. In: Spiro, R. – Bruce, B. – Brewer, W. (Hg.): Theoretical Issues in Reading Comprehension. Hillsdale/N.J. 1980.
Rumelhart, D. E. – Hinton, G. E. – Williams, R. J.: Learning Representations by Back-Propagating Errors. In: Nature 323 (1986), 533–536.
Rumelhart, D. E. – McClelland, J. L. (Hg.): Parallel Distributed Processing: Explorations in the Microstructure of Cognition. Band I: Foundations, Cambridge/Mass. 1986.
Sagan, C.: The Dragons of Eden: Speculations on the Evolution of Human Intelligence. New York 1977.
Schweitzer, A.: Gesammelte Werke. Fünf Bände. München o. J.
Schweitzer, A.: Kultur und Ethik. München [2]1960 (Orig. 1923).
Schweitzer, A.: Was sollen wir tun? Heidelberg 1974.
Smullyan, R.: 5000 B. C. and Other Philosophical Phantasies. New York 1983.
Sonntag, M.: Das Epimetheus-Syndrom oder Der eingebaute Sachzwang. In: Treusch-Dieter, G. – Pirscher, W. – Hrachovec, H. (Hg.): Denkzettel Antike. Texte zum kulturellen Vergessen. Berlin 1989, 16–32.
Spade, P. V.: The Medieval Liar: A Catalog of the Insolubilia Literature. Toronto 1975.
Spade, P. V. (Hg.): Peter of Ailly. Concepts and Insolubles. Dordrecht 1980.
Székely, E. B.: Das Evangelium der Essener. Südergellersen 1988.
Tiger, L. – Fox, R.: Das Herrentier. Steinzeitjäger im Spätkapitalismus. München–Gütersloh–Wien 1973.
Valéry, P.: Werke. Band IV: Zur Philosophie und Wissenschaft. Frankfurt a. M. 1989.
Varela, F. J.: Kognitionswissenschaft – Kognitionstechnik. Frankfurt a. M. 1990/91.
Wandschneider, D.: Die Gödeltheoreme und das Problem Künstlicher Intelligenz. In: Ethik und Sozialwissenschaften 1 (1990), H. 1, 107–115, 148–153 (Replik).